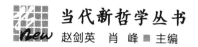

当代新哲学丛书

赵剑英　肖　峰■主编

女性视界

——女性主义哲学的兴起

陈　英　陈新辉　著

中国社会科学出版社

图书在版编目（CIP）数据

女性视界：女性主义哲学的兴起／陈英，陈新辉著．—北京：
中国社会科学出版社，2012.6

ISBN 978 - 7 - 5161 - 0764 - 5

Ⅰ.①女…　Ⅱ.①陈…②陈…　Ⅲ.①女性主义—哲学—研究
Ⅳ.①C913.68

中国版本图书馆 CIP 数据核字（2012）第 075309 号

出 版 人	赵剑英	
责任编辑	郭　鹏	
责任校对	石春梅	
责任印制	王　超	

出　　版	中国社会科学出版社
社　　址	北京鼓楼西大街甲 158 号（邮编 100720）
网　　址	http://www.csspw.com.cn
	中文域名:中国社科网　010 - 64070619
发 行 部	010 - 84083685
门 市 部	010 - 84029450
经　　销	新华书店及其他书店

印　　刷	北京君升印刷有限公司
装　　订	廊坊市广阳区广增装订厂
版　　次	2012 年 6 月第 1 版
印　　次	2012 年 6 月第 1 次印刷

开　　本	710×1000　1/16
印　　张	18.75
插　　页	2
字　　数	254 千字
定　　价	39.00 元

《当代新哲学丛书》总序

如果说"哲学是时代精神的精华",那么哲学的重要使命,无疑就是要通过对时代趋势的把握,来展现出时代精神的丰富内涵,并从中提炼出新的哲学观念、哲学方法和哲学视野,去影响人们更合理地构建自己的时代。

凡存在的,都是变动演化的,由此而形成不断推陈出新的趋势,人类智力和智慧的一种"内在本能",就是要极力把握住这种新的趋势,以获得对存在之奥妙的"明白",消解心中因外界的变动不居而留下的疑惑,并借助实践的力量将认识世界的成果转变为改善现实的成果。所以,对新事物的把握汇聚着人类各个层次的精神探求,在这个意义上,哲学不仅仅是一种"为往圣继绝学"的传承过程,更是"为当世探新知"的"开来"活动,这就是"探求新学"的活动,我们无疑可称这个意义上的哲学为"当代新哲学"。

"新哲学"也意味着,我们的哲学是处于发展中的哲学,而我们的哲学发展也不断形成新的趋向。无论是不断强化着的"科学性"、"实践性",还是成为焦点的"人本性"、"文化性",都是当今学术界在探索新哲学的过程中所归结的特征,这些特征当然并没有穷尽对哲学之新的把握,而本丛书所展示的方面,可以说是对新兴哲学的又一些维度的探视。

当代新哲学的多维度存在,表明她的来源是多样化的,她所汇聚的是多样的趋势，例如，本丛书就择取的是如下视角：

其一是追踪科学技术的前沿趋势，让哲学走进"新大陆"。科学技术是人类在探新的过程中迄今走在最前沿的领域，它长期以来为哲学的发展提供着源源不断的智力支持和问题激励，以至于追踪科学技术的前沿趋势，成为每一个时代哲学保持其生命活力的必要条件之一。本丛书我们选取了"量子信息"和"纳米科技"这两个国内哲学界从未涉足的科技前沿领域，对其发展的现状和趋势进行了哲学初探。进入这些领域，也犹如让哲学踏上"新大陆"，进入由当代科技为我们开辟的知识上的"处女地"，使我们面对从未接触过的新存在、新现象去尝试性地进行哲学分析和思辨性概括，在其中看看能否获得新的哲学发现。这个过程也是哲学与新兴学科的相互嵌入，用哲学的方式去打开这些新的"黑箱"，力求产生出智力上的"互惠"和视域上融合。

其二是把握日常生活的变动趋势，也就是让哲学走进"新生活"。生活世界的新问题是层出不穷的，它们为哲学思考提供了取之不尽的新养料，在今天由"现代性"和"后现代性"交织影响的日常生活中，女性问题、技术的人文问题以及视觉文化问题都已经成为"焦点问题"，也有的成为公众的"热门话题"，因为它们或者关系到一部分人的社会地位，或者关系到全人类的"生存还是死亡"，再或者关系到我们日常的文化社会方式问题，它们成为生活世界中不断兴起的关注点和"热词"，对其加以哲学的分析和归结，可以使形而上的哲理具象化，使抽象的哲学观点社会化。抑或说，这是一种在生活世界与哲学探究之间相互会通的尝试，体现了哲学"从生活中来，再到生活中去"的强劲趋势。

其三是反思思想学术的"转型"趋势，也就是让哲学进入"新视界"。近来，各种新兴思潮尤其是"＊＊主义"的兴起，不断掀动着思想学术或理论范式的"转型"，出现了从"物质主义"到信息主义、从实体主义到计算主义，从客观主义到社会建构主义，呈现出新兴学术思潮冲击传统思潮的强大趋势。这些学术思潮起初发源于具体学科，分别作为"信息观"、"计算观"、"知识观"等等而存在，但由于其潜在的说明世界的普遍性方法论功能，无疑包含着成为一种种新哲学的趋势；这些理论范式在走向哲学的过程为我们"重新"认识世界提供了若干新的参照系，引领我们换一个角度看世界，去看看世界究竟会是个什么样子？这无疑是一种智力探险，同时也伴随了丰富的思想成果，为当代哲学图景起到了"增光添彩"的作用，同时其"利弊得失"的"双重效果"也构成为哲学反思的新课题，正因为如此，这些选题构成为本丛书的一个重要组成部分。

总之，我们的新哲学源自于探索领域的新扩张、或是焦点问题的新延伸、或是观察视角的新转移。

世界范围内经济、政治、文化的大变迁，必然伴之以人类智慧和思想的大发展，使得哲学探新的势头日趋强劲，各个新领域、新侧面的哲学探索不断推出新的成果。如果从哲学上 20 世纪是"分析的时代"，21 世纪则是各种新哲学思想竞相争艳的时代，正是在这种背景下，各种当代新哲学连续诞生，成为人类知识宝库和文化成就中的重要组成部分，"当代新哲学"的选题就是反映 21 世纪以来最引人注目的哲学新学科，展现近几十年乃至近几年来异军突起的哲学新亮点，它们认识论到方法论再到本体论，都带来了"新气象"。作者们力求从当代新的自然图景、社会图景和人文图景中把握总体性的新的世界图景，从而增加我们从哲学上把握世界的时代感、生动性和趋势感；这些新哲学的出现即使构不成哲学中的"全新革命"，但至少也由于其应对了时代的"挑战"而实现了哪怕是局部的"突破"和"超越"，从而形成了实实在在的"新发展"。哲学必须有它的传统和历史的积淀，才有智慧的进化；哲学也必须有对人类新发现新发明新趋势的追踪和创新性思考，才有不仅仅是作为"非物质文化遗产"的哲学存在，而且还有作为把握现实的世界观和方法论哲学的存在。由于"存在就是推陈出新",也由于哲学的探新精神,新哲学的涌现是没有止境的。

本丛书汇聚了一批中青年哲学工作者参与写作,其长处是他们对于"求新"的渴望,他们中不少在追踪学术前沿的过程中,已经开辟了或正在开辟新的哲学领域;同时,由于初涉这些全新的领域,所以这样的探索还只能是"初探"。当然,即便如此,我们也是力求以一种前沿性、学术性和通俗性相结合的方式,将其传播至公众和学者,力求通过焦点之新和表述之活来对更多的人产生更大的吸引力,可以称之为对哲学的一种"新传播":提高哲学尤其是新哲学对世界的"影响力",从而不仅仅是满足于能够以各种方式解释新的世界,而且还能够参与建构一个新世界。这或许就是当代新哲学的"力量"及其旨趣和追求。

赵剑英、肖峰

2011 年 8 月

目　录

女性意识的觉醒

随着女性主义的兴起，性别问题日益受到人们的关注。

"女性主义"是一个舶来词，其英文 feminism，译成中文有两种翻译方法——"女权主义"或"女性主义"，不同的翻译对应于女性主义在不同历史阶段中实践与理论关注点的不同。早期的"Feminism"主要表现为一种争取妇女权利的政治运动与政治斗争，而"女权"这个词给人的第一联想就是妇女的权利，因此，早期的"Feminism"翻译成女权主义更贴合其本意。到后期，女性主义理论逐渐演变为以性别问题取代妇女问题。强调妇女问题难免涉嫌只关注妇女而把男性排除在外，而性别问题不仅从理论上可以涵括女性，同时也包括对男性以及男女性别间关系的思考。相比而言，性别问题更中性，更少政治色彩，更适合于进行深入的理论探讨。然而正如女性主义者所批判的，虽然男性和女性都不可避免地与性别这一概念发生关系，但是在文化中，男性往往被理解为普遍的人（比如英语中 man 一词既可以理解为男人也可以理解为一般意义上的普遍的人），因此不具有性别标志，而获得性别标记的往往只有女性。正因如此，性别问题能够合理地取代妇女问题成为女性主义理论探讨的中心议题。女性这一词对应的是一个性别，相比女权也更少政治色彩，所以后期以性别问题为理论中心的"Feminism"也被更多地翻译为女性主义。本书主要从哲学层面介绍女性主义思想，因此，采取女性主义这一后期理论更常用的翻译方式。

什么是女性主义？从定义上给女性主义一个泾渭分明的统一界定比较难，不同的女性主义者往往基于不同的立场对女性主义的含义有不同的理解，在具体实践中包括讨论的问题、坚持的立场、采用的研究方法、选择的理论前提与概念范畴都不尽相同。因其理论出发点的不同，不同女性主义者可能对同一个问题获得不同的、甚至是截然相反的认识。比如，在斯皮尔曼（Spelman）与格尔高里·威拉斯托斯（Gregory Vlastos）关于柏拉图是否是女性主义者的争论中，其问题的关键就在于她们对女性主义含义的不同理解。斯皮尔曼认为女性主义必须以彻底解放所有遭受性别压迫的女性为其目标，而非仅针对部分精英阶层的妇女，在此意义上，柏拉图论述中普遍呈现的厌女症论调显然不适合做出女性主义的解读。与此不同，威拉斯托斯把女性主义解读为一种通过理性实现超越感性的"公正"为目标，在此意义上，尽管在柏拉图论述中显露出厌女症情感，但是他的理性论述允诺了妇女同样作为理性认识者的合法地位，这使得他又能够被理解为是一个女性主义者。

不同女性主义理论之间与其说存在某种本质上的类同，不如说是呈现为一种理论论域上的家族相似。从最宽泛的意义上理解，贾格尔（Jaggar）把女性主义定义为一种终止妇女从属地位的社会运动。这也是女性主义的最低纲领，是持不同见解的女性主义者最能够普遍达成共识的家族相似。这一最低纲领反映在理论上即"站在消除性别歧视的立场、用男女平等的观点、社会性别分析的方法来分析思考妇女问题及一切有关的社会现象"①。

女性主义理论的源起和发展与女性主义运动是分不开的。女性主义运动可分为三个阶段：第一浪潮、第二浪潮与第三浪潮女

---

① 荣维毅：《女性主义哲学如何可能》，载邱仁宗主编《女性主义哲学与公共政策》，中国社会科学出版社 2004 年版，第 74 页。

性主义。

第一浪潮一般指 1790—1960 年欧美发达国家的女权主义思想和大规模的妇女运动，标志着现代女性主义的兴起。17 世纪晚期至 18 世纪，间或有自发为妇女权利呼吁的声音发出。19 世纪，英国开始出现有组织的妇女运动并涌现出一批受过良好教育的中产阶级的女性主义运动领军人物。兰厄姆广场女士（因其集结地而得名）为妇女更好的教育、更多的工作机会和更高的法律地位而发起有组织的活动；女权运动领袖莉·史密斯呼吁对已婚妇女的法律问题和教育问题加以关注，她开办私立学校同时招收男孩和女孩读书；艾米利·戴维斯创建了女子高等教育学院，坚持女生和男生参加同样的考试；在著名的《情感宣言》中，女权主义者们要求修改有关的离婚法，从法律上保障已婚妇女的财产权、选举权、受教育和就业的权利；简·亚当斯建立安家院，在为移民和穷人提供托儿和教育服务的同时为中产阶级妇女提供就业机会。通过不屈的斗争，妇女的地位得到了一定的提高，19 世纪前后，欧美各国相继给予妇女选举权，各地的大学开始接收女性学生，至 20 世纪，女性走向社会实现就业也已经达到一定比例。

第一浪潮主要以欧美中产阶级妇女为主体，是以改变中产阶级妇女的社会状况为出发点的一种政治运动与社会运动。第一浪潮运动促成了许多重大的社会变革与政治变革，包括消除法律上的性别歧视，从法律上规定女性平等的受教育权、平等的投票权与工作权，从而开启了妇女走出家庭，走向公共领域的新起点。理论上的探讨包括玛丽·沃斯通克拉夫特的《女权辩护》及约翰·斯图尔特·穆勒的《论女性的从属地位》等作品，她们（他们）都在自由主义理论的框架内指出了当时存在的性别不平等现象以及社会制度对女性的压迫，呼吁消除性别歧视与性别压迫，其理论与当时争取女性权利平等这一政治运动结合在一起。

20 世纪 60 年代后期欧美出现女性主义运动的第二浪潮，在美国则与当时的民权运动、学生运动、以新左派为主的反战、反军事化的美帝国主义运动相互交织。许多第二浪潮中的女性主义来自新左派，持各不相同的马克思主义立场。第二浪潮对第一浪潮女性主义提出了质疑，认为妇女虽然拥有了选举权、工作权和受教育的权利，但实质上的性别不平等并没有改变，家庭与社会中妇女传统的角色定位都没有改变。第二浪潮女性主义领头人物弗里丹在《女性的奥秘》中提到中产阶级妇女的无名问题，指出这些妇女往往"想要比我的丈夫、孩子和房子更多的东西"，这些东西就是拥有自己的事业，实现女性的社会价值。

第二浪潮女性主义从理论上开始转向关注性别政治、性别身份、阶级和种族等问题，从心理分析、历史文化与社会结构中寻找性别从属与性别压迫的深层原因。其间，在自由主义女性主义理论继续发展的基础上又涌现出各种不同的女性主义理论流派，诸如马克思主义女性主义、社会主义女性主义、激进女性主义、后现代女性主义、生态女性主义等等流派，分别从不同的女性主义立场出发对各领域存在的性别问题给予了不同程度的探讨。但是不同流派的女性主义观点与立场之间并不存在清晰可辨的划界，正如苏珊·温德尔在《为自由主义女性主义辩护》一文中开篇所言，"因为我承认社会主义，所以我不认为自己是一个自由主义女性主义者……另一方面，我想为自由主义女性主义的某些方面辩护，因为我也承认某些传统的自由主义的原则，诸如自我发展的机会平等，穆勒自由原则的修正版本以及许多自由主义女性主义的革命"[①]。坚持给不同立场和持有不同观点的女性主义贴上自由主义女性主义、激进女性主义、马克思主义女性主义、社会主义女性主义等标签，这一做法在为表述女性主义各流派理论提供方便的同时也局限了对女性主义多元论题的合适理解，"称之为女性主义的东西存在于每一个类别中，同时也存在于它们模

---

① Susan Wendell, "A (Qualified) Defense of Liberal Feminism", *Hypatia*, Summer 1987, Vol. 2, No. 2. p. 65.

糊的边界之间",而对于许多女性主义中重要的东西而言,贴上标签的"盒子"并不存在。①

区分了生理性别与社会性别,为第二浪潮女性主义理论分析提供了概念上的突破。对于坚持社会性别建构论的女性主义者而言,不管生物性别是如何的不可改变,但社会性别是社会的建构的。生理性别与社会性别的区分,使女性主义对性别问题的关注从表层的生物结构的差异转向深层的性别意识形态的影响,为批判父权制的性别等级结构、潜藏的阳具中心主义文化以及性别本质主义提供了可能。第二波女性主义从政治上提出"个人的即是政治的"主张,对公共领域/私人领域、家庭/社会、文化/自然、男性/女性、理性/感性等等二元论等级划分进行了解构,并提出重新理解差异与平等之间的关系,倡导建立以平等为基础、包容差异的联合共同体。但是不同流派的女性主义仍对许多具体问题持针锋相对的看法,如:女性是应当模仿男性的生活方式还是应该创造一种女性自己的生活方式,是否应该保留公共领域与私人领域的区分,如何理解公共领域与私人领域之间的关系,是否存在一个统一的女性群体?进入 21 世纪,女性主义的许多论题在学术上得到不同程度的回应,同时女性主义渗透到知识的各领域,逐步形成一股女性主义的意识形态洪流。

20 世纪 80 年代,西方大量媒体宣布女性主义已经死亡,社会进入后女性主义时代。女性主义内部出现"男女不平等的时代已经一去不复返了"的呼声,认为"有关女性平等权利的争论将成为社会怀旧的历史"。同时,部分女性主义思想出现"回潮",认为女性不应该排斥女性气质,并要求女性重新回归传统角色。与后女性主义时代同时出现的是女性主义的第三浪潮。女性主义是否已经终结,性别压迫是否已成为历史,女性主义将何去何

---

① Loretta Kensinger, "(In) Quest of Liberal Feminism", *Hypatia*, Fall 1997, Vol. 12, No. 4.

从？女性主义的第三浪潮对这些问题进行了探索性思考。

第三浪潮以新的一代女性主义者为行动的主体，她们处于与母亲们不同的时代，没有参与过争取选举权与教育权的政治斗争，妇女学与性别研究成为大学学术研究的一个项目，她们在对传统女性主义的批判与质疑中长大，她们从大学教育或女性研究项目中第一次接触到女性主义思潮，同时也接触到各种后现代文化思潮。在学术上，第三浪潮女性主义继续第二浪潮提出的性别、性别压迫、性政治等主题，接受后现代主义对元叙事的解构，接受差异与多元性的政治立场，批判传统女性主义对性别、种族的本质主义阐释和对性别压迫的一统化认识，坚持女性作为一种身份是一种相对的概念，坚持女性经验、女性政治立场以及女性主义形式的多样性。

代际间的与不同理论流派间的批判、对话与交流是 20 世纪晚期女性主义理论发展的主流趋势。在第三浪潮女性主义批判她们的母辈们的同时，第二浪潮女性主义对她们的后辈们也提出了质疑，批评基于后现代主义立场的女性主义难免导致批判有余而建设不足，难免流于空洞的争辩而无法对女性运动给予有益的指导；第三浪潮女性女义理论阐释多采用深奥的语言与概念，对其理解受到知识背景的限制，因此局限于学院派的女性主义，无法普及到广大的妇女读者群体，无法真正深入到女性运动的实践。然而，不论是支持还是批判，第三浪潮女性主义作为西方新涌现的文化思潮已经登上了历史的舞台，并且处于积极探索与持续发展之中，这一浪潮最终将能推向多远，女性主义借着这股浪势又将走向何处，这些显然都有待在未来由时间与历史给出答案。

至第三浪潮时期，女性主义开始系统地从哲学层面反思性别本体、女性的身份、性别化的文化意识以及性别的意识形态等等问题。理论的反思总是源出于实践的需要。妇女解放是女性主义最终的政治目标，只有当性别如同眼睛的颜色一样不再受到过多的关注，这一目标才得以实现。历史的经验指出形式上的性别平等并不能够保证实质上的性别平等。早期女性主义经过不懈的政治斗争，为女性争取了诸多的权利，法律上的性别歧视通过立法得到限制，形式上的平等通过制度与法规得到保障，但这些措施并没有从根本上消除实质上的性别不平等，性别歧视在现实生活中仍广泛存在。为什么会出现这种情况？女性主义进一步地理论反思并指出，这是根植于文化深处的性别意识形态作用的结果。当男性中心意识与性别不平等成为一种根深蒂固的文化传承，没有对西方父权制文化中隐藏的男性中心主义的彻底批判，没有对传统性别等级制结构与性别意识形态的理论重构，那么，想实现真正的性别平等就无从谈起。

对男性中心文化的系统阐述最早见于拉康的思想，他指出西方文明以男性的阳具为标记，文明的话语是由男性主宰的话语，文明的历史是由男性书写的历史。男性创造的文明与男性书写的历史怎样评价女性这一与之不同的性别？这一问题从下列这些哲学家与思想家们留下的历史言论中可见一斑：

柏拉图："女人在各个方面都是弱者"、"天生的道德潜能劣于男人"。①

亚里士多德："男人天生高贵，女人天生低贱，男人统治，女人被统治。"②

卢梭："没有女人，男人依然存在，没有了男人，女人存在便成问题。女人依靠男人的感觉而活，依靠男人对她们的奖赏而活，依靠男人对她们的吸引力，对她们的美德所设定的价值而活。"③

叔本华："女人从本性上来说意味着服从，对于这一点，我们可以把它看作这样一个事实，即每一位处于完全独立的非自然位置上的女人都要直接依附于某个男人，使自己接受他的统治和

---

① 李银河：《女性主义》，山东人民出版社 2005 年版，第 8 页。
② 同上。
③ 同上。

支配。这是因为她需要一位丈夫和主人。"①

康德："女性的天性完全由自然需要来定义，缺乏主见。由于这些弱点，女人需要男人的保护。由于恐惧和胆怯，女人不适宜于做学术工作。""女学者的学问就像一块表，只是为了向他人展示炫耀，实际上是停摆的，显示不了时间。"②

弗洛伊德："所谓'男性的'意即为'主动的'，所谓'女性的'意即为'被动的'。这种相关确也存在。""我们得承认妇女一向被认为缺少正义感。"③

对于这些优秀的男性哲学家们与思想家们而言，对女性的这一类断言似乎总能受到某些"社会事实"的支持，其中显而易见的一个"社会事实"就是：相比于男性，女人们一般难以在公共领域取得突出的成就。历史上记载的伟大的政治学家、思想家、科学家、发明家几乎都是男性；在诸如数学、哲学、法理学等强调抽象思维的学科中，难以发现一位真正的女性天才，最杰出的女性也远远落后于杰出的男性。诺贝尔奖是对科学家成就的最高肯定，但是，从 1901 年首次颁奖到 2010 年 800 多位获奖个人和 20 多个获奖组织中，女性所占比例不到获奖总人数的 5%，女性所获奖项主要集中在和平奖、文学奖以及生理学或医学奖三个奖项，其与男性相比所占比例也是极低，其中 195 名医学奖中就只有 10 名女科学家，而诺贝尔经济学奖至 2009 年方才首次出现女性。

为什么女性在经济、政治、科学技术等领域所取得的成就与男性相比差距如此之大？是因为"男人比女人更善于思维"吗？种种"社会事实"就是证明"女性比男性低一等"的证据吗？女性主义通过对社会事实的反思性研究指出，答案并不是如此简

---

① 李银河：《女性主义》，山东人民出版社 2005 年版，第 9 页。

② 同上。

③ ［奥地利］西格蒙德·弗洛伊德：《精神分析引论新篇》，高觉敷译，商务印书馆 1987 年版，第 90、107 页。

单。1872 年，美国的迈拉·拉德威尔夫人希望能够拥有属于自己的律师事务所，然而当她提出这一申请时，美国联邦最高法院最终否定了她的这一宪法权利。虽然她拥有开设律师事务所的必备资格，但是法官布拉德利与大多数人一样认为"女性天生所体面拥有的羞怯和优美使其不适宜于平民生活中的许多种职业活动……女人极为重要的天命和使命就是实现其作为妻子和母亲的高贵与仁慈的职责"①。在这一事件中，联邦最高法院根据习见的对女性的刻板印象，否定的不仅是迈拉·拉德威尔夫人开设律师事务所的权利，而且还有一个优秀女性律师充满希望的未来。

英国广播公司（BBC）曾经报道了太空征服史上的一段轶事，广播标题为"正确的职员，错误的性别"。有研究表明，相比于男性，女性每秒钟呼吸需要更少的氧气，也更能忍受太空生活中感官上的单调，所以一般认为女性比男性更适合于太空航行。1960 年，国家宇航局有十三位女性被认为是顶级的宇航员，在几个月时间内他们经过了所有的医学检测与科学测试，均符合成为一个合格的太空宇航员的要求，但是，最后这十三位女性均被告之不能成为首次进入太空的太空人家族成员之一，其主要理由正如 BBC 广播所采用的标题，"她们是好的职员，但生就错误的性别。"直至今天，航天史上还少有女性，这使得征服太空的事业被认为是男性的事业。但是，如果第一个进入太空的人是女性而不是男性，情况会有什么不同？当然，一次"偶然"的例外并不能彻底颠覆太空事业就是男性事业的这一看法，但至少有助于动摇这个神话。

"女人不是生为女人，而是变成女人的。"波伏娃的这一句话成为女性主义者耳熟能详的经典。社会的整个文明塑造了女性扮演"他者"的角色。社会把女人束缚于家庭，规定女人承担抚养

---

① ［美］彼德·S. 温茨：《现代环境伦理》，宋玉波，朱丹琼译，上海人民出版社 2007 年版，第 292 页。

小孩与家务劳动的义务，从而使女性不能把有限的精力与时间投入到公共事业领域。社会规定女性为合适的母亲、妻子、看护者、护士、秘书等社会角色，从而规定让女性更多地从事护理与服务性等"具有女性气质的"工作。反之，女性在服务性工作上的经验使得她们能更出色地完成此类工作，这又反过来作为证据用以证明女性本身就适合于承担服务性工作这一论断。

不但社会结构提供了更多机会让"女人"变成为一个女人，而且社会意识也给女人更多心理暗示让女人成长为一个女人。当接受了柏拉图、亚里士多德、卢梭等思想家们武断的断言，男人们如是看女人则认为女人是没有主见的、软弱的、需要保护的、被统治的，男人们也就相应地认为作为一个男人理应替女人作决定，为女人提供保护乃至统治女人；女人们如是看女人则认为听从男性的决定、服从男性的统治、接受男性的保护是理所当然的，把服从、温顺、柔弱看作女性应予追求的美德，从而女性把自己看作女人的过程也就是努力朝着这一目标努力的过程，经过这种主观上的努力，女人逐渐成为符合男权制文化定义的"弱者"、"低贱"、"被统治者"的"他者"形象。

有这样一个实验讲述了对动物行为的限制如何可能改变动物行动的本能。在一个广口杯中装上跳蚤，杯口盖上一块透明的玻璃，跳蚤一次一次地试图跳出玻璃，但总是会被玻璃一次一次地阻挡回来，经过无数次这样的跳跃与弹回之后，当把广口杯上的玻璃取下时，已无一只跳蚤能够再一次跳出超过瓶口的高度。当然，人类不是跳蚤，但就其动物性的本能而言，人类难道与跳蚤就没有相似之处吗？女性主义的理论批判指出，如同透明的玻璃给跳蚤设定了最终可以跳跃的高度，恰恰是从幼儿时期开始的规训式的惩戒这一社会的玻璃设定了女性最终可以超越的高度。

女性主义理论作为 20 世纪涌现的一股新思潮，在不断地与西方主流思想的对话与交流过程中前进。图安娜在评价女性主义科学哲学与后库恩哲学关系时说道："女性主义对科学的批判不

应该被看作是当代认识论或科学哲学的激进转向，而应该被看作
是在已经存在的论述中增加了一个重要的维度……"① 这一维度
即是性别维度。同样的话用来形容女性主义哲学与后现代主义、
后结构主义批判哲学之间的关系时亦成立，换言之，即女性主义
对本质主义与理性主义的批判不应当被看作是当代哲学思想的激
进转向，而应该被看作是在已经存在的论述中增加了一个重要的
维度——性别维度。对性别压迫的追溯使女性主义加入到批判二
元论、理性主义与本质主义的后现代阵营中，这也是女性主义往
往被归入后现代思潮并成为其中一个支流的原因。女性主义的哲
学反思指出，女性受压迫的深层根源正在于继承自古希腊理性传
统的二元论等级制思维方式，这种思维方式在概念上把事物分为
相互对立的两个群体，比如男性/女性、文化/自然、人类/自然、
理性/感性、心智/身体、公共/私密、主体/对象、自我/他者等
等相互两分的概念范畴，并认为前者在等级上优先于后者。等级
制的思维模式加上本质主义的理解方式，其结果是把建立在社会
性别基础上的性别等级结构看作是一种誊写在生理性别基础上的
不变的自然结构。在人类认识自然的历史过程中，性别等级制假
设既是科学研究中不证自明的理论前提，又是科学研究千方百计
试图证实的理论假设。

如戴维德·哥伦比亚（Davud Golumbia）所言，当从哲学层
面理解女性主义理论，我们也许需要区分两种不同的哲学：在哲
学的学术部门讲授与传承的哲学和源自于人类思想与行为的、可
以合理地标明为"哲学"的哲学。② 在前一层意义上，女性主义
理论更多地以一种社会学理论、政治学理论或其他某种理论而非
哲学理论被接受。女性主义从理论上讨论伦理与政治、认识论与

---

① Nancy Tuana, "The Values of Science: Empiricism from A Feminist Perspective", *Synthese*, 1995, p. 442.

② Davud Golumbia, "Rethinking Philosophy in the Third Wave of Feminism", *Hypatia*, Summer 1997, vol. 12, No. 3, p. 105.

政治的关系，从认识论上关注经验、陈述与记忆的问题，而非传统的观念、先验知识与推演的问题。对于主流的分析哲学而言，"女性主义哲学"即使可以合理地被标记为"哲学"，那也是处于边缘的位置，无法进入主流的研究论域。从后一个层面理解，女性主义理论关注实践生活中的"真理、爱、好的生活、道德"等"深层问题"，"这些'深层问题'都应该处于哲学的中心"，在此意义上，探讨社会实践问题的女性主义理论与文化实践都应该合理地归入哲学研究的行列。① 或如贾格尔所指出，女性主义与哲学的关系经历了从 20 世纪六七十年代哲学援助女性主义到 20 世纪 80 年代以后女性主义援助哲学的转变，女性主义帮助并且迫使我们重新思考什么是人类行为、什么是知识、政治和人际关系所追求的，而这些都能归于有点僵化的"哲学"这一术语的名下。

本书以对哲学的第二种理解方式为前提，以女性主义对具体问题的思考与探讨为引导对女性主义在政治实践中对社会生活中的"深层问题"的哲学反思做出探索式的介绍。本书共分七章，第一章"女人不是天生的"，其标题是波伏娃的一句名言，介绍女性主义对性别与身份问题的反思，而身份问题一直是女性主义哲学中的一个中心问题；第二章"差异与平等"，介绍女性主义政治哲学中关于性别平等与性别差异之间的争论，以及对什么是性别平等，怎样才能实现性别平等种种问题的思考；第三章"他者"视界主要关注于女性主义对传统认识论的批判及其对女性主义认识论的尝试性重建，女性主义认识论作为审视传统认识论的一种不同视角，对传统认识论的看法形成了不可小视的冲击；第四章"性别与科学"介绍科学中的性别问题、科学与性别问题以及"科学中的女性主义问题"，这些问题都是科学哲学与科学社

---

① Davud Golumbia, "Rethinking Philosophy in the Third Wave of Feminism", *Hypatia*, Summer 1997, vol. 12, No. 3, pp. 105 - 106.

会学的"热点问题";第五章"性别、技术与文化"介绍了技术中的性别问题,技术发展、技术文化对性别意识与性别问题的影响,也是技术哲学与技术社会学的新的关注点;第六章与第七章分别对女性主义伦理学与女性主义生态学思想作了一个简单的介绍。

　　女性主义思想博大庞杂,涉及面广,女性主义哲学不但包括对带有性别偏见的传统主流哲学的批判,同时包括对语言、政治、伦理、科学技术等各具体领域中潜在性别问题的理论反思,且女性主义流派林立,各流派之间审视问题的视角也不尽相同,因此,其思想的多元性与复杂性可想而知。此处对女性主义哲学的介绍,因作者学识有限而无法从体系上既达到一定的广度,又能就具体问题的讨论达到一定的理论深度,最终只能给出一个索引式的简介,敬请谅解。

第 一 章

女人不是天生的

> 女人并不是生就的，而宁可说是逐渐形成的。在生
> 理、心理或经济上，没有任何命运能决定人类女性在社
> 会的表现形象。决定这种介于男性与阉人之间的、所谓
> 具有女性气质的人的，是整个文明。
>
> ——西蒙·波伏娃

"女人并不是天生的，而宁可说是逐渐变成的。"可以说，西蒙·波伏娃的这一断言成为许多女性主义理论大厦建构的支点，因为，"变成的"一说把女性从生物本性的禁锢中释放出来，进而可以开始思考女性这一性别形成的历史与文化根源。沿着波伏娃的理论思路，第二浪潮女性主义从理论上区分了生理性别与社会性别，用社会性别重新组织对性别问题与性别身份的反思。社会性别概念不是从生理结构与生理功能上解释性别的构成，而是从文化与社会关系中追溯性别的本源。

性别的本源以及女性身份问题同样是后现代女性主义试图解决的一个哲学问题，诸如芭特勒、威蒂格、伊丽格瑞等后现代女性主义者都在波伏娃、拉康等前人的理论上进一步深化对性别与性别身份的本体论探究。不过，在女性主义运动与女性主义政治这一大的社会语境中，女性主义对性别与女性身份的本体论反思同样地与其政治目标相关，即如何可能达成一致的女性主义共同

体，进而为妇女解放的这一最终目标服务。

第一节 反思性别

每个人都带有一个性别标记。当听到某个熟悉的人初为人父或初为人母时，我们的第一反应往往是询问："男孩还是女孩？"预期中的回答或"男孩"或"女孩"，二者择其一，除此之外没有别的选择。当我们在填写各种表格时，总有一个栏目标明"性别"，并提供"男"、"女"两个选项让我们做出选择，每一个人都会根据对自己性别的认定选择男或女。

什么是性别？我们总是假定性别是一个不用明说的生理事实，就像每个人长有五根手指，自出生伊始就已经确定。从小我们就知道动物分为雌性与雄性，人类区分为男性与女性。不同的是，当雄性在特定的季节追逐雌性完成种的繁衍的本能使命时，男性却在浪费时间与精力给心仪的女人写情书、写诗歌、画肖像。在这些行为中，人类的性别关系往往超越了动物繁衍的本能而带有文化的印记。

根据《圣经》故事记载，上帝用六天的时间创造了整个世界，第一天创造出光，第二天创造出空气，第三天分开水陆，第四天创造宇宙星体，第五天创造出水、水中的鱼类以及天空中的飞鸟，第五天创造出万物生灵。在完成创世纪杰作的最后一刻，上帝按照自己的形成造出管理世间万物的人类。造人是上帝最后的也是最为得意的一项工作。首先，他用泥土按照自己的形象捏就了一个泥人，并从鼻孔中吹入生命的气息，取名亚当；之后，看到亚当一个人过于孤单，就从亚当身上取下一根肋骨，合着血肉，创造了夏娃；亚当是一位男性，夏娃是一位女性。在神学建立起的等级体系中，从上帝造人伊始两性之间就存在不平等的关系。亚当是上帝最先仿自身的形象做出来的，而女人不过是取自男人的一根肋骨，可见男性从一开始在级别上就高于女性。并且，上帝创造女人不是因为这世界真正需要女人，而是因为男人需要女人。神学在一定程度上就是现实的反映，众神也是男性创造的众神，因此《圣经》故事中对性别关系作如此安排也不显奇怪。

相比于《圣经》，中国版的创世纪更少性别等级色彩。盘古开天辟地，女娲造人，两人都是创造世界的重量级人物，其中盘古是男性，女娲是女性。女娲造人时首先根据自己的形象捏就一批泥人，成为贵族，随后为省事随手用柳枝撒成一批泥人，成为平民。女娲虽然是女人，但并没有因此而把女性造得更精致一些，或让女性成为贵族，这或许正是女娲作为人类始祖所呈现的无私之处。

神学与传说是解释世界的一种方式，科学是解释世界的另一种方式。自文艺复兴以来，现代科学取代了古代神学取得了解释世界的权威位置。生物学进化论在人类与动物之间建立起历史的渊源关系，人类性别从某方面而言就对应了动物之间雄性与雌性的区分。一般来说，解剖学结构是区分男女性别最重要的根据，同时也是最方便的根据，婴儿出生，医生通常就根据进入视觉的生殖器的不同判断婴儿的性别。但是这一最重要的根据并不是最可靠的根据。医学研究表明，有些人生下来就没有相应的生殖器，有的女性生殖器在外形上酷似男性生殖器，有的同时具有男女两性生殖器。生物学研究曾一度认定染色体是性别形成的关键，男性携带 XY 染色体而女性携带 XX 染色体，但科学进一步的研究成果却发现自然界并不是只有 XX、XY 两种性状的染色体，同时还有 XXX、XXY、YY 等不同性状的染色体，并且传统认为专属于男性的 Y 型染色体在女性体内也有发现。最新的科学研究发现 FOXL2 与 FOX9 两组基因片断决定人类性器官的发育，FOXL12 基因片断决定女性卵巢的发育，FOX9 基因片断决定男性睾丸的发育，早期性器官的形成与两组基因中哪一组最先打开有关。科学的未来发展还有可能进一步给出在某种情况下可能导致某一基因片断打开的原因。事实上，性别形成原因的追溯并不能给性别判断提供任何新的内容，通过染色体、基因等科学手段鉴定性别最终仍然必需回归到生殖器发育呈现的明显区别之上。尽管科学至今仍不能提供严谨的区分男女性别的统一标准，但解剖学结构、染色体与基因仍从科学上被看作是鉴定男女生理性别主要的生物学手段。

科学一直在寻找导致男女生理差异形成的最终原因。后现代女性主义者巴特勒指出，科学对性别的理解以及试图一劳永逸地区分性别的这种欲望本身就是文化的产物。巴特勒对生物学家佩奇的研究做出了批判性的解读，并以此指出科学对性别理解的局限性。佩奇第一个指出"TDF"是决定男性睾丸生长的决定因子，他的研究对象选自于染色体出现异常的性别，这些人或拥有XX染色体却在医学上被判定为男性，或拥有XY染色体却在医学上判定为女性。但是"为什么一开始我们就得同意这些人是XX染色体的男人和XY染色体的女人，尤其是需要讨论的正是男性与女性的判定问题，而这问题却暗地里已经由外生殖器来决定了。事实上，如果外生殖器足以作为决定或指定性别的标准，那么对主控基因的实验研究就几乎没有什么必要"①。当然，这种必要是指对于判定性别区分而言，而并非完全否定科学研究的意义。但是，当我们试图解答基因决定性别这一问题时，问题的逻辑无可非议地受到文化的影响。"当佩奇和其他人判定一个在解剖学上有疑义、拥有XX染色体的人是男性的时候，他们参照的难道不是一种纯粹文化的传统，而这个文化传统把外生殖器当作了性别的一个定义性的'符号'？"② 我们总是想当然地认为社会中存在两个不同的性别结构，某一个人不是属于此一性别就是属

① ［美］朱迪斯·巴特勒：《性别麻烦》，宋素凤译，上海三联书店2009年版，第141页。

② 同上书，第143页。

于彼一性别，男女性别分立以及与之相关联的性别结构先在地成为科学解释无须明言的前提。在文化意义上性别本身拥有科学解释不能涵盖的更多内容。

神话解释与科学解释事实上就是为建立在生理差异基础上的两性划分给出存在的根据。然而，生理性别呈现出的解剖学差异只是性别差异的一方面，另一方面，性别还表现为两种不同的内在气质。一般认为，女性在性格上较柔弱、温柔体贴、优柔寡断、喜欢依赖他人，男性则坚强果敢、有魄力、有主见、独立；在对身体的关注度上，女性注重自己的身体形象，追求美貌，男性注重身体的物理状态，关注健康；在思维模式上，女性感性、冲动、凭直觉下结论，男性冷静、理性、能有条理地分析问题；另有女性主义者指出，男性气质一般与科学相关，而女性气质更多地联系于宗教。①

现实中，男性气质与女性气质的划分并没有明确的边界，女性同样可以具有自信、独立、果断、有竞争力的品质，如中国的武则天、英国的伊丽莎白女王，可以成为一个国家的统治者与决策者，但她们仍然是女人；男性同样可以表现出软弱、依赖、感性、易冲动等性格，虽然被戏称为女子气的，但他们仍然是男性。具体到个人更是无法发现所谓的"完美男人"或"完美女人"，大多数的人都是男性气质与女性气质不同程度的结合。事实上，我们更欣赏聪明、美丽、高雅而又理性的女人，更希望看到富有感情与耐心，同时又冷静与坚强的男性。

与性别气质相关的是性别意识。一个女人，只有当接受了自己是女人这一事实之后，才会以女人自居，并不自觉地希望把自己变得更像女人。当我们在格表中把自己标明为"女"，这不但是社会给我们的标记，同时也是我们内心接受并认可了的标记。

---

① Judith Van Herik, *in Freud on femininity and Faith*, Berkeley and Los Angeles: University of California Press, 1982, pp. 2 – 3.

如何知道我是女人？为什么我们会承认自己是女人？成为女人或成为男人是可以选择的吗？这种种问题远比科学能够给出的答案更为复杂。关于生理结构与性别气质的相互关系这一问题似乎是古老的身、心问题的变版。现实指明，性别意识并不必然由男女不同的解剖结构决定。变性人的案例在现代医学上并不少见，通过现代医疗技术实行变性手术后，都能过上传统意义上的正常生活。有研究表明，有变性倾向的人很大程度上是受到社会的影响，如果家长根据自己的喜好来抚养小孩，把男孩打扮成女孩或把女孩当成男孩来养，这种人为的诱导会导致男孩或女孩形成与自己生理性别相反的性别意识。医学上把这种生理结构上为男性或女性，而心理各方面却表现为相反性别意识与性别气质的这一类"病例"称之为性别认同障碍，并把其看作是一种心理疾病。但是，这在逻辑上显然是不成立的，心理疾病必须通过心理治疗恢复健康，而变性病例需要的往往是外科手术。

　　如何理解生理结构、性别气质、性别意识三者之间的复杂关系？当一个人在生理结构上表现为雌性，性别气质呈现出女子气，并且从心底里并不拒斥成为一个女人，这时候社会把她称之为女人，她本人也认同自己就是一个女人，个人的选择与社会的预期相符合，两者之间没有任何冲突。但是，当生理结构、个人意识与社会预期三者之间相互出现冲突，我们就会怀疑中间某一方面出现了问题，但究竟是性别概念认识本身存在问题，还是个人意识认识上的障碍，却无从定论。

　　分解对性别概念的刻板观念，成为女性主义理论的一个主题。福柯对精神病史的考察指出，所谓的不正常只不过是社会中有权力的多数派以他们的标准对没有权力且不合标准的少数派的一种规定，当排除了对不正常的本质主义的理解，性别偏差就是可理解的一种合理的社会现象。在此意义上，性别成为一个多元的概念，任何选择成为男性或女性的行为都是合理的行为，任何具有男性解剖结构而表现出女性气质或具有女性解剖结构而呈现出男性气质的个体都可以看作是具有多元性别结构的人而被接受。这也正是后现代女性主义对性别之本体的认识走向。

第二节　生理性别与社会性别

从概念上区分生理性别（Sex）与社会性别（Gender）是 20世纪 60 年代后期女性主义的一个理论策略。根据奥克利的定义，"'生理性别'一词指的是男性与女性之间的生理差异，如生殖器上的明显差异以及与之有关的生育功能的差异"，而 "'社会性别'是一种文化事实，指的是男性气质与女性气质的社会分类"①。社会性别以与性别气质相关的、社会建构的行为特征与心理特征为标记，而这种性别化的行为特征与心理特征和生理性别结构之间的关系并不是一种必然的表象与本质之间的关系。女性主义社会性别理论家们指出，生理性别并不必然地反映社会性别，社会性别也并不必然地镌刻于生理性别的结构之上。

"社会性别"这一概念的发展为女性主义从理论上分析妇女的压迫提供了概念工具。克里斯蒂娜·德尔菲（Christine Delphy）指出，"社会性别"的出现使三种互相联系的进步成为可能："其一，所有那些看起来是社会的、独断的生理性别差异，无论它们是否因社会不同而异，或是易于变化，如今可以用一个概念来囊括。其二，采用单数术语——社会性别，而不是复数术语——生理性别，表明人们的关注点不再是分裂的两个领域，而是分裂原则本身；女权主义者可以关注这种分裂是如何建构和实施的。最后，'社会性别'概念为特权阶级思想和权力关系提供了思维空间，这意味着我们可以从另一个角度思考性别

---

① ［英］简·弗里德曼：《女权主义》，雷艳红译，吉林人民出版社 2007 年版，第 19 页。

差异问题。"①

波伏娃第一个从理论上区分生理性别与社会性别,她指出有子宫的女人也有可能不是女人,而要被人看成女人,就必须具备大家公认的女性气质,"女人并不是生就的,而宁可说是逐渐形成的。在生理、心理或经济上,没有任何命运能决定女性在社会的表现形象。决定这种介于男性与阉人之间的,所谓具有女性气质的人的,是整个文明"②。女人之所以成为女人由她的处境决定,从古希腊到当代,归于女性的特征,如缺乏判断力、没有道德意识、虚伪、做作、贪图私利,所有这些行为没有一种是由雌性荷尔蒙或女性大脑的先天结构强加给女人的,而是由她的处境如模子一般后天地塑造出来的。从小一个父亲会教导他喜欢蹲着撒尿的儿子应该站着撒尿,于是男孩就学会了对站着撒尿感到骄傲并嘲笑女孩子们的撒尿方式,由此继承了作为男性的自豪感;母亲会时刻提醒女儿要注意自己的言行举止,要表现得像个女人,"站着时要笔直,走路时不要像只鸭子",女孩也就学会了以从母亲或其他女性处习得的女性规范要求自己。因此,在波伏娃看来,所有归为"他者"的女性气质都不是身体结构与生物激素的产物,而是社会文化影响的后天获得。然而波伏娃并不否认女性同时具有由子宫、乳房等生理性状规定的生理性别标记。

区分社会性别与生理性别这一策略为反驳生物决定论以及试图把现存性别结构看作自然秩序的观点提供了合理怀疑的基础。但是,当从概念上引入与生理性别不同的社会性别,也就引入了需要思考的新的理论问题。如果社会性别与生理性别之间彼此区分的边界是相同的,或者说社会性别是建构在生理性别基础上,社会性别所包含的内容不过是生理差异向社会文化的外显而已,

---

① ［英］简·弗里德曼:《女权主义》,雷艳红译,吉林人民出版社2007年版,第20页。

② ［法］西蒙·波伏娃:《第二性》,李强选译,西苑出版社2004年版,第289页。

那么社会性别就不过是生理性别的另一种表达，什么时候选择使用社会性别一词，什么时候选择使用生理性别一词，就只是一个语言习惯问题，而不存在两个不同的概念问题（这也是传统与常识的看法）。如果社会性别与生理性别是不同的概念范畴，两者描述了不同的性别事实，那么我们就面临以下问题：如何区分社会性别与生理性别，社会性别与生理性别之间又有着怎样的区分边界，在社会现实中两者似乎呈现出相似的结构，我们该如何理解它们之间的这种相似关系？对这些问题女性主义理论中存在三种不同的哲学思考进路：模糊社会性别与生理性别区分的本质主义理解、区分社会性别与生理性别的社会性别建构主义以及消解社会性别与生理性别边界的双建构主义。

美国哈佛大学教授吉利根针对公正伦理学所提出了关怀伦理学，因此，她往往被看作是对女性气质本质主义理解的一个代表。在《不同的声音》中，吉利根指出，男性与女性遵循不同的道德标准做出行为选择，相对于男性以理性与公正为准则的道德判断，女性更倾向于从关系与关怀的角度出发思考问题，因此，以男性公共伦理的标准判断女性的道德能力是不公正的，她倡导从关怀伦理学的角度出发评价女性的道德行为能力。[①] 虽然吉利根区分了男性与女性不同的道德判断倾向，但是对这种不同能力的形成过程与形成原因的理解并不拒绝做出社会建构主义的解释，正如弗洛伊德的精神分析理论可以同时开启"生理决定命运"与社会化的心理形成机制这两种理论进路一样。

社会性别建构主义者认为，男性和女性在生理结构上的差异并不能决定他们的社会性别，认为生理结构差异构成男女性别区分的基础这一认识是经不起考察的，男女之间虽然不同，但"他（她）们并不像昼夜、天地、阴阳、生死那么不同。事实上，从

---

① ［美］卡罗尔·吉利根：《不同的声音：心理学理论与妇女发展》，肖巍译，中央编译出版社1999年版。

自然角度看，男女相互间的接近程度远胜于他（她）们同其他任何东西的距离，譬如山脉、袋鼠或椰子树……既然男女之间不存在'自然'对立，那么把男女看成是两个独特类别的观念一定是出于非自然的原因"①。什么是性别差异，这本身是一个文化问题而不是一个自然问题，从绝对的意义上来说，所有事物之间总是存在这样或那样的差异，但是什么样的差异会进入人类认识的视野，什么样的差异能够在文化中获得意义，这却不得而言。社会主义女性主义者盖尔·鲁宾认为，男女性别区分不是自然区分，而是社会强加的区分，是性的社会关系的产物。在性的社会关系之中，男女双方对彼此相似之处进行压制，男人压制"女性化"的特点，女人压制"男性化"的特点，由此形成社会化的男人和女人。社会性别的两分保证了劳动的性别分工，同时把相互之间性的欲望引向另一个性别，这也是异性恋家庭得以形成的基本前提。

　　"一个人不是生来就是女人，而是变成的"，波伏娃这句话中的女人一词意指后天获得的人的社会属性，"是在一个文化范围里获得或接受的一套意义"。② 波伏娃相信，社会性别是后天获得的；她同时也相信，有某种不可更改的生理性别，女人作为与动物相类同的雌性同样是不容否认的事实。对于波伏娃女人"是变成的"这一说法，巴特勒提出了一个问题："如果一个人之前一直都不是女人，他怎能变成一个女人呢?"③ 沿着对这一问题的思考，巴特勒试图探讨女人这一身份代表的究竟是什么。与波伏娃一样，巴特勒同样认为生理性别与社会性别是"有别于彼此的"，同样认为社会性别是"一个人变成的某种东西"，但是她并不认

---

① ［美］麦克拉肯、艾晓明等主编：《女权主义理论读本》，广西师范大学出版社 2007 年版，第 53 页。

② ［美］朱迪斯·巴特勒：《性别麻烦》，宋素凤译，上海三联书店 2009 年版，第 145 页。

③ 同上书，第 144 页。

为"这个东西"是某一静止的、具体的事物，而认为"这个东西"是这整个持续变成的过程。"如果社会性别是一个人变成的某种东西——但是永远无法达成，那么社会性别本身就是一个变成过程或行动，而且社会性别不应该被设想为一个名词，一个实体的事物、或是静止的文化标记，应是某种持续而不断重复的行动。"① 巴特勒把社会性别看作为获得社会化性别身份的社会操演。如果社会性别完全独立于生理性别，且是"某种持续而不断重复的行动"，那么也就没有什么不可更改的律法规定女性身体不可以以男性方式行动，男性身体不可以以女性方式存在，男与女之间也就不存在本质上不可变更的对立，而"男人"不但可以意指男性的身体也可以意指女性的身体，反之亦然。社会性别成为一种独立于生理结构的性别操演，社会性别也就超越了生理性别所限定的划分，女人与男人并不对应于生理性别上的雄性与雌性，在女人与男人之外的第三类性别"女男人"或"男女人"也就成为可接受、可理解的概念。

如果说在巴特勒的理论中，我们还可以看到在社会性别背后起作用的生理性别的影迹，那么激进女性主义者威蒂格是彻底地否认在社会性别与生理性别之间做出区分。威蒂格不承认有某种自然的生理性别，认为生理性别与社会性别一样都是人工建构的政治类别，与阶级一样是一个类别对另一个类别的压迫标记，也是社会权力关系的产物。威蒂格把生理性别看作强加在某些身体特征上的"统一性"范畴，她认为，我们把身体的某些器官与部位规定为性器官或性感区，并根据这种规定划分出生理性别所统摄与分裂的领域，但是这种规定本身就是一种"暴力形塑"。"生理性别被当作一种'直观的既定事实'，'可感知的既定事实'，'身体的特征'，属于自然的秩序。然而，我们认为是有形的和直

---

① ［美］朱迪斯·巴特勒：《性别麻烦》，宋素凤译，上海三联书店 2009 年版，第 146 页。

接的感知之物，其实是一种复杂的、神话的建构，一种'想象的结构'……"①

威蒂格支持自己观点的其中一个证据来源于对女同性恋群体的不同解读，根据她对性别范畴的不同理解，女同性恋群体既不属于女人群体也不属于男人群体，而是超越了传统男女性别二元对立结构的第三类群体。"唯物主义女权主义关于女性受压迫的观点，摧毁了女人是一个'自然群体'的想法……当分析在思想的层面完成之时，实践在事实的层面来实现它：由于女同性恋社群的存在，就摧毁了把女人视为一个'自然群体'这一人为制造的（社会的）事实。"②"女人一定要把她们自身同强加给她们的'女人'定义区别开来"。③ 威蒂格认为，父权制社会中的性别概念是异性恋文化的产物。父权制把社会的基础和社会的起源建立在异性恋的基础之上，生理学上的生育能力成为女人的标记，女人与男人之间的区分成为自然的区分，两者分属于不同的人种或种族。异性恋社会中的女人通过男人定义，一个真正的女人意味着与某个男人发生关系，并认同自己潜在的"母亲角色"。拒绝成为一个异性恋者，通常意味着拒绝成为一个男人或女人。女同性恋者并不是"真正的"女人，因为"她们外在于异性恋与异性恋的生育实践"。一方面，女同性恋者拒绝做女人，她们被指责为想做男人，一个"男角女同性恋者"会称自己为"女男人"；另一方面，她们也不是真正的男人，因为，她们没有男人的外貌，没有男人的意识。威蒂格把女同性恋看作是唯一"超越了性别分类（男人和女人）的概念，因为它所指称的主体（女同性恋者）不是女人，无论在经济上、政治上还是意识形态上都不是女人"，而女同性恋的存在反过来又证明了根本不存在本质上的性

---

① ［美］麦克拉肯、艾晓明等主编：《女权主义理论读本》，广西师范大学出版社 2007 年版，第 194 页。

② 同上书，第 189 页。

③ 同上。

别差异，"女人仅仅是一个假设的形式，是社会生产关系的产物"。①

在《性别标记》一文中，威蒂格对语言里的文法做了政治学的分析，论证社会性别在本体论上是不可能成立的。语言使用中，原则上只有第三人称代词才区分性别（这在汉语与英语中是一样的），如"他"指男性，"她"指女性。然而以第三人称标记的性别代词只是代替某一个作为主体的人，比如，不联系上下文出现的主人公，我们无从知道在文法中是使用"他"或是"她"。文法中，"他"或"她"的性别身份来自主体的性别身份，人称代词"他"和"她"之间不存在可比较的性别，不存在以主体形式标记的性别本身。而在语言文法中作为主体出现的"我"却不带有性别标记，男性主人公与女性主人公所使用的都是同一个大写的"我"。当一个人使用语言，以"我"的形式说什么时，这个说什么的"我"就意指说的行为是一个主体性的行为，也就是说当某人开始说话时，说话者就变成为"我"，是言说的主体。这个言说的主体不论在文法中还是在实践中都只能是"一个彻底的主体"，是一个完整的、普遍的、无性别标记的主体。社会性别试图从本体论上分裂存在，但存在就是存在，是不能被分开的。至此，威蒂格得出结论，"通过性别被引入语言的两分的存在（divided being）是什么？它是一种不可能的存在，它是一种不存在的存在，是一个本体论的玩笑"②。

威蒂格从语言文法出发，试图从本体论上瓦解性别区分的基础，但是这种瓦解仍然必须回答一个问题，如果社会性别只是作为分裂主体的一个"本体论的玩笑"而出现，那么这一没有本体论根据的"不存在的存在"为什么又能在历史中一直存在着、在

----

① ［美］麦克拉肯、艾晓明等主编：《女权主义理论读本》，广西师范大学出版社 2007 年版，第 197 页。

② Monique Wittig, "The Mark of Gender", *Feminist Issues*, Fall, 1985, pp. 3 - 12.

语言中一直使用着并且在现实中一直持续着？并且，从语言文法过渡到本体论的分析到底具有多大的合理性与说服力？不过，威蒂格把生理性别同样看作是一种政治虚构，这一反直觉的观点提醒女性主义者，重新思考放置于异性恋结构中的性别关系，重新思考隐藏在生理性别这一概念范畴之后的性别真实。

第三节 女人、他者

波伏娃是法国的存在主义哲学家，她的代表作《第二性》写于第二浪潮兴起之前，后来成为女性主义的圣经。波伏娃也是第一位从主体概念入手分析女人"他者"身份的女性主义哲学家，她指出女人以"他者"的形式存在，女人变成女人的历史就是女人成为"他者"的历史。

"他者"之所以为他者，是相对于主体而言。作为存在主义哲学家萨特的情人、学生与终身的精神伴侣，波伏娃的思想受到萨特的存在主义哲学思想的影响，这是不可否认的。萨特把存在分为三种形式：其一，自为的存在。也就是有意识的我。虽然我们的肉体是我们与外界接触的中介媒体，但是一个能够意识到某个具体的事物的我与肉体是完全不同的。其二、自在的存在。是指外界的一切自然物质存在，包括人的肉体以及动物的存在。其三，为他的存在。即任何一组概念若不同时树立相对照的他者，就根本不可能成为此者。为他的存在表达了社会的相互依存关系，为己者总是通过这样那样的方式把他人变为对象以谋求属于自己的位置，定义自我的过程就是一个寻求权力凌驾他人的过程。女人作为"他者"属于第三类形式的存在——为他的存在。

主体要把自己作为主要者，就必须树立一个与主体对立的他者、次要者和客体。只有相对于奴隶才有主人，在主奴关系中，主人就是一个主要者，而奴隶则是一个他者；只有相对于女人才有男人，男女关系就如同主奴关系，在男人把自己定义为主体的同时，也已经把女人标记为他者。男人以自己作为标准定义了女人，"古时候人们用垂直线测量倾斜的东西，而现在男性就是人类的绝对标准。"① 波伏娃指出，男人是主体，女人是他者，这已经是一个完成了的历史定义过程。从《创世记》中上帝用男人的肋骨创作了女人，宙斯山上的众神为了惩罚人类而制造了潘多拉引诱男人犯错，到亚里士多德把女人归入天生有缺憾的另类，柏拉图把女人与奴隶并列，人类文明的进步一步步地把女人安置于"他者"的位置而不得僭越。

女人为什么会成为"他者"？为什么是女人成为"他者"？对这个问题的探讨成为《第二性》的一个主题。波伏娃批判了性别的生物学、精神分析学与唯物主义理论解释。首先，她认为来自生物学的依据不能给出合理的解释。女人肌肉不够发达、力量不强、打不过男人，这些都是生物学事实，但事实如果离开了社会的解释，离开了人的观点，"它们本身毫无意义"。只有"根据男人提出的目的、他可能得到的工具和所确立的法律"，女人肌肉不发达这个"弱点"才成其为弱点。人不是动物，动物依靠自然本能生存，人类在社会中生存，构成社会的个人服从于习俗，并且总是会根据某些价值来评估自身，而生存方式和习俗不可能根据生物学推断，价值赖以存在的基础也不属于生理学。弗洛伊德的性一元论也无法解释女人的他者地位。弗洛伊德认为，女孩因为缺少阳具，羡慕男孩拥有阳具，在受到阳具嫉妒情结的影响下，发展了被动、服从、感性、消极等女性气质，具有了女性的性别意识，并且当女孩通过成为母亲间接拥有阳具后，也就接受了自己成为女人的这一事实。波伏娃富于启示性地指出，女人羡慕阳具，并不是真正羡慕某一个具体的肉质器官，而是羡慕阳具

① ［法］西蒙·波伏娃：《第二性》，陶铁柱译，中国书籍出版社1998年版，第10页。

所代表的特权。社会秩序中，男性往往拥有各种特权，同时男性也拥有阳具，在某种意义上，阳具就成为各种特权的象征。然而，为什么是男性拥有各种特权？为什么拥有阳具就能拥有各种特权？弗洛伊德的理论并没有试图对这个问题给予解释，反而把女人对社会的权力要求看成是心理发育的异常。马克思主义的经济一元论也不足以理解女人的处境。恩格斯认为技术的进步与私有制的出现导致了"女性的具有世界历史意义的失败"[①]。青铜器是人类技术进步的一大标记，它的出现不但扩展了人类征服自然的能力，同时也为男人征服女人创造了条件。男性在利用技术向世界扩张的过程中取得了决定性的优势，女人因其生育本能相对地处于不利地位，这种不平等造就了男性与女人权利之间的不平等。但是男性为什么会有这种不断扩张的欲望？青铜器不能解释这种欲望的产生，更不能解释女人为什么会受到压迫。波伏娃指出，生物学、弗洛伊德的精神分析与历史唯物主义都不能对女人为什么成为他者这一问题给出合理的解释，让女人成为"他者"的真正原因源自于生理结构、心理影响与经济生产植于其中的价值结构。

"我们在试图揭示女人时，不会否认生物学、精神分析学和历史唯物主义作出的一些贡献；但我们会认为，身体、性生活以及技术资源，只有从人的生存的全方位去认识，对他才是具体存在的。体力、阴茎和工具，其价值只能在价值世界中确定；它有赖于生存者用以追求超越的基本设计。"[②]

在波伏娃看来，追求超越是"生存的人"的基本目标，所有与生存相关的物的价值以及行为的价值都必须联系这一基本目标衡量。男性征服自然的创造性行为超越了动物的本能反应，他们

---

① 恩格斯：《家庭、私有制和国家的起源》，《马克思恩格斯选集》第 4 卷，人民出版社 1972 年版，第 52 页。

② ［法］西蒙·波伏娃：《第二性》，陶铁柱译，中国书籍出版社 1998 年版，第 66 页。

制造工具，是技术的发明者，他们不驯服于自然的威严而成为自然的设计者；他们为了尊严、为了氏族的利益可以将生死置之度外，他们超越了肉体的束缚，超越了生命的限制。相反，女性的行为则无法实现这种超越：一方面，女性的生物性本能使女性不得不把主要的精力花费在履行生育与抚养幼儿这一责任上，因此无法投身到征服自然的创造性行为中；另一方面，通过生育行为无法实现超越，生育属于动物的本能，所有的动物都会产幼崽和照顾幼崽，且当食物匮乏的时候，新的生命不但不能带来惊喜，相反可能成为累赘而被抛弃或杀死。在人类文明源起之初，男人行为所肯定的价值成为比生命更重要的存在价值，不但是男人追求的目标，同时也成为女人追求的目标，然而两者不同的是，男人可以通过设计实现自己的目标，而女人只能通过向往臣服于这个目标。

女人从未确立过与男性价值相对立的女性价值，女人相对于男人而言，从来就是一种无法获知的认识，是一种否定，是一个"他者"。"男人想维持男性特权，于是便虚构出了这种歧义（他者的意义）。只是为了把女人禁锢在里面，男人才独自创造了一个女性领域——生命的、内在性的王国。"① 波伏娃指出，从文明伊始女人就是"他者"，而且这一立场从未改变。虽然历史上有过母权制，但"女人的那个黄金时代其实只不过是一个神话"。当男人的力量还不够强大，不够征服自然时，他们鉴于自己无法理解的、神奇的生育魔力崇拜母神。然而，即使女人具有男人无法理解的魔力，在男人的心目中她们仍然不是同类，而是"他者"，一旦随着生产的发展、技术的进步，男人必将在征服自然的同时也征服女人，女人的贬值成为"人类历史上的一个必然阶段"。

---

① ［法］西蒙·波伏娃：《第二性》，陶铁柱译，中国书籍出版社 1998 年版，第73 页。

"男人将会希望支配女人"①，而当他有能力这么做时，他就真的这么做了。这种能力就在于男人成为了生存价值标准的最终制定者，由他来决定什么是生命的真正意义。男人超越自然、征服自然与控制自然的能力得到推尊，而女人通过身体与自然融为一体的能力受到贬抑。但是，有什么理由认为属于男性的征服与控制的意识比女性的接触与体会的意识更为具有存在意义上的价值？有什么理由认为我们应该根据男性的行为经验规定人类存在的意义？波伏娃把女人之所以成为"他者"的原因追溯至价值领域与存在主义的意义领域，同时她也假定了男性超越生命的存在价值就是人类应该接受的存在价值。然而，女人为什么应该无条件地服从以男性行为为标准规定的价值与意义呢？

有女性主义者批评"女人"这一定义在波伏娃的理论中是相互矛盾的，这一批评是有道理的。一方面，波伏娃认为"一个人不是生而为女人的"，在女孩的成长过程中，因为父母的要求与暗示，因为社会的期待，一个女孩逐渐变成为符合社会规范的"女人"；另一方面，当超越是人类的存在价值，女人的生物学本性阻止了女性从依赖于肉体的"自在的存在"超越到赋予生存意义的"自为的存在"，因此女人永远无法成为像男人一样的"自为的存在"，只能成为无法实现超越的"他者"。

男人与女人的关系，就是主体与"他者"的关系，波伏娃引用黑格尔的一段话来描述这种关系："他者意识是一种依附意识，对于他来说，本质的现实就是那种动物型的生命；就是说，是另一种存在（entity）所给予的一种生存（living）模式。"紧接着她又指出"这种关系同征服关系必然有区别，因为女人也渴望并承认男性所具体取得的那些价值"。② 因此，在波伏娃看来，女人的他者意识并不是男人强制性的要求，而是源自人性的内在要求，

---

① ［法］西蒙·波伏娃：《第二性》，陶铁柱译，中国书籍出版社1998年版，第69页。

② 同上。

正如男人并不能强迫女人生孩子一样。女人渴望男性的价值，渴望获得超越，正是这种渴望使女性主动臣服于男性的价值，然而也正是这种作为女性却向往男性价值的行为把女性置于相互矛盾的境地。

吉纳维夫·劳埃德以不同的方式批评了波伏娃把超越作为女性解放的目标与女性主义的基本需要相冲突。她指出，女性气质总的来说具有与男性气质不同的情感内容，超越从定义上来说就是男性的理想，从一开始就意味着超越女性气质，是与女性气质相违背的。即使我们能够证明女人从本质上不是内在的、"自在的存在"，但她在文化上依然和这种存在方式联系。"男性的超越是离开一个对男性来说依然是完好无损的领域，它对他来说代表特殊性和纯粹的自然情感的领域。而与之相比较，对女性来说，就没有这样一个她既可以离开，又可以使其保持完好无损的地方。"①

男性/女性、超越/自然，当男性总是本质地与超越相关，而女性则本质地与自然相关时，对自然的超越确然意味着对女性这一概念本身的否定，但是我们是否应该对男性/女性作这种本质主义的理解？这一问题在巴特勒对波伏娃的批评中再次出现。巴特勒指出，波伏娃对女人的理解建立在精神/身体的二元论基础上，男性通过超越成为精神的象征，女性无奈地代表着肉体，而"精神不但征服了身体，还不时做着完全逃离肉身具化的幻想"。②

针对波伏娃在"主体"与"他者"之间设立的价值等级，法国后结构女性主义者伊丽格瑞提出"他者主体"的概念，倡导取消传统文化对两性结构赋予的价值附加，代之以男人与女人之间有差异的自然存在。伊丽格瑞批评波伏娃："绝对的断言表明了一个理论和实践的错误，因为她的理论预示着否定他者在价值上

---

① [美]罗斯玛丽·帕特兰·童：《女性主义思潮导论》，艾晓明译，华中师范大学出版社2002年版，第277页。
② [美]巴特勒：《性别麻烦》，宋素凤译，上海三联书店2009年版，第17页。

等同于否定主体。"① 性与性别可以分为男女两个性别，但没有第一、第二之分。伊丽格瑞指出，我们不应该依据男人的模式重新刻画女人，我们所需要的是赋予女人作为"他者主体"的意义，主体并不是只有一个，男人可以是主体，女人同样可以是主体。换言之，女人就是女人，与男人一样的存在，我们不需要在男性气质与女性气质之间排序，不需要在男人与女人之间排序，正如我们不需要在同与异之间排序一样。

尽管法律规定任何领域都不得因为性别原因而区别对待男性与女性，形式上的性别不平等有所改变，但实质上的性别不平等依然普遍存在。波伏娃的"他者"概念为理解这种根植于文化深处的性别不平等提供了一种新的分析视角，如何超越女人作为"他者"的存在也成为女性解放需要解决的一个理论问题。波伏娃的建议是让女人学习男人，与男人一同获得超越，并实现根据男人行为定义的存在价值，从而成为与男人并肩的征服自然的伙伴，这一策略与自由主义女性主义不谋而合。但是，自由主义女性主义的理论策略并不能让所有女性主义感到满意，对于激进女性主义与后现代女性主义而言，不是让女性超越自身成为男性化的主体，而是建立属于女性自己的价值标准，在肯定女性价值的前提下把女性作为主体看待，不是让女人学习怎样成为"一个男人"，而是让女人学会成为"一个真正的女人"，这才是更可取的道路。

第四节　阳具中心主义

在文化中，女人成为"他者"，男性成为定义并统治"他者"

---

① Lucy Irigray, "The Question of The Other", *Yale French Studies* 87, 1995, p. 8.

的主体。当波伏娃从"他者"概念出发,揭示出人类文明历史中女性的"他者"地位,法国精神分析学家拉康运用"阳具中心主义"这一个概念,从另一个方面同样地肯定了阳具(男性)在人类文明史中的主体地位。

拉康的理论有两个主要的思想来源,一是弗洛伊德的精神分析理论,二是索绪尔的结构语言学。男性性器官在弗洛伊德的人格发展理论中起到关键作用,影响人格发展的俄狄浦斯情结、阉割焦虑、阳具嫉妒都围绕着对这一器物的欲望与占有而展开。男孩因为拥有阳具并害怕失去阳具从而形成阉割焦虑,在此影响下,男孩继承了父亲的传统发展出具有男性气质的人格自我。女孩因为缺少阳具从而形成阳具嫉妒情结,相应地发展出女性气质的人格自我。虽然弗洛伊德认为性别意识的成因有超出解剖结构之外的原因,但他的精神分析解释似乎又并没有逃出"生理决定命运"的这一结论。

拉康最先把弗洛伊德的理论引入法国,他自认为是弗洛伊德思想的真实拥护者,但他的理论却超越了对"生理决定命运"的生物学解释。在拉康的理论中,阳具(Phallus,有时音译为菲勒斯,而弗洛伊德更多地使用"阴茎"这一词)完全脱离了生物学器官的这一层含义,具有象征的意义,象征着父亲的律法、父亲的名号以及父权制的隐喻。拉康同样强调阳具的中心作用,规定所有的欲望与秩序都围绕阳具这一无限的权力展开,以此为出发点,他从精神分析的层面解读了西方文化阳具中心的这一现象。在拉康的阳具中心定位中,女性在西方文化中处于一个不被言说或不能言说的位置,如果女性接受了这一个位置,也就意味着女性解放同时需要创造由女性主导言说的新的符号秩序。后现代女性主义对西方阳具中心主义的批判、性别身份的理解以及女性身份的定位在很大程度上都受到拉康这一思想的影响。

从弗洛伊德的精神分析理论开始,拉康把婴儿的"自我"发展分为三个时期:第一个阶段在 6 个月以前,婴儿意识中没有

"自我"与"他者"之分，也就是说自我意识与对外在世界的认识是混沌一片的，拉康把这一阶段称为数学中的"0"。第二个阶段在6—18个月时期，婴儿通过镜像或把他者——主要是照顾婴儿的母亲——作为镜像开始意识到自己的身份。通过观察可以发现，婴儿照镜子时会有各种表情，与人类最为接近的猩猩当发现镜中的影像时只会带来一瞬间的惊奇，当发现镜中空无一物时，就会转身离开，但人类的婴儿在发现镜像中的自己时会引起种种复杂的心理变化，最主要的就是"他者"的发现。婴儿通过与"他者"的关系，通过模仿"他者"确定自己的身份，这一阶段对应于数学中的"1"。第三个阶段在18个月以后，在婴儿身上发生了两个重大的变化，其一是学会了使用语言并开始进入象征界，其二是意识到父亲的存在。镜像阶段，婴儿通过镜像与"他者"合二为一，但是当父亲"以第三者"的姿态出现时，婴儿迫于父亲的权力开始意识到"自我"与"他者"的分离，形成俄狄浦斯情结。在拉康的理论中，阳具的能指比喻父权或来自父亲的律法，成为迫使婴儿产生分离意识的一种力量。借助阳具的能指，婴儿通过分离意识到差异，渡过俄狄浦斯危机，进入语言（符号）界，接受了既有社会的规范与习俗。

索绪尔的结构语言学把语言看作一个封闭的系统，语词的意义不是由处于语言系统之外的某个对应物决定，而是由语词在语言系统中所处的位置决定。符号是能指与所指的结合。声音或文字形成是语言符号的物质存在形式，称为能指；概念是对能指在语言系统中的解释，又称为所指。如"树"，它的发音"SHU"成为一个能指，但它的所指并不是指现实世界中对应的某棵树，相反，树的意义由它在语言结构链中的位置给出，诸如解释为"如此这般的一种植物"。与此对应，拉康区分了两种意义上的能指与所指。在古典的语言哲学中，能指与所指的关系是语言与现实世界之间存在的一一对应关系，与语言符号"树"对应的是世界上实有的树，看到"树"这个词我们的头脑中似乎就反映出某种树的形象。拉康认为，古典语言哲学中对能指与所指关系的理解是不充分的，比如语言与门之间的关系就比我们之前理解的一一对应关系更复杂，两张一模一样的门，一张标明为男士，一张标明为女士，那么在这两者之间能指与所指之间的关系只能相互联系起来才能理解，这种关系服从一定的社会因果法则。性别概念恰是服从于第二种能指与所指规则的语词。

拉康举了一个事例用来说明性别在语言结构中的意义以及性别能指的意识形态作用。

"一列火车到站了。在车厢里面对面地坐着一个小男孩和一个小女孩，姐姐和弟弟，他们靠着窗口，从窗口里可以看到沿着站台上的房屋在移动：'看！'弟弟说，'正到了女厕'。'傻瓜！'姐姐回答，'你没看见我们是到了男厕'。"①

在这个故事中，两个小孩都处于符号秩序中的一个固定位置，不是男孩就是女孩，就好比坐在火车车厢两边固定的位置；两个小孩都能够肯定每一个词语都有一个规定的对应物，如"女厕"对应着某个如此这般的房间；两个小孩都看到两个房间中的一个，但男孩看到的是女厕而女孩看到的是男厕，拉康在此处似乎预示一个人站在自己所处的位置只能看到他所不是的那个性别，如此才能从整体上认识这个性别。

在这一故事中，能指显示了对所指的统治权。尽管我们可以假定有某种先于能指的神秘的门存在，但当带有"男士"和"女士"的标记，这两个词语就构成了门的一部分，并由于他们所处的位置而限定了所指，标记"男士"的门为男厕，标记"女士"的门为女厕。接下来拉康评论："对于这两个孩子，男与女从此就是两个国度。异向的翅膀将他们的灵魂拉向各自一方。这两个国度不可能再议和，因为它们事实上是相同的，如果承认了一方

---

① ［法］拉康：《拉康选集》，诸孝泉译，上海三联书店 2001 年版，第 430 页。

的优越性必得损害另一方的荣誉。"① 也就是说，男人和女人一生下来就置身于某种文化和语言中，或是坐在火车的这一边或是坐在火车的那一边，这种位置限定了他所能看到的东西的界限，有些东西是他所不能看到的，正如火车上的男孩在他处在的位置所能看到的就是"女厕"，相反，女孩在她所处位置所能看到的就是"男厕"，这种由在所处秩序中的位置限定的认识允诺了两个不同的国度——男性的国度与女性的国度，见图一。

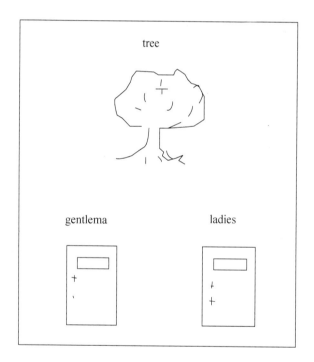

图一　男性的国度与女性的国度

　　性别身份的本义非指某种生物性的差别，而是对社会不同位置或身份的标记。女性这个身份在社会中处于怎样的位置呢？拉康强调，这个位置是通过与阳具的关系得到肯定。拉康把阳具看

---

　　① ［法］拉康：《拉康选集》，诸孝泉译，上海三联书店 2001 年版，第 431 页。

作是"优先的能指",赋予它在符号系统中至高无上的位置,阳具成为权力的源泉,象征性地表达了父权制,符号秩序,包括语言、文化符号以及行为准则都服从于阳具这一最大的能指所制定的规则。拉康同时把男性、女性与阳具之间的关系理解为一种辩证的关系,认为男人拥有阳具,但不是阳具,女人是阳具,但从未拥有阳具;男人通过女人这一阳具之所是体现其拥有阳具的价值,而女人为了成为阳具,"不得不抛弃掉她女性中的重要的一部分","成为她所不是的那个来被欲求和被爱"。换一种说法,男人拥有支配女人的权力,而女人作为权力的象征者象征着男人所拥有的权力,没有女人这一权力的象征,则不可能体现出男人所拥有的这一权力。拉康进一步把阳具与西方文化以男性符号为标记的理性思维方式联系起来,认为"男根能指的功能达到了一种最深刻的关系:这就是古人称之为精神与逻各斯之间的关系。"①

　　无疑,拉康指出了父权制思想体系对西方文化阳具中心主义的维护,如果说阳具作为最大的能指规定了符号秩序存在的规则,预示着语言符号是男权统治的领域,那么通过语言创造的人类文明中没有女性的声音也就不足为怪了。"如果现行社会是一个以男性和理性为中心的社会,有一个'男性中心'的主题和'男性中心主义'的势力,那么这个社会的符号系统必然会反映这种男性中心与理性中心,例如,封建社会中的道德伦理里的'君臣父子'等话语中自然就有男性中心的观念,为何不能是'君臣母女'呢?在这种占有统治地位的符号体系控制下,男性与女性开始接触这个符号系统起就产生了对它的无意识,这是感官的,非理性的存在,但它不是性意识或者其他生物性的反应。"②

---

① ［法］拉康:《拉康选集》,诸孝泉译,上海三联书店 2001 年版,第 599 页。
② 方汉文:《后现代主义文化心理:拉康研究》,上海三联书店 2000 年版,第 15 页。

拉康的理论似乎给女性主义提出了一个悖论性的难题：如果说语言符号都是男性化的符号，那么进入符号秩序也就意味着接受男权的统治，然而语言符号先于人的出生而存在，任何女人都诞生在由历史给定的既定的符号秩序中，如此一来，是否在女性拥有自己的符号之前，所有女性主义的声音都不是自己的声音而只是借由女性之口说出的男性化的语言？如果说女性要获得自由就必须抵制男性化的符号秩序，没有了语言的中介，女性如何说话，如何交流？是否有属于女性自己的符号秩序？女性如何摆脱这种悖论性的存在？所有这些问题都是女性主义在面对拉康的理论时不得不思考的。哲学家德勒兹、精神分析学家瓜塔里、法国女性主义者伊丽格瑞就把拉康的"符号秩序"看成是由阳具中心论者与父权者统治的"敌人的疆域"，指出女性要获得自由，就必须抵制这一符号秩序。① 女性主义作家西苏提出阴性书写的概念，试图建立女性的符号体系，用女性的语言描述女性，这一理论进路获得伊丽格瑞等一些女性主义者的响应，在她们的写作中，不是坚持在抽象的概念之间建立起理性的推理联系，而是充分运用隐喻、象征、联想等具有女性特征的手法表达自己的观点。

拉康的整个理论体系建立在弗洛伊德精神分析理论的基础上，他没有为自己的理论寻找经验支持的证据，而是假定了弗洛伊德理论的正确性，因此，如果弗洛伊德的理论受到置疑，拉康理论的可信度也就会大打折扣。对此，精神分析学家杰西卡·本杰明提出必须对弗洛伊德思想中存在的一整套理论假设进行深入的批判，这些假设包括：个性由分离决定；分离由父亲的权威导致；父亲禁止乱伦的阳具是分离的发动者；缺少阳具使女孩被贬谪，从而形成嫉妒父亲和阳具的被动关系；女孩被剥夺了自身的

---

① Ellie Ragland-Sullivan, "Jacques Lacan: Feminism and the Problem of Gender Identity", *Sub-Stance*, 1982, No. 36.

能动性以及性的欲望正是女性特质的证明。① 阳具本质上并不是性欲的象征，父亲所代表的这一切，离不开孩子内心心理作用和社会文化环境的相互作用。通过经验观察可以发现，在幼儿早期，父亲与孩子玩的机会更多，而母亲更多的是承担照顾的责任，在感觉上与孩子不能分离，因此，在孩子最早的感受中，父亲代表了外界、新鲜、鼓励与兴奋，母亲代表了安慰、支持和包容。当孩子发现了自己的欲望和能动性时，父亲带来的兴奋就表现为自身内在的欲望，"父亲现在成了象征性的形象，代表着此种欲望的主人，代表着对母亲的欲望"。② 那么，从历史的角度看，阻碍女性欲望形成的主要有两个原因，其一是女儿缺少对父亲的认同——这也是主要原因，男孩能够在父亲身上得到对自己的认识，并获得认同性的爱恋，而女儿更主要的是认同母亲；其二是现存的性别体系把女人看作是性爱的客体，是欲望的对象，即使女儿实现了与父亲的认同，也会与女儿对母亲的认同产生冲突，"对父亲的能动性和欲望的认同就必然显得是偷盗来的"。③

女性要获得自由，不是作为男性的他者，而是要成为与男性平等的性别，就必然要超越阳具中心主义的主宰，摆脱以阳具为象征的文化，重建女性的欲望。女人真的具有她自己的并且在形式和内容方面明显区别于男性的欲望吗？是否真的存在不通过阳具就可以表现女人欲望的其他模式吗？对于这个问题，精神分析女性主义给出了多种回答。本杰明提出了替代阳具崇拜的主体互涉模式，强调男人和女人都是独立的主体，都有独立的欲望，幼儿与生俱来就具有对世界的能动性和感受性，这种能动性和感受性与性别无关；他人的存在是此时此地的存在，与她实际做了什么，起了什么作用有关。本杰明认为，女性特质并不是以缺少男

---

① ［美］麦克拉肯、艾晓明等主编：《女权主义理论读本》，广西师范大学出版社2007年版，第357页。

② 同上书，第366页。

③ 同上书，第368页。

性经验为基础的，通过考察女性特质，我们可以发现通往女性经验的道路。

强调女性欲望与女性特质的不同并肯定其价值，这也是伊丽格瑞尝试超越阳具中心主义所采取的策略。"女人真的没有性器官吗？她至少有二个，但是它们都没有被认为是性器官。实际上，她们的性器官还要多得多。她的性欲至少是双重的；有时甚至走得更远：它是多重的。"① 采用弗洛伊德同样的论述手法，伊丽格瑞重新解读了女性的解剖结构，指出女人与男人一样，也拥有属于自己的性器官，拥有属于女人的欲望，获得属于女人的快感，并且女人的欲望与快感是不能用描述男人的欲望和快感的方式来描述的。同时，伊丽格瑞提出"他者主体"的概念，② 指出女人作为他者不是男人，不是对男性的复制，女人就是女人，不需要通过男性来定义。"他者主体"通过女人自身所具有的可获得性欲的性器官获得其定义，具有与通过阳具定义的"主体"同样的意义。尽管女人与男人之间存在差异，但是，女人与男人有着共同的目标——种类延续与文化发展，在实现这一共同目标的过程中两者必须尊重相互的差异性。

然而，需要进一步反思的是，无论传统精神分析理论有着怎样受到批判与质疑的论述，弗洛伊德和拉康的理论无疑都建立在一个社会事实之上，那就是我们的社会、历史与文化是以男性气质为主导的，父权制是一个根深蒂固的事实存在。本杰明说道："对女人之性爱的再现并没有自己的象征结构，相反，似乎融入了由阳具结构组织起来的体系中。这就是弗洛伊德会根据缺少阳具和男性构造来定义女人的原因"。③ 在此，我们需要思考的不是

---

① ［美］麦克拉肯、艾晓明等主编：《女权主义理论读本》，广西师范大学出版社 2007 年版，第 346 页。

② Lucy Irigray, "The Question of The Other", *Yale French Studies* 87, 1995, pp. 7 – 19.

③ ［美］麦克拉肯、艾晓明等主编：《女权主义理论读本》，广西师范大学出版社 2007 年版，第 371 页。

从字面意义上理解弗洛伊德所言有多么不可信，拉康的论述看上去有多么悖谬，问题的关键在于我们要明白，是先有父权制与阳具中心的文化结构、先有性别等级体系与男性对女性的压迫，后有弗洛伊德的精神分析理论与拉康的符号秩序体系。从理论上超越阳具中心主义的符号叙事，女性主义一方面需要解构沿自柏拉图的阳具中心主义、理性中心主义和逻各斯中心主义的理论叙事，另一方面需要重构女性的经验、重新诠释女性的欲望，为女性获得自由与平等寻找出坚实的理论基础。不过，理论上的超越最终仍然需要回归到现实中的超越。

第 二 章

差异与平等

妇女的解放是衡量普遍解放的天然尺度。

——恩格斯

性别的阶级性是如此之深，以至于人们都感觉不到它的存在。

——舒拉米斯·费尔斯通

女性主义政治哲学是对女性主义政治实践的反思。在追求女性解放的政治实践中，女性主义开始反思什么是父权制社会，如何理解父权制社会的性别压迫关系，什么是平等，什么是差异，如何走向平等等等问题。根据对这些问题的不同理解以及不同的政治立场，女性主义主要可以分为自由主义女性主义、马克思主义女性主义、激进女性主义三个流派，本章分别从不同的侧面对其政治哲学思想予以介绍。有一种常见的分类法把社会主义女性主义与马克思主义女性主义流派分立，但就其与马克思主义理论的渊源而言，此处并没有对这两个流派给出清晰的分立与划界。

第一节 "差异与平等"之争

不论女性主义在各类具体问题上存在多大的分歧，但在有一点上却能取得共识：将妇女置于与男子不平等的社会地位是不公正的，应予以改变。但就什么是平等、如何实现平等、是否能够实现平等这种种问题却远未在女性主义各流派之间达成共识。围绕平等与差异的争论曾一度是女性主义政治分析与讨论的中心。妇女是应该争取与男性一样的平等，还是应该保持与男性的差异？如果女人要求与男性一样的平等，这是否意味着女人应该变得像男人一样？鉴于男性与女性不同的身体机能与工作职责，以男性的标准要求女人，这合理吗？如果妇女希望成为女人，保持她们的差异，那么是否意味着区别对待男性与女性是合理的？对于这些问题，女性主义者都无法给予简单肯定或否定的回答，这就如弗里德曼所言："对女权主义者而言，'平等与差异'的争论如此困难，时常将存在立场分歧的女权主义者带入死胡同。"①

男女性别之间存在的生理差异不可否认，但是顺着这一生理差异的方向，男女性别两分应该走多远，这一点却不得而知。传统的观点认为性别分工由男女不同的生理结构与生理功能所决定，女性拥有子宫和乳房，所以是生育与抚养小孩的天然人选，女性天生力气比男性小，但是更细心、更耐心，因此更适合或也更倾向于喜欢承担烦琐的家务工作；男性力气大，身体强壮，且天然的身体构造又使得他们在繁殖后代中可以只负责播种而不用承担漫长的养育责任，因此能够全身心地投入改造世界的户外活动，发展进入公共领域工作的能力。在历史的发展过程中，由女性承担的家庭劳动只局限于家庭的血缘关系而没有进入社会交往系统，随着商品经济与市场经济的产生，家务劳动也就相应地被排除在经济体系之外而成为无偿劳动；与此相反，男性的户外活动提供了家庭之间合作的机会，如农牧时期男性与男性之间合作一起打猎，农业社会中交换各自种植的农作物与饲养的牲畜，现

---

① [英]简·弗里德曼：《女权主义》，雷艳红译，吉林人民出版社2007年版，第11页。

代经济社会广泛的经济交流与合作，这些超越血缘的社会关系都是以男性户外活动为基础建构起来的。

劳动分工成为政治不平等的根源。家庭与社会的区分对应着私人领域与公共领域的区分，家庭属于私人领域，社会归于公共领域，家庭内部发生的一切事宜属于家务事，与政治无关，只有涉及社会的事件才是天下事，属政治讨论的范围。相应的，公共领域归于男性主宰，由男性行使国家与公民的权力；女性局限于私人领域，除了能够决定如何布置家庭、如何安排膳食等生活琐事外，对公共事件与公共决策没有发言权，其中甚至包括涉及女人自己利益的问题。为什么女人不能在公共领域中发挥作用？当然，生孩子的解释也许在家庭劳动分工中起一定的作用，但并不能充分地解释政治权利的不平等。对此，一种习见的看法追究到女性气质与男性气质的两分。这种看法认为女人容易冲动，喜欢感情用事，凭感觉下判断，因此不适宜参与决定社会发展的政治决策。相反，男性被认为更理性、更独立、更果断，更能合理地做出判断，因此天生是政治与权力中的主宰。在西方思想史上，从柏拉图、亚里士多德到洛克、卢梭等政治家与哲学家都认为，男性更理性，更适合政治公共生活，女性因其非理性更适合家庭生活。但是这种来自男性思想家的男权辩护却在循环论证的边沿徘徊，他们把男性气质等同为理性与独立，同时又试图以理性与独立作为理由证明男性行为的合理性。

自由主义女性主义指出，女人之所以受到不公正的待遇就是因为男人把女人看作与自己不同的类别，所谓男性气质与女性气质之间的差异并不是生物性差异而是文化教育产生的差异。因此，自由女性主义者提出，女性主义以实现两性平等为目标，包括平等的教育权利、平等的政治权利、平等的工作机会。但是，男女之间是否能完全忽视生理性差异而实现绝对的平等呢？社会事实比自由主义女性主义的理想更加复杂，绝对的平等在现实中似乎同时意味着让女性舍弃某些应有的权利，诸如面对是否应该保护孕妇的特殊权利这一现实的问题。1986 年，美国加利福尼亚法律联盟拟定法律条款要求雇主给因怀孕而不能工作的妇女四个月不带工资的产假，这一提案给追求无差异平等的自由主义女性主义提出了一个难题，是否应该在法律与政策中有偏重的考虑女性的差异？某些自由主义女性主义者相信，坚持男女平等就意味着以同样的方式对待男人和女人，如果我们未曾因为性别问题而让男人接受某些特殊待遇，那么我们也不应该因为是女人而特别照顾女人。但是，不考虑女人身为母亲、妻子、家庭主妇的这些传统角色而一下子要求女人在家庭之外做得与男人一样出色，这可能吗？正如女性主义者埃尔西坦质疑：女人能够做得像男人一样吗？女人愿意像男人一样吗？女人应该像男人一样吗？埃尔西坦认为，不考虑历史而一味对女性提高要求这是不合理的，长期存在的性别差异不可能在一夜之间就被消除而不至于对女性造成伤害，除非我们遵照柏拉图在《理想国》中的提议，从婴儿时期就开始中央控制与统一的社会化工程，否则，不可能指望在几代人中消除男女之间的社会性别差异。①

坚持平等还是强调差异？这一两难的选择似乎是女性主义政治面临的一个悖论。与自由主义追求绝对平等的目标相反，有些女性主义者认为，必须考虑到妇女作为母亲承担了特殊的社会责任，因此应在有些方面给予特殊的权利，男女平等是有考虑的平等。这似乎也是大部分从事家庭外工作的女性的期望。但是，特殊考虑妇女的某些情况就等于承认有些性差异是被生物性因素决定的，并由此打开生物决定论的大门，进而又有可能以此来证明女性的从属、边缘、他者地位的合理性。"用男女之间假定的差异去证明女性歧视、女性无法获得充分的社会和政治公民权的合理性，这种做法已经沿用了成百上千年。于是，那些支持差异的

---

① ［美］罗斯玛丽·帕特兰·童：《女性主义思潮导论》，艾晓明译，华中师范大学出版社 2002 年版，第 45—46 页。

女权主义者似乎是在冒险支持'父权制'这个工具。"① 差异在某种意义上成为男性思想家们把父权制统治合法化的工具，在此意义上追求平等，女性主义的政治目标就似乎与坚持差异相背离。

激进女性主义强硬的政治立场使得其理论不是追求同而是追求异，或者说是追求以女性为标准定义的同，她们并不排斥男性气质与女性气质的两分，不过当男权主义者赋予男性气质更高价值的时候，她们反其道而行之，认为透过生理性别显示的女性气质更为优秀。男性发动战争，富于攻击性和掠夺性，代表死亡；女性天生的生育能力意味着她们具有与生俱来的和平、合作与安抚的能力；女性的直觉和善解人意比起男性的精明与计算更富有理解力，"非线性"的思维方式更能突破男性理性逻辑思维方式的限制。但是，当激进女性主义试图证明女人这个性别比男性更为优越时，她们无疑采取了与男性中心主义者同样的策略，同样坚持对性别身份的本质主义理解以及从价值上的等级排序。当反本质主义者批判父权制社会把女性作为次等群体的不合理时，这一批判对于激进女性主义的母权制理想同样有效。

平等与差异问题不仅存在于两个不同性别之间，当涉及种族、阶级等不同政治身份的分析轴线，女性内部也存在此类问题。黑人女性主义者与第三世界女性主义者批评欧美以白人为中心的女性主义只看到男性与女性之间的差异，而忽视了女性内部之间的区别，她们指出，正如以男人为中心的政治排斥女性或把女性边缘化一样，以中产阶级白人妇女为主体的女性主义同样忽视了黑人女性以及第三世界女性的不同需求，自以为是地把自己的认识与经验推介到所有女人身上，包括黑人妇女与有色人种妇

---

① ［英］简·弗里德曼：《女权主义》，雷艳红译，吉林人民出版社 2007 年版，第 11 页。

女。后现代女性主义者伊丽莎白·斯皮尔曼（Elizabeth Spelman）指出，否认人的差异和否认人的同一，都有可能造成对人们的压迫。"如果有人在妇女之间做出区分，然后暗示如此划分出来的某个群体比其他群体更重要、更有人性、或者在某种意义上更好，那么断言妇女之间的差异就有可能起到压迫的作用。然而，如果有人说，某些人作为一个阶级真实地反映出这个阶级的典型特征，那么，强调妇女之间的统一并不能保证没有等级划分；因为这样做的结果是，有些不具有这些特征的妇女实际上就不被作为妇女来考虑了。"① 当白人女性主义者指责男性中心论者否认女性之间存在的差异，黑人女性主义者指责白人女性主义者否认黑人女性之间的差异，这种否认同样起到压迫的作用。黑人女性主义者强调与白人女性主义者之间的差异，指出性别压迫并不是黑人女性遇到的唯一问题，她们同时面对的还有种族歧视与阶级压迫。中产阶级白人女性在性别关系中是受压迫者，但是在种族关系与阶级关系中她们却是压迫者。正如黑人女性主义者胡克斯指出，种族歧视、性别歧视与阶级偏见三者相互交错，对黑人女性形成多种压迫，如同不同的社会境遇使女性形成不同的看世界的方式，不同的社会境遇同样使黑人女性形成与白人妇女和其他有特权的妇女不同的看世界的方式。②

　　女性主义内部形成的分裂与分歧，使得女性主义对差异问题的理解更加错综复杂。性别、种族与阶级，三种不同的身份何者更为重要？如果强调种族压迫而把性别因素退为其次，则这种理论是否应该称之为种族主义而不是女性主义？诸如传统马克思主义强调阶级因素而忽视性别问题，这被大多数女性主义者批评为只看到阶级压迫而看不到性别压迫。如果认为三者之间是相互倚

---

① ［美］罗斯玛丽·帕特兰·童：《女性主义思潮导论》，艾晓明译，华中师范大学出版社 2002 年版，第 318 页。

② ［美］贝尔·胡克斯：《女权主义理论：从边缘到中心》，晓征、平林译，江苏人民出版社 2001 年版，第 19—20 页。

重的并列关系，或如胡克斯所言，性别压迫、种族歧视与阶级压迫三者互为一体而没有轻重之分，女性解放与消除种族歧视、阶级压迫必须一起进行，那么，当女性主义内部因种族与阶级的不同而划分为各类不种群体，在此基础上还有可能形成一种整体的女性意识吗？或说究竟有没有一套适用于全球妇女运动的准则？这种种问题都可以被概括为一个问题，如果女性主义认为消除差异必将产生以统一为名号的压迫与暴政，那么在坚持差异的基础上又该如何理解女性主义政治中的统一的女性身份？

对差异与平等的第三种理解方式采用了后结构主义的理论范式，试图超越女性主义面临的这一理论困境。当平等与差异被结构化为一对二分对立的概念，女性主义似乎就面临一个不可能的选择，如果选择平等，就被迫接受是它的对立面——差异，如果选择差异就等于是承认不可能取得平等。如何可能在使用性别差异作为分析工具的同时可以合理地讨论平等？在《解构平等与差异：后结构主义理论的女性主义应用》一文中，斯科特分析了平等与差异这一组概念起作用的方式，指出在平等与差异之间并不存在某种女性主义不得不面对的选择悖论。斯科特从两个方面入手解构了平等与差异的二元对立：一方面指出把平等设定为差异的对立面，由此形成的权利关系是虚假的；另一方面拒绝此种权利关系中不是平等就是差异的二元选择。[1]

借用后结构主义语言学以及福柯的知识考古学的观点，斯科特认为语言与世界之间并不具有某种抽象的一一对应关系，语言的意义必须置于具体的历史情境中理解，对平等与差异这一组概念的理解同样需要追溯至其在具体政治语境中的使用。政治学家米歇尔·沃尔泽曾指出"平等的最根本的意义是否定；平等主义最初是废奴主义政治。它的目的不是消除所有差异，而是消除某

---

[1] Joan W Scott, "Deconstructing Equality-versus-Difference：or the Uses of Post-structuralist Theory for Feminism", *Feminism Studies*, Spring, 1988 No. 1.

种特殊的差异。"① 平等从开始进入政治学语境，它的对立面就不是差异，而是不平等，不平等并不等同于差异。平等并不排除差异，相反只有存在差异，才有提出平等的需要，对于两个完全相同的个体与群体，则没有提出平等要求的必要。

在大多数情况下，差异的对立面是相同，两者之间是不同还是相同，这也必须置于具体的语境中才可能判断。没有绝对的差异，也没有自明的差异，即使是如我们认为眼睛能够看到的男女之间的性差异，也不能够脱离开语境而认为是自明的。比如说男女之间究竟哪方面不同？我们为什么单从这方面认为两者之间不同？这就如盖尔·鲁宾所言，男人与女人之间的差异并不比天与地、黑与白、阴与阳之间的差异更大，说到底，男女之间相同更多于差异。② 并且当我们说男人比女人更偏好于从事有挑战性的工作、更有竞争力、更理性诸如此类断言之时，所依据的往往是统计数据，但是把有限样本的统计特征推广到女性的普遍的类的属性，这合适吗？比如说，统计数据显示男性比女性更愿意或更适合从事飞行员的工作，但也有可能有一些女性希望选择并且也更适合于从事飞行员这一职业，如果我们仅根据统计特征以此决定飞行员这一职业只适合于男性，并因此而剥夺某些女性从事飞行员职业的权利，这显然有失偏颇。

什么是差异，什么是平等，对这些问题的思考都必须放在具体语境中思考，脱离了语境不存在男人和女人的绝对本质。"政治策略不是求助于妇女或男人的绝对的品质，而是依赖于在一定的论述语境中一定论断的效用。有时对于母亲而言要求考虑母亲的社会角色及其语境是有意义的，在这一语境中母亲与妇女的行为无关；但坚持妇女就是母亲等于模糊两者之间的差异，这一差

① Michael Walzer: *Sphere of Justice: a Defense of Pluralism and Equality*, New York, Basic Book, 1983, p. 202.

② ［美］麦克拉肯、艾晓明等主编：《女权主义理论读本》，广西师范大学出版社 2007 年版，第 53 页。

异使得选择成为可能。有时要求重新评价社会建构指派给妇女的工作（‘可比价值’是当前的例子）与语境是有意义的，在这一语境中让妇女作好准备进入‘非传统’的行业更为有意义。"①在这一段话中，斯科特用了两个"有时"指出什么时候强调什么样的差异应该具体问题具体分析。女人与男人之间存在差异，母亲与一般妇女之间存在差异，女人内部之间也存在差异，什么时候应该及时地关注差异，什么时候又应该批判对差异的本质主义的理解，斯科特更多地把这一问题还原为一种地方性政治策略问题，而非一种抽象的理论与哲学概念问题。在坚持差异的立场上实现平等，在此观点上，斯科特与伊丽格瑞立场一致。伊丽格瑞强调："对妇女的剥削发生在性别间存在的差异中，因此也必须在差异内解决而不是抛弃差异。"② 斯科特则指出："权利建构在差异的基础上，因此必须在差异的基础上反对。"③

　　批判本质主义、强调差异、反对宏大述事，反对差异与平等的二元结构化概念、坚持语境化的操作概念，斯科特借用后结构主义与后现代主义的概念范畴和理论策略，试图走出传统女性主义的理论困境。从策略政治的角度出发，斯科特对差异与平等二元结构的解构无疑是有一定道理的，平等作为一种与公平、公正和正义等政治文明相联系的概念范畴，并不是以追求一种没有差异的同一为目标，因此当我们言说"有差异的平等"，这并不成其为一个悖论。但是当回归到用具体的地方性政治策略解决差异问题时，对于什么时候关注什么样的差异才是合理的这一政治哲学层面的认识论问题我们如何能够达成共识？如果不能合理地解决这一个认识论问题，地方性政治策略难免会最终落入相对主义

　　① Joan W Scott, "Deconstructing Equality-versus-Difference: or the Uses of Poststructuralist Theory for Feminism", Feminism Studies, Spring 1988, No. 1, p. 47.

　　② Lucy Irigray, "The Question of The Other", *Yale French Studies* 87, 1995, p. 10.

　　③ Ibid., p. 48.

或强权政治的巢穴。

第二节　父权制批判

　　性别的不平等从某方面来说就是一种制度的不平等。女性主义指出，正是根植于社会深层的父权制把女性定格于从属的位置。批判父权制对女性的压迫与剥削，成为马克思主义女性主义与激进女性主义一个共同的理论目标。

　　"资产阶级思想由于他的出发点的目标始终是（虽然并不总是有意识的）为事物的现存秩序作辩护或至少是为这一秩序的不变性作证明，就必然要遇到一个不可逾越的界限。"① 卢卡奇对马克思主义意识形态理论的解读在此处同样可以用来为女性主义父权制批判理论的合理性作辩护——男性由于他们的出发点的目标始终是为父权制的现存秩序作辩护或至少是为这一秩序的不变性作证明，就必然不能认识父权制社会中性别压迫的本质，不能对父权制性别关系给予合理的批判。这一批判的历史使命就落到受压迫的女性肩上，就如同只有无产阶级才能认清资本主义社会剥削的本质，也只有女性才能认清父权制社会的压迫本质。

　　什么是父权制？父权制（patriarchy）又名男权制，在人类学理论中，父权制原指罗马时期由年长男性统治家庭中其他成员的家长制，也泛指以男性为中心组织社会关系的基本社会制度，包括以父系为根据组织家庭和确定财产继承人。与父权制相对应的是母权制，人类学家认为史前时代曾经有过一段时期属于母权制，氏族以母亲为中心构成，母亲拥有所有的财产，由母亲确定

---

　　① ［匈］卢卡奇：《历史与阶级意识》，杜章智、任立、燕宏远译，商务印书馆1996年版，第100页。

她们财产的继承人。不过自古希腊以来，在大多数国家，不论是
在家庭领域还是在社会领域，父权制都成为一种普遍的制度。女
性主义沿用父权制概念指男性统治女性与男性压迫女性的社会性
别制度，她们认为，男性作为一个群体长久以来拥有统治女人的
权力，并且为了维持他们在这种统治中所获的既得利益而想尽方
法维护这一统治。

正如不同的女性主义者对性别压迫与妇女解放持有不同的见
解，不同的女性主义者对父权制概念的使用与理解也各不相同：
朱丽叶·米切尔把父权制看作一种普遍有效的意识形态结构；海
迪·哈特曼用父权制指男性控制妇女的权力并试图分析资本主义
劳动与父权制的内在关系；艾森斯坦恩（Eisenstein）认为父权制
是一种社会性别等级体系，在其中妇女就是母亲、做家务的人、
家庭中的消费者；[①] 杰弗雷丝（Sheila Jeffreys）区分了两种不同
的社会阶级系统——以生产关系为基础的经济阶级系统和以生育
关系为基础的性阶级系统，父权制指第二种阶级系统，在第二种
阶级系统中，男人通过拥有与控制女人的生育能力压迫妇女[②]。
对父权制性别压迫的不同理解对应着女性主义各流派之间对父权
制不同方向的批判。

一般而言，女性主义理论所采用的父权制概念包括四个方面
的内容：

1. 男性统治，不管是在社会领域，如政治、经济、军事等各
权力机构，还是在家庭领域，都是男人说了算，女人没有话
语权。

2. 男性认同，社会的主流价值认同男性气质，排斥女性气
质，把男性气质等同于理性、效率、公平、力量等社会价值追求
的目标。

---

① Veronica Beechey, "on Patriarchy", *Feminist Review*, 1979, No. 3, p. 66.

② Ibid., p. 69.

3. 客体化女性，在性别的相互关系中，男性不是把女性看作平等的伙伴，而是看作可以利用与改造的对象，把女人与物相等同。

4. 男性等级化思维模式，把所有的事物都分为相互对立的两极，如主体与客体、理性与感性、自然与文化、抽象与具体、心灵与肉体、美与丑、善与恶，并认为前者是主导的，后者是附属的，是次要的。①

激进女性主义者米利特第一个系统地论述了父权制，她把父权制看成整个男性统治女性的权力体系，"我们的军队、工业、技术、高等教育、科学、政治机构、财政，一句话，这个社会所有通向权力（包括警察这一强制性的权力）的途径，全都掌握在男人的手里。"② 米利特指出，尽管在不同社会父权制呈现出不同的形式，但是有两个基本原则却是不变的：其一是男性统治女性，其二是年长的男性统治年轻的男性。其中，男性统治女性关系又构成父权制社会最基本的社会关系。同时，父权制又作为一种意识形态通过社会教化把这些原则输灌进妇女的思想中，学术、教会和家庭活动都强调妇女对男人的屈从，使妇女从内心接受低男人一等的观念。米利特指出，家庭作为父权制社会的基本单位，是性别社会化的基本场所，也是培养女孩恭顺屈从的女性气质、接受父权制意识形态的主要场所。

米利特批判了父权制文化的三大代言人：其一，色情文学作家，在这些文学作家描写的性关系中，充满了男性对妇女的性羞辱和虐待，宣传理想化的性行为以及从男性角度出发定义的女性性欲与性行为标准；其二，新弗洛伊德学派心理学家，他们把两性之间不公平的关系理性化，证明传统角色的合理性，并为那些性别气质差异辩护；其三，帕森斯派社会学家，他们坚持男性和

---

① 参见李银河《女性主义》，山东人民出版社 2005 年版，第6—7页。
② ［美］凯特·米利特：《性的政治》，社会科学文献出版社 1999 年版，第38页。

女性气质的区分是特性的与自然的，而不是人为的，认为社会性别身份和行为是对两性之间真正生物差异的整合，认为妇女从属于男性这是自然的安排。米利特认为现代社会父权制持续存在的根源不在于一种天生的生物学原因，而在于社会接受了男性统治女性的价值体系，因此她指出，要实现女性解放，就必须进行彻底的意识形态变革以及从根本上消灭父权制的家庭。

朱丽叶·米切尔把父权制看作一种普遍有效的意识形态结构，认为"父权制描述的是一般文化，但每一种特殊的生产方式都通过各种不同的意识形态来表现这一点"。① 米切尔认为弗洛伊德的精神分析为分析男性气质与女性气质的形成提供了理论方法，她通过对弗洛伊德的重新解读试图解释，父权制作为一种意识形态是如何维护男性统治女性的这一性别结构，这一结构又如何在文化中得到传承。父权文化的一个主要特征就是假定父亲拥有对妇女的权力。米切尔认同拉康对弗洛伊德理论的重新解读，同样把父亲看作一种符号、一种象征，认为父权文化中拥有妇女权力的不是男人，而是父亲或象征父亲的东西。父亲作为一种符号象征着拥有妇女的权力，而这种象征权力在文明伊始就存在。

米切尔受到结构人类学家列维—斯特劳斯理论研究的影响。在《亲属关系的基本结构》中，列维—斯特劳斯通过人类学的考察与研究指出交换关系是人类社会的基本关系，通过交换，人与人之间、家庭与家庭之间、部族与部族之间建立起联系。在交换关系中，男人交换女人又是最基本的一种交换方式。通过物的交换，两个人之间的关系很容易破裂，但是当以女人为礼品，则两个男人可以在血缘基础上建立起持久的亲属关系。当一个男人娶了自己的姐妹，他并没有增加更多的东西，但是当这个男人与另外一个男人交换女人，他得到了别人的姐妹作为妻子，与他交换

---

① 李银河主编：《妇女：最漫长的革命》，中国妇女出版社 2007 年版，第 79 页。

的男人也同样得到了自己姐妹之外的另一个女人，彼此之间没有任何损失，相反，他们彼此之间可以成为连襟，建立起新的血缘关系，形成亲属关系。这种通过交换女人建立起来的亲属关系是社会形成时期最基本的关系。为了使女人交换得以实行，列维—斯特劳斯认为乱伦禁忌是必要的，因为只有禁止了与自己的母亲、姐妹或女儿通婚，在男人之间交换女人才具有外在的动力。"乱伦的禁忌与其说是禁止同母亲、姐妹或女儿结婚的规定，不如说是迫使男人把母亲、姐妹或女儿给别人的规定。"① 乱伦禁忌通过禁止在家庭内部发生性关系，迫使人们组成更大的社会组织。

同样，米切尔认为男人交换女人是建立社会关系的最基本的交换关系，这一关系也决定了妇女在社会中的位置。社会关系中，是男人交换女人，而不是女人交换男人，这正是父权制的特征。根据列维—斯特劳斯的观点，父权制在社会文明起始阶段就存在，是历史产生的事实，是人类社会关系最初能得以构成的基础。米切尔指出，不管社会在形成之初是如何地需要以男人交换女人为基础建立起稳定的社会关系，但是当社会发展进入资本主义阶段，父权制从文化上已经不再有存在的必要。首先，当社会发展至资本主义阶段，社会的构成早已不再需要通过血亲建立关系，父权制就成为多余的文化设置；同时，根据马克思主义的阶级理论分析，在资本主义社会中男性通过阶级定义，而此时如果女人仍然通过血亲定义，这显然是一种矛盾。

不过，在米切尔的看法上有可能继续追问的一点是，如果以男人交换女人建立起来的社会关系在社会起源阶段就已存在且有它存在的合理性，而在人类社会从原始社会至资本主义社会几千

---

① ［美］麦克拉肯、艾晓明等主编：《女权主义理论读本》，广西师范大学出版社 2007 年版，第 47 页。

年的文明进程中，社会关系从奴隶社会时期就已逐渐摆脱了需要以血亲关系构建社会关系的阶段，为什么父权制仍能持续至今天，直至女性主义出现并提出推翻父权文化的这一政治目标？米切尔与其他女性主义都没有就此做出进一步的探讨。并且，当米切尔接受了弗洛伊德与列维—斯特劳斯的观点，把妇女受压迫的起源看作是人类文化的起源，那么父权制社会中妇女的受压迫关系似乎就是不可避免的，如此一来，"妇女通过什么样的斗争才能改变她们的这一立场就变得不清楚了"①。

韦罗妮卡·比奇（Veronica Beechey）指出，一个让人满意的父权制理论必须考虑具体的历史，必须探讨不同生产关系中存在的不同的父权制形式。她认为，前资本主义社会中存在的父权制形式与资本主义社会或社会主义社会中存在的父权制形式是不同的。②

马克思主义女性主义分析了父权制与资本主义之间的相互关系，认为虽然父权制先于资本主义存在，但是对当今父权制的理解离不开对资本主义制度的分析；同样，对资本主义制度的理解也离不开对父权制的分析，正是父权制与资本主义制度相互勾结共同压迫妇女，把妇女推向遭受剥削的更深的深渊。马克思主义女性主义者如此认为的一个理由就是指出，资本主义无法解释妇女为什么被排除在社会主要劳动力之外，而这只能用父权制概念给予解释。最初，资本主义工业革命提出口号要把所有妇女和儿童变成劳动力，然而最后的结果是男人仍然占据劳动领域中主要的工作岗位。据此，海迪·哈特曼问道："如果说消灭劳动者地位的差别，使所有劳动者在市场上一律平等是纯资本主义理论的倾向，那么妇女为什么要在劳动力市场中甘居男人之下？"哈特曼指出，这正是父权制与资本主义相互

---

① Veronica Beechey, "on Patriarchy", *Feminist Review*, 1979, No. 3, p. 74.

② Ibid. , p. 80.

作用的结果。① 一方面，男人有能力将自己组织起来限制妇女进入劳动力市场，这种能力继承自父权制社会中男人拥有女人的权力。父权制社会，男人的优势地位得到国家的支持，在政治领域居于主导地位，在家庭领域是一家之长，更可能发展出超越家庭的组织性机构；与此相反，妇女既没有国家的支持，在家庭中也居于次要位置，因此无法做得像男人那样。最终，资本主义工业革命以男性为中心转移了家庭劳动力，在公共领域确定了男人的支配地位，同时也加强了妇女的从属性，这种结构直接影响了资本主义发展的未来方向与发展形式。另一方面，资本主义社会同样维护性别分工，父权制社会中的性别分工在资本主义社会不是被削减而是被加强。在资本主义社会中，妇女即使进入雇佣劳动力市场也被指派从事缺少技术、工资较低的工作，低工资使妇女不得不依赖于男人生活，从而鼓励妇女结婚。男人在加强劳动力市场分工的同时强化家庭分工，让妇女在家中干家务、照顾孩子、做各种杂事，从而更加缺乏胜任高技术与高工资的工作。这样，男人就从高工资与劳动分工中得到好处，妇女在劳动力市场的从属地位加剧了她们在家庭内的从属性，在家里的从属性反过来又加剧了她们在劳动力市场的从属地位。资本家也需要利用缺少技能、低报酬的妇女来削减男性工人的工资，他们同样维护父权制基本的性别分工。在资本主义父权制的阶级关系中，尽管父权制维护男人的优势地位，男人从父权制的性别分工中得到益处，但是资本主义父权制社会中的男人仍然受到资本家的剥削。马克思主义女性主义与社会主义女性主义提出，应把推翻父权制与推翻资本主义归于同一个过程，这意味着男人要获得自由就需要"认识到自己被父权制资本主义接纳并且放弃他们的父权制利益"，而妇女

---

① 李银河主编：《妇女：最漫长的革命》，中国妇女出版社 2007 年版，第 49—73 页。

想获得自由，她们就应该既反对父权制势力，又反对资本主义社会组织。

艾里斯·杨不赞同马克思主义女性主义者把资本主义与父权制看作彼此区别的两种社会制度，把马克思主义的生产关系理论与女性主义的性别等级理论进行简单的组合，她生动地评价这样的理论是试图"把 20 世纪 60—70 年代发展起来的女性主义理论思潮中的精华'嫁给'马克思主义理论以改造这个理论"，① 但这种婚姻远不是成功的。艾里斯·杨指出资本主义社会只有一种社会制度，也只可能有一种社会制度——资本主义父权制，资本主义父权制从一开始就规定了男人主要，女人次要的性别等级，把妇女的劳动边缘化。因此，妇女并不需要"既反对父权制势力，又反对资本主义社会组织"，因为反对压迫妇女的斗争本身就是反资本主义的。

不管是激进女性主义还是马克思主义女性主义都关注于对父权制的批评，把父权制看作是一种既定的社会性别制度与性别意识形态，从实践层面分析父权制在资本主义社会中如何加深了妇女受压迫的程度以及资本主义父权制如何在压迫妇女的社会实践中发挥作用。比奇在对不同的父权制理论做出分析后指出，把父权制与资本主义、生产关系与生育关系看作相互独立的社会结构，这总是会产生这样那样的问题，而父权制理论接下来需要解决的一个重要问题正是："我们如何可能有效地运用唯物主义的分析方法把生产与再生产②令人满意地整合为同一个过程，同时揭示出性别差异与阶级结构的组织形式是不可分的？"

除此之外，父权制理论家们还需要思考一个问题，当男人交

---

① 李银河主编：《妇女：最漫长的革命》，中国妇女出版社 2007 年版，第 74 页。

② 英文 reproduction 有两个含义，可理解为生育，同时也可以理解为再生产，马克思主义女性主义的论述中有时候这个词指女性主义意义上的生育，有时又指马克思主义意义上的再生产。

换女人构成了父权制关系的最初基础，但为什么是男人交换女人，而不是女人交换男人？或者，为什么不是两个性别之间符合心意地彼此交换？

第三节　从自由走向平等

批判只是一种手段，目的在于改变。如何从理论的批判走向现实的改变？在这一问题上，女性主义根据不同的立场分为不同的流派，常见的几个流派包括自由主义女性主义、马克思主义女性主义、社会主义女性主义与激进女性主义。社会主义女性主义这一标签的定义有点含混，有时候用来描述将社会主义与女性主义政治目标联系起来的理论，而大多数时候是综合马克思主义与激进女性主义的理论尝试，就其与马克思主义理论的渊源以及所使用的历史唯物主义方法而言，社会主义女性主义可以看作是"马克思主义最'正统'的形式"。①

"女性主义是西方启蒙运动的女儿"这一说法恰如其分地评价了自由主义与女性主义之间的关系，西方启蒙运动开启了自由主义的理论传统，而早期的女性主义者也正是从自由与理性等概念入手，要求"人生而平等"、"理性人"等观念不仅仅惠及男性，而应扩展至所有人类，其中包括女性。自由主义女性主义的主张以人之所以为人这一共有的人性基础为根据，认为就人性而言，男人与女人并没有本质的差别，因此两者应平等地对待。早期的女性主义者玛丽·沃尔斯通克拉夫特、约翰·斯图尔特·穆勒、哈里雅思·泰勒、安吉拉·戴维斯等都是自由主义女性主义者。自由主义女性主义理论与女性主义争取权利平等的政治实践具有最直接的关系，不但随着女性主义

---

①　参见李银河的《妇女：最漫长的革命》，中国妇女出版社 2007 年版。

运动一起诞生与发展，同时又作为行动纲领对女性主义运动产生了积极的推动作用。

随着资本主义在西方的发展，新兴资产阶段为了争取自身的权力，反对封建的等级制与世袭制，自由主义成为18世纪的主流思潮。自由主义提倡民主和政治自由、坚持人生而平等，这些政治主张因为符合新兴资产阶级的利益而得到他们的拥护。然而，社会中普遍存在的性别歧视剥夺女性追求自身利益的权利，禁止女性享有与男性平等的自由和机会，这恰恰违背了自由主义所倡导的自由、平等与正义的价值原则。为什么平等的概念只在男性中普及，而没有延续到女性群体？既然人生而平等，为什么男人和女人又会受到不同的礼遇？

人类的理性能力是人区别于动物的本质特征，也是自由主义政治理论的源头，但是当我们肯定人类的理性能力时，这一人类群体似乎只包括男性。把自由主义的原则延伸到女性群体，自由主义女性主义者首先需要面对的是自亚里士多德以来长期否认女性理性能力的传统偏见。作为第一位最有影响的女性主义者，沃尔斯通克拉夫特在《女权辩护》中强调，既然男人与女人都是理性的人，就没有理由认为女人天生比男人低一等。她指出，人类的理性潜能不分性别，之所以男性与女性表现出不同的理性能力，是因为社会传统思想以及教育的影响。教育可以充分发展人的理性潜能，因此沃尔斯通克拉夫特提出通过接受高等教育提高女性的理性能力，摆脱依赖与感性，成为自主、独立的人。

约翰·斯图亚特·穆勒同样指出，之所以女性显得没有男性聪明，那是因为社会没有给女性足够的机会培养她们的聪明才智，因为在目前的相互关系中，社会总是在某些方面强制性地压制女性的个人发展，"什么是两性之间的自然差异——对于这样一个课题，在目前的社会状态下获得完全的和正确的认识是不可能的……目前所能做出的所有回答都是猜测。"① 因此，认为女性天生的理性能力就比男性差，这是没有根据的，也是没有道理的。不过正如贾格尔指出，虽然否认女性的理性能力这是一种"猜测"，但是因为同样的理由，自由主义女性主义对女性理性能力的肯定也仍然难以超出成为另一种"猜测"的命运。"从理论的角度看，自由主义女性主义者在关于女性群体和男性群体之间是否存在理性潜能的绝对平等方面，仍然是不可知论者"②，虽然这并不能够成为女性之所以受到压迫的理由。

理性是人类的基本特征，任何人都具有潜在的理性能力，女性同样拥有完全的理性能力，能够知道自己需要什么、想要什么以及如何实现自己的价值，自由则是通向自我实现的必由之路。自由主义女性主义的自由概念可以概括为："每个人都有资格设定自己的目标，而且只要不侵犯他人的权利，那么基本上对他们想做什么或认为他们应做什么就没有什么限制。"③ 自由主义女性主义强调自由选择的权利。在卡罗尔·格尔德（Carol Gould）的理解中，自由就是指人类自由选择的能力，表现为认识个人意愿、满足个人需求过程中的主动性。人类平等地拥有自由选择与个人发展的能力，没有理由认为哪个人或哪个阶级更有权行使自我实现的能力。因此，"把性别差异作为自我实现的权利差别的基础，这是没有根据的。"因为，"男女权利平等是以人类自由意志本身为基础的。"④

权利平等是早期自由主义女性主义的主要政治诉求。早期的女性运动以争取妇女的选举权为中心，认为"在某种程度上，支

---

① ［美］阿莉森·贾格尔：《女权主义政治与人的本质》，孟鑫译，高等教育出版社2009年版，第54页。

② 同上。

③ 同上书，第175页。

④ Carol Gould, *Private Right and Public Virtues: Woman, the Family and Democracy, Beyond Domination*, Totowa, Rowman and Allanheld, 1983, p.18.

持妇女选举权成为判断女权资格的重要检测试剂"。① 当把选举权看作是人类政治权利中的一项基本权利，选举权就不仅是"妇女权利"需要解决的问题，同时也是"人类权利"需要解决的问题，因为当时许多男性同样没有选举权。法国18世纪著名的女性革命家奥兰普·德·古热在被推上断头台之前说道："女性有权登上断头台；同样，女性也有权登上演讲台。"如果国家把女性群体同样作为受法律约制的对象，那么在法律的制定与实施中就应该有女性的声音。早期的自由主义女性主义者指出，法律应同等地规定男性与女性的权利、责任和机会，比如，婚姻法应平等地适应男性与女性，就业法保证男女就业机会平等，保证男女同工同酬；应通过法律"禁止在教育、招聘、升迁、住房或贷款方面对女性的歧视"；在法律的制定与实施中也应实现性别平等，立法部门、司法部门、法律执行部门中女性应具有与男性同等的地位与发言席位，应保证选取更多的女性候选人进入公共职位。早期的自由主义女性主义为女性获得法律权利平等的斗争取得了一定的成效，各项禁止歧视女性的法律都得到批准，婚姻法、选举法、就业法一系列的法律得到了修订，其中取消了带有明显性别歧视的内容。

但是，法律权利平等是否能够达到妇女运动的真正目标？是否通过法律平等就能够实现真正的性别平等？对此，社会主义女性主义与激进女性主义保持怀疑态度，她们认为法律平等能够为妇女争得一定程度上的平等权利，但是不能彻底结束妇女的受压迫状态。事实也证明，法律平等并不能消除女性在事实上所遭受的性别不平等。虽然现代法律明文禁止明显的性别歧视，要求公平对待男性和女性，但是在政治上居于主流地位的仍然是男性，高报酬、高技术含量的工作仍以男性为主，科学技术领域仍是男

① ［英］简·弗里德曼：《女权主义》，雷艳红译，吉林人民出版社2007年版，第39页。

性占统治地位。同样，拥有形式上的平等而没有事实上的平等也是中国现代女性的处境。

后期自由主义女性主义从强调权利平等走向主张机会平等，主张一个理想的社会应该最大限度地给每个人提供实现个人发展的机会。考虑到性别之间以及人与人之间存在的自然差异，绝对的平等就不是一种真正的平等且不具有现实意义，相对而言，机会平等强调给予个人实现自我能力的平等机会，但并不强制性地要求结果的绝对平等。苏珊·温德尔认为，"机会平等能解决一系列的分配问题"，特别是对匮乏资源的分配。① 当稀缺资源的社会需求超过社会供给，需求就不能成为分配的标准或不能成为唯一的标准，此时最好的解决办法就是机会平等，让有能力的人获得与其能力相当的资源分配。在工作分配中，机会平等也能保证让合适的人干合适的事，社会总是会根据效率原则优先提供工作机会给那些适合干这项工作的人，提供资源给那些够条件运用这种资源的人。

如果说自由的行为选择更多地由个人意愿决定，则平等的机会更多地需要通过社会干预与国家制度提供保障。机会平等一个重要的方面就是提供平等的就业机会，而让女人具有可与男性竞争的个人能力是实现就业机会平等的一个前提。苏珊·温德尔指出，要实现男人与女人有平等的就业机会，社会必须从两个大的方面进行改革：一方面给男孩和女孩同样的早期教育，另一方面消除性别歧视。自沃尔斯通克拉夫特以来的自由主义女性主义就强调教育的重要性，强调通过教育发展女性的潜能并使女性具有承担具体社会工作的能力。温德尔强调早期教育，是希望通过早期教育的社会化重新形成超越传统性别思维的职业意识。平等的早期教育这一目标只有通过国家与社会的干预才能实现：首先，

① Susan Wendell, "a Qualified Defense of Liberal Feminism", *Hypatia*, Summer 1987, vol. 2, No. 2, p. 84.

国家必须控制公共教育机构同样地对待男孩和女孩；其次，必须说服父母亲与其他成年人改变培养小孩的方式；再者，社会的服务机构与媒体提供的就业消息必须足够灵通，能够让男性与女性有同等机会及时获得相关的就业信息，如此等等。性别歧视表现在总是假定女性适合做某一类工作，比如照顾小孩和从事家务等没有技术含量的工作、秘书和服务人员等服务型的工作、需要付出情感与关怀的护理工作等等。消除性别歧视就要求扭转所有这些对女性不公正的看法，要求重估女性价值，不再把女性看作只是"快乐的源泉和为男人与小孩提供服务的人"。

自由主义女性主义提出机会平等的政治目标，但是，什么是机会？机会虽然是自由主义女性主义政治主张中的一个关键词，但是正如女性主义政治学家贾格尔所批评的，她们并没有就此概念做出清楚的说明。"说某个人在索姆河战役中有无谓牺牲的机会，这具有强烈的讽刺意味。"① 机会意味着实现某种向往的可能，而自由主义女性主义对什么是值得追求的美好事物只有"一个相当令人困惑的概念"，她们更多地认为机会是指获得声望、权利与财富的机会，而这些都是传统社会所认为的"美好的东西"，因此，自由主义女性主义的机会概念同样地不排除，人的需要、利益和个性有不可忽视的社会成分，而贾格尔认为这与自由主义女性主义提倡的个人主义相矛盾。同时，机会平等实现的目标就是让有能力的人获得与能力相当的发展，这必将导致社会的精英管理，而精英管理反过来又总是不可避免地导致机会的不平等，处于社会上层的人将拥有各种优势，他们的孩子可以从中获益，即使在国家干预下，严格意义上的机会平等也不可能实现。

另外一个有争议的问题是：自由主义女性主义所倡导的个人主义是不是一种抽象的个人主义？抽象的个人主义假定人的本质

---

① ［美］阿莉森·贾格尔：《女权主义政治与人的本质》，孟鑫译，高等教育出版社2009年版，第283页。

特征就是个人的属性,与任何社会背景都无关,假定个人的需要、兴趣、能力与欲望不是来源于社会而是具有超越社会的"本质特征"。贾格尔就批评自由主义女性主义坚持的是一种"抽象的个人主义",并指出女性主义本身的发展恰恰质疑了这种抽象个人主义的基础,如吉利根的经验研究表明童年时的经验可以影响男性和女性在认识上与情感上的不同,乔多萝的精神分析学研究显示个人的性格形成与幼年时母亲的照顾密切相关。对此,温德尔做出了反驳,她把自由主义女性主义所坚持的个人自由界定为在不伤害他人的前提下所拥有的思想、言论和行为的自由,指出自由主义女性主义所坚持的政治平等是法律平等,是政治参与的平等权利,而非否定社会对个人的影响以及个人的社会参与行为。① 事实上,自由主义女性主义并不否认社会影响性格特征的形成,如穆勒就认为人类的本性将会使他希望与别人建立联系,同时人类的许多重要特征都是在社会影响下形成的,也许最典型的就是女性的依赖性的形成。温德尔认为,一方面社会影响某些特征的形成,另一方面人类有些特征不需要指明社会影响才能得到描述,这两者并不相互矛盾。政治平等的目的应该是最大限度地保护个人的利益,给大多数人最大的幸福与自我发展机会,而不用考虑这些利益、幸福与自我发展由什么构成。相反,允许他人私自做出影响个人生活的重大决定将会危害到个人利益、个人幸福与自我发展。并且,群体关系与政府参与能力、政治执行权力、保护个人利益的决定能力之间并没有可见的关系,因此任何两个不同的群体,包括男人与女人之间都可以实现政治平等。

然而,自由主义女性主义假设人生而平等,人生而具有某些基本的权利或者说人权,这些人性假设都有超社会的特征。但是,人类有没有超社会的特征?应不应该赋予人类某些超社会的

① Susan Wendell, "a Qualified Defense of Liberal Feminism", *Hypatia*, Summer 1987, Vol. 2, No. 2.

特征？苏珊指出，如果说个人不具有某些超社会的特征，个人与社会之间将会面临许多让人困惑的难题：首先，如果说个人所有的心理特征都是社会建构的，那么，有什么基础能够保证社会之外的个人存在？其次，如果说个人完全是社会建构的，除非以自相矛盾的方式，否则社会不会侵犯到个人，让个人依赖于某些条件同时又不给他们提供这些条件。再者，在一个高度控制的社会，也不可能产生道德对象，道德的前提就是一定程度的自由。人类就其本质而言就是生物性、社会与环境辩证运动的产物，社会并不能保证每个人都会以同样的方式在同样的时间获得发展，因此，正是人类多样性的发展要求我们能为个人利益提供足够的保护，而政治自由与政治平等则是保护个人利益的最理想的选择。并且，自由主义的政治立场，包括提高女性对个人自我价值的认识、机会平等、提高男女平等的教育、终止性别偏见与性别歧视、法律权力平等、提出社会变革的要求，这种种目标都与社会主义女性主义和激进女性主义的目标并不相矛盾。

苏珊的辩护把人性看成是社会建构与自然存在的混合体，她认为我们需要一种普遍的人性假设，把自由与平等的概念推广到全人类，这有一定的道理。但是，与此同时，自由主义女性主义也不能否认社会对性格形成的影响，只有在这一前提下，我们才有可能谈论教育的作用，要求国家的控制，并提出改变妇女受压迫的现状这种种实践议题。然而，怎样在普遍的人性假设与强调社会的具体影响之间达成一种可理解的统一，这一问题无法在自由主义女性主义的理论框架内得到合理的解决。在《女性主义政治与人的本质》一书中，贾格尔指出自由主义女性主义在政治立场上至少存在四个方面的问题：对身体的否定、优惠待遇的双重标准、机会平等与精英管理之间的矛盾、私人权利与国家控制之间的矛盾。这些问题的产生至少部分是因为自由主义女性主义无法合理地整合个人与社会之间的相互关系。

自由主义女性主义倡导通过教育改革与法律改革改变妇女的

传统地位，这一策略所取得的成就是不容否定的，女性的职业地位与法律地位都得到了大幅的提高。坚持自由的理念、坚持男女机会平等、坚持女性进入公共领域的权利、坚持平等的政治权利，这些思想都瓦解了传统男性思维模式给女性设置的障碍。然而，是否通过法律平等与机会平等就能彻底实现妇女的解放？要达到自由主义女性主义所言的真正平等的理想，我们需要进一步发现性别不平等的深层根源，需要突破的也许正是自由主义女性主义自身的理论界限。或如埃森斯坦所言，自由主义女性主义远没有成为过去式，它还有着更"激进的未来"。

第四节　性别压迫与妇女解放

"平等"与"自由"是自由主义女性主义的主题词，"压迫"与"解放"则是马克思主义女性主义与社会主义女性主义的主题词。自由主义女性主义的理论根源可以追溯至古典的自由主义思想，而马克思主义女性主义正如其标签所显示，与马克思主义理论有着最直接的关系。在《共产党宣言》中，马克思指出无产阶级革命的最终目标是实现全人类的解放，20世纪女性主义运动提出的口号是实现妇女的彻底解放。人类的一半是女性，无论以怎样的方式理解，两者的最终目标都并不相冲突，实现了全人类的解放，自然也伴随着女性的解放，而女性的解放有如恩格斯所强调，在任何社会都是"衡量普遍解放的天然尺度"。

恩格斯在《家庭、私有制和国家的起源》的第一版序言中说道："根据唯物历史主义观点，历史中的决定性因素，归根结底是直接生活的生产和再生产。但是，生产本身又有两种。一方面是生活资料即食物、衣服、住房以及为此所必需的工具的生产；另一方面是人类自身的生产，即种的繁衍。一定历史时代和一定地区内的人们生活于其下的社会制度，受到两种生产的制约：一方面受劳动发展阶段的制约，另一方面受家庭的发展阶段的制约。"① 这一段话最常为女性主义者引用。恩格斯区分了两种不同的生产：物的生产与人的生产，其中，人的生产成为马克思主义女性主义研究性别问题的理论起点。马克思的政治经济学理论主要分析了无产阶级在物的生产过程中所受压迫与剥削的实质，但是对第二种生产并没有从理论上给予探讨。马克思主义女性主义者与社会主义女性主义者指出，正是在第二种生产过程中，女性受到男性的压迫与剥削，对父权制社会中的性与生育行为同样需要作出政治经济学的阐释。

《女人交易：性的"政治经济学初探"》是鲁宾极有影响的一篇文章，正如其标题所示，她认为，如同马克思主义对资本主义商品经济社会中交换关系作政治经济学的分析，以女人为交换物建立起来的交换关系同样应该作政治经济学的分析。"亲属关系和婚姻永远是整个社会制度的一部分，永远同经济政治的安排相联系。"②

马克思定义"人是一切社会关系的总和"，人的本质必须置于具体的社会关系中理解。如马克思说道："一个黑奴是什么？他是一个黑人。可这个解释就跟没解释一样。一个黑人就是一个黑人。他只有在某些关系中才变成奴隶。一台棉纺机就是一台纺棉花的机器。它只有在某些关系中才变成资本。脱离了这些关系，它就不是资本，就像金子本身并不是钱，糖也不是糖的价格。"③ 运用同样的方式，盖尔·鲁宾指出，女人也只有在某些具体的社会关系中才成其为受压迫的女人。"一个顺从的女人是个什么人？她是人类雌性中的一员。可这个解释就跟没解释一样。

———————

① 恩格斯：《家庭、私有制和国家的起源》，《马克思恩格斯选集》第 4 卷，人民出版社 1972 年版，第 2 页。

② ［美］麦克拉肯、艾晓明等主编：《女权主义理论读本》，广西师范大学出版社 2007 年版，第 76 页。

③ 同上书，第 34 页。

一个女人就是一个女人。她只有在某些关系中才变成仆人、妻子、奴婢、色情女招待、妓女或打字员。脱离这些关系，她就不是男人的助手，就像金子本身并不是钱……"① 社会关系在理解女性活动中具有首要地位，它"限定了某一特定历史时刻女性所从事的具体活动。在这些关系以外，'女性'就是一个抽象的概念。"②

一定的社会关系总是反映一定的社会制度，女性主义认为把女性置于受压迫位置的正是人类文明中根深蒂固的父权制，因此，对父权制的批判成为马克思主义女性主义的一个理论主题。马克思主义阶级理论指出，资本主义社会中存在两大基本的对抗阶级——资产阶级与无产阶级；马克思主义女性主义则指出，父权制社会中男女性别关系同样是一种阶级对抗的关系，在这一对抗关系中男性居于统治者地位，而女性属于被统治者。鲁宾用性/社会性别制度这一概念指社会对性欲、性行为与性别规定的一整套组织规定。每一个社会都有一个性/社会性别制度，规定了什么的性行为是可以接受的，什么样的性行为是不可以接受的，人类的生育行为应该怎样进行。借助于这些规定与习俗，人的性行为与生育行为在社会实践中得到实现。父权制社会中的性/社会性别制度建立在"男人交换女人"这一性的商品交换关系之上。通过运用马克思主义的历史唯物主义方法对"男人交换女人"这一交换行为的政治与经济学分析，盖尔·鲁宾指出，性行为与性别关系的历史发展同样服从于历史唯物主义的发展规律。

生育是一种由社会关系决定的生产方式，可接受的育儿标准同样由社会环境给出定义，女人在生育与育儿过程中承担大部分的工作。但是，正如马克思主义女性主义者询问，谁将拥有和控

———

① ［美］麦克拉肯、艾晓明等主编：《女权主义理论读本》，广西师范大学出版社2007年版，第35页。

② ［美］阿莉森·贾格尔：《女权主义政治与人的本质》，孟鑫译，高等教育出版社2009年版，第193页。

制其产品？"母权制的被推翻，乃是女性的具有世界历史意义的失败。"恩格斯的这句名言提醒所有的女性，在父权制社会中男性为了确定具有自己血缘的继承人拥有与控制了女人性的权利，女人沦为满足男性欲望的性的奴隶与生育的工具。在父权制社会，女人为了吸引男人的注意力而根据男人的审美标准不断改变自己的形象。女人虽然是天然的生育者，但不能决定在何时何地生育多少小孩，她们也不能控制生育的过程，在现代技术发展的主导下，生育成为男性妇科专家与育儿专家行使权威的领域。因此，女性主义者指出，导源于马克思主义的劳动的异化现象同样存在于女性的生育行为中，性的异化与生育异化正是对父权制社会中女性的性行为与生育行为的恰当描述。

恩格斯指出，女性的从属地位是随着阶级社会的产生而形成的一种压迫形式，其中，劳动分工与财产私有制是产生阶级社会的决定因素。最初的分工是发生在家庭内的性别分工，是"纯粹自然产生的"。男性作战、打猎、捕鱼，并制造必要的工具，而女性做饭、织布、制衣，在这种模式下，男性成为森林的主人，妇女成为家庭的主人。当形成社会结构时，在森林中发生的事件构成受社会关系影响的公共领域，家庭属于不带有显著社会特征的私人领域，家庭中发生的事件常常归入道德、情感讨论的范围，而不是政治、经济讨论的范围。马克思在《资本论》中对资本主义生产方式做出了卓有成效的分析，但是这种分析也只是强调发生在公共领域中的"物的生产"，而没有把家务劳动纳入资本主义生产过程，没有对"人的生产"做出必要的探讨，并且，马克思主义理论强调建立在经济基础上的阶级对抗而忽视性别因素的影响，这正是部分女性主义批判马克思理论只看到阶级而看不到性别的原因。

马克思天才地揭示出资本主义剥削的本质就在于资本家无偿占有由劳动者所生产的剩余价值。但是，他认为剩余价值来源于男性从事的公共劳动，而与女性承担的家务劳动无关。马克思主义所定义的资本主义生产"在创造剩余劳动的领域和可以被准确的称为家庭劳动的领域之间，划了一条清晰的分界线"。① 盖尔·鲁宾指出，家务劳动同样是剩余价值的来源。资本家之所以能够获得剩余价值，是因为他付给工人的工资不是由工人生产的产品的价值决定，而是由维持劳动力再生产的工人生活的基本费用决定。也就是说只有当产品价值高于工人维持生存的基本生活费，资本家才能获得剩余价值。工人维持生存不但需要食品、衣服、房屋、燃料等生活的原材料，同时这些原材料还需要经过家务劳动的再加工才能为人所用，所以"在提供剩余价值的劳动者的再生产过程中，家务劳动是个关键成分"。② 通常家务总是女人做的事，对于这部分劳动资本家从未考虑计入支付工资的范围，如此一来，女性的劳动就以一种不计报酬的方式直接成为剩余价值的来源。鲁宾进一步说道："解释妇女对资本主义的用处是一回事，以这个用处来说明妇女压迫的根源则是另一回事。"③ 不过，这种解释指出了资本主义剥削同时发在公共领域与私人领域，也为激进女性主义所坚持的"个人的即政治的"主张提供了依据。

恩格斯认为，妇女的压迫发生在私人领域，那么妇女的解放必然需要妇女走出家庭，从私人领域走向公共领域。"只要妇女仍然被排除于社会的生产劳动之外而只限于从事家庭的私人劳动，那末妇女的解放，妇女同男子的平等，现在和将来都是不可能的。妇女的解放，只有在妇女可以大量地、社会规模地参加生产，而家务劳动只占她们极少的工夫的时候，才有可能。"④ 现代大工业生产为这种可能性提供了条件，因为现代大工业"越来越

---

① Lise Vogel, *Marxism and the Oppression of Women*: *Toward a Unitary Theory*, New Jersey: Rutgers University Press, 1983, p.147.

② ［美］麦克拉肯、艾晓明等主编，《女权主义理论读本》，广西师范大学出版社 2007 年版，第 37—38 页。

③ 同上书，第 38 页。

④ 恩格斯：《家庭、私有制和国家的起源》，《马克思恩格斯选集》第 4 卷，人民出版社 1972 年版，第 158 页。

要把私人的家务劳动溶化在公共的事业中。"因此，恩格斯认为，妇女的解放必然伴随着公共领域的扩大，私人领域的消退。但是，私人领域完全消失似乎也不可能，因为家务劳动仍然必需占据妇女们"极少的时间"。

不过，从私人领域进入公共领域，这意味着妇女虽然逃脱了私人领域中的性别压迫，然而却不得不在公共领域中接受阶级压迫，因此，妇女仍然无法摆脱受压迫的命运。贾格尔说道："传统马克思主义构建'女性问题'的方式是设想女性受到的压迫主要是由于她们被排除在公共生产领域之外的结果。在当代，这种排除在外的情况已经逐渐消失；然而，女性受压迫在逐渐减少的这种情况还是不够清晰的现象。"① 因此，女性主义认为，问题并不是完全消灭公共领域与私人领域之间的区分，将所有的生活领域公共化，而是"为了建立平等的而非支配的性别关系，应该对公共领域与私人领域的区分进行重构和全新的阐述"。② 就此，罗斯·利斯特（Ruth Lister）指出，这种重构与全新阐述可分三步完成：首先，取消与公私领域相联系的性别特征和属性；其次，拒绝对公私领域做出僵硬的意识形态划分，承认这两个领域的彼此重合和互相作用；其三，承认公私领域的界限不是固定的，而是处于不断变化中。③

一种常见的观点认为性别分工受到男女不同生理机能的影响（恩格斯把性别分工看成是"纯粹自然发生的"，也倾向于这种常见观点），妇女因为天生的身体较弱，更适合于从事家务工作，而且女人的生理结构也决定了她们不得不担负起生育与早期育儿的责任。但是，随着现代技术的发展，身体功能早已不成其为性

---

① ［美］阿莉森·贾格尔：《女权主义政治与人的本质》，孟鑫译，高等教育出版社 2009 年版，第 114 页。

② ［英］简·弗里德曼：《女权主义》，雷艳红译，吉林人民出版社 2007 年版，第 38 页。

③ 同上。

别分工的理由，先进的机械技术与自动化技术的使用已经不需要繁重的体力付出，同时避孕药与生育技术发明已经使得生孩子不再是"无法控制的生物过程"。但是为什么在这些技术出现、使用并得以普及后，女性的地位并没有得到彻底的改变？

朱丽叶·米切尔指出，"工业劳动和自动化技术为妇女的解放准备了前提——但仅仅是前提而已"，而技术总是要与社会总体结构结合起来才会起作用。压迫妇女的社会总体结构包括生产、生育、性行为和儿童的社会化四个方面，尽管生产领域的经济因素仍然是主要的，但如果没有与其他三个因素相一致的政策，妇女就不可能得到真正的解放，如果只是改变其中某个方面，改变的将只是剥削的形式。因此，在米切尔看来，即使劳动的性别分工在历史上有其形成的原因，但在现代社会却没有继续存在的根据，然而，随着历史的发展需要退出历史舞台的性别分工结构并不会自然地消失，这需要妇女组织起来进行革命，而妇女的革命还有漫长的路要走。[①]

如果女性的压迫源起于原始的劳动性别分工，那么从理论上来说，马克思主义应该对劳动性别分工的原因给出恰当的历史解释。恩格斯在《家庭、私有制和国家的起源》中认为"分工是纯粹自然产生的"，但是，这种自然是什么？恩格斯倾向于接受传统的解释，认为是生理原因导致了男女最原初的劳动分工。然而，完全用生理原因解释性别分工显然是不够的。来自人类学的研究显示，在原始的人类社会结构中，有女性同样从事农业与狩猎工作，男性承担抚育婴儿的工作。可见，性别的劳动分工并不一定是一种"自然产生的"社会行为。再者，当把女性的压迫问题追溯至劳动的性别分工，同时又把性别分工还原为一种生理结构，这显然与马克思主义用社会关系界定生产关系的初衷有所背离。贾格尔指出，马克思主义"在两种观念之间摇摆：女性完全

---

① 李银河主编：《妇女：最漫长的革命》，中国妇女出版社 2007 年版，第 1—32 页。

参与生活的每个领域的激进观念与女性的生物性可能只允许她们部分地参与的设想"，而"男女之间特定的未说明的生理差异意味着决不会完全抛弃对劳动的性别区分：在家中，在工厂中或者在床上"。① 性别分工涉及到对性别差异的理解，当马克思主义女性主义以马克思主义为理论原点，同样面临如何理解生理性别与社会性别的相互关系、如何解释社会性别分工的问题，而是否能够合理地解决这一问题也意味着是否能够合理地解释妇女受压迫的社会事实。

第五节　女性的激进未来

"性别的阶级性是如此之深，以至于人们都感觉不到它的存在。"舒拉米斯·费尔斯通在《性的辩证法》开篇中所说的这一句话得到激进女性主义的普遍认同。自由主义女性主义强调性别之间的相同，坚持男性与女性都是有理性的人并以此为出发点求得两性平等的理论基础，认为女性获得解放的关键在于女性应该接受并取得可与男性竞争的个人素质与能力；马克思主义女性主义指出妇女受压迫的问题更多的是一个社会问题，只有对妇女所处的社会关系、社会系统做出全面的分析，才能理解妇女受压迫的实质，妇女解放需要采取相应的社会变革，从制度上确立妇女平等的权利与公平的机会，或者，如某些马克思主义者与社会主义女性主义者提出，为了补偿妇女以前受到的歧视，还应该考虑给妇女更优惠的政策以优先保证妇女的机会。马克思主义女性主义者和自由主义女性主义者对传统男性文化中"男性优先"的生物决定论持批判态度，她们更多地强调社会与环境对两性差异的

---

① ［美］阿莉森·贾格尔：《女权主义政治与人的本质》，孟鑫译，高等教育出版社 2009 年版，第 101 页。

影响并以消除这种差异为目标。与此相反，激进女性主义者坚持两性之间的生理区别，并以普遍地赞美女性气质为特征，这正好颠覆了男性中心论者为之辩护的理论观点。

"性行为在女权主义中的地位与工作在马克思主义中的地位同样重要。"麦金农的这句话恰如其分地道出了激进女性主义的理论立场。如果说马克思主义女性主义因其理论忽视女性生育问题而受到批评，这个问题在激进女性主义理论中就不存在。

舒拉米斯·费尔斯通被认为是激进女性主义中的代表人物，她对马克思与恩格斯的历史唯物主义方法作了激进的引申，认为社会的基础是由生育关系而非生产关系构成，在经济现象下面掩饰的是性心理。"历史唯物主义的观点认为，历史过程寻求终极原因和所有历史事件的伟大的动力在于性别辩证法：社会分化为两个生物性的阶级是为了生育再生产，以及这些阶级的相互斗争；在婚姻模式的变化中，通过这些斗争实现了再生产和子女的养育；在其他的具有身体上的差异的阶级联系发展中，以及在性别基础上的劳动的第一次分工中发展成为（经济的—文化的）阶级体制。"① 虽然费尔斯通借用了马克思主义历史唯物主义的名号，但是她却完全放弃了马克思主义的基本立场，不是用生产关系而是用性的关系解释人类社会的基本构成以及历史发展的动力，这一立场可以使费尔斯通当之无愧地归入激进女性主义者的阵营。

费尔斯通认为人的生物再生产的基本单位是"生物学家庭"，男性/女性/婴儿的基本生产结构经历了马克思主义所说的每一种生产形式。与社会性别建构论者不同，费尔斯通肯定劳动性别分工的生理基础，女性与男性相比身体较弱，女性为了生存必须依赖男性，而因为婴儿最初靠母乳生存，婴儿在出生时必须依赖母

---

① ［美］阿莉森·贾格尔：《女权主义政治与人的本质》，孟鑫译，高等教育出版社 2009 年版，第 131—132 页。

亲，在成长中必须依赖成人保护。就此而言，费尔斯通似乎并不否定历史上存在"生理决定命运"的时代，但她并不认同女性不得不面对"生理决定命运"的这一宿命，而女性改变这一宿命的希望就寄托在技术的发展上，寄托在技术发展能够改变人的生理结构以及生理功能的这一前景上。现代科学技术的发展已经显示了这种彻底改变两性生理结构与生理功能的可能，可靠的避孕技术与试管婴儿的技术都使得女性能"从她们的生物再生产的暴政中解放出来"，使男性和女性都"从烦琐而枯燥的子女养育和社会的子女养育角色中解放出来"，未来技术的发展甚至有可能让男性拥有子宫，让男性承担生育的职责。但是技术的发展最终是否能够承担彻底地从生育压迫中解放妇女的重担，这一点却受到其他激进女性主义者的怀疑。

在对待性别压迫与女性解放的问题上，自由主义女性主义与马克思主义女性主义拒绝接受把女性气质与自然联系、男性与文化联系的关系模式，并试图从理论上证明这种联系不过是社会建构与文化作用的结果。自由主义女性主义提出，女性应该超越自然而进入由男性统治的文化领域以实现性别平等；马克思主义女性主义从制度与社会关系层面提出改革与革命的要求。相反，激进女性主义并不拒绝对两性差异作本质主义的理解，她们认为"不能把问题的产生归结为女性的心理或女性的生理而简单地责备受害者"，女性之所以处于从属地位不是因为女性生理上的问题，而是因为男性生理上的缺憾：男性受到大脑荷尔蒙和男性睾丸素的影响，天生比女性具有攻击性与破坏性；男性不具有女性孕育生命的生理功能，缺乏某种女性独有的赋予生命的力量；女人作为母亲在与孩子的养育关系中形成同情、直觉、适应的特性，她们把成长的意识看作是一种过程而不是目标、创造力、保护他人的感情，培养出"既理智又有感情的反应能力"；女性与自然更为接近，具有与非人类自然沟通与交流的特殊能力，这种能力为女性了解世界提供了一种特殊的方式。女性依从，男性主动；女性服从于自然的生育行为，男性从事非自然的创造性活动；女性更接近自然，男性更接近理性。这些观点曾一度成为试图证明女性从属合理性的证据，在激进女性主义的理论框架中它们又反过来成为女性更优越于男性的证据。

激进女性主义者在对女性气质与女性力量的赞美时往往采用一种诗性的语言以及带有文学色彩的激性表达。苏珊·格里芬在描写女性与自然的关系时说道："我们知道这个地球是由我们的身体制造的。因为我们看到我们自己。我们就是自然。我们是由于自然而自然地存在。我们是有着自然概念的自然。自然在流泪。自然在对自然述说着天性。"① 就如同传统哲学以属于男性气质的理性与逻辑说服读者，而激进女性主义的这种描述方式可以归之为一种女性气质的写作手法，准备以"感受、情感和非中立性的交流"说服读者。

就其政治目的而言，建立一个无性别的社会同样是激进女性主义所为之奋斗的目标。性别关系构成基本的社会关系，男人、女人、小孩组成社会的基本单位——家庭，男性与女性之间的异性恋关系成为父权制无需证明的合法的两性关系。当从概念上依据性别把人类划分为男、女两个类别，这一种行为本身就意味着压迫与不平等，一个无性别的社会也就意味着性别概念成为过去的历史。

激进女性主义认为异性恋关系正是女性受压迫的根源。女性压迫产生于家庭，源起于女性性欲的被动性、女性的生育行为、女性在家庭中对男性的依赖，所有这些都发生于由异性恋关系构成的社会语境中。在异性恋关系中，女性通过其与男性的关系获得定义，从而把女人变成男人的性奴隶与性客体。"异性恋作为社会标准的地位强迫女人在性别特征上和感情上限制她们自己，

---

① [美] 阿莉森·贾格尔：《女权主义政治与人的本质》，孟鑫译，高等教育出版社 2009 年版，第 139 页。

与压迫她们的集团成员结成姻亲关系，同时也否定了她们与其他女人建立意义深远的关系的可能性。"①

异性恋是父权制的产物，支持异性恋就等于服从于父权制，"非同性恋者通过侍候她们的男人而服务于这个体系"。② 只要你跟一个男人生活在一起，你就是一个真正的女人，你就接受了父权制强加给女人的一切。既然异性恋必将导致由性行为引起的男性对女性的统治，这就意味着女性要实现真正的解放，唯有放弃异性恋，而以女同性恋取而代之。对于大部分激进女性主义者而言，一个真正的女性主义者必然是一个女同性恋者。比如，邦奇说道："女性同性恋是对以男性至高无上为基础的意识形态、政治、个人和经济的威胁，同性恋者通过戳穿女性是劣等的、软弱的、被动的以及女性'天生'是男性的需要的诺言，进而威胁男性至高无上的意识形态。"③ 威蒂格则认为只有作为一个女同性恋者，女性才有可能逃脱受奴役的使女人成为女人的社会关系，女同性恋者"是一群从自己的阶级队伍中逃跑出来的逃离者，就像美国那些逃跑的黑奴一样，逃离奴隶制，奔向自由"。④

激进女性主义所面临的主要批评是其母权中心思想以及所运用的本质主义辩护策略。当其他女性主义者采用批判男权中心论本质主义的辩护方法指出阳具中心主义的谬误时，激进女性主义者却采用了受到质疑的本质主义方法与策略为女权中心辩护。她们把女性经验普遍化为所有人类共有的经验，即假设有某种归于妇女的共同本质，而这种本质优越于男性所体现的本质。对于实现妇女解放这一政治目标而言，激进女性主义理论是一把双刃剑：一方面它把妇女的本质定位于她们"分离的自然"，因此能

---

① ［美］阿莉森·贾格尔：《女权主义政治与人的本质》，孟鑫译，高等教育出版社 2009 年版，第 401 页。

② 同上书，第 405 页。

③ 同上书，第 404 页。

④ ［美］麦克拉肯、艾晓明等主编：《女权主义理论读本》，广西师范大学出版社 2007 年版，第 198 页。

为妇女运动获取统一的身份；另一方面她们归于妇女的"好"的品质似乎与 19 世纪对妇女德性的界定并无分别，而这些曾一度是女性主义为之批判的。① 然而，是否存在某种激进女性主义所定义的女性身份，并且，当女性实现了这种身份时是意味着女性获得解放或是意味着女性成为新的统治性别，这却是极成问题的。

在性的关系问题上，激进女性主义彻底地拥抱同性恋而攻击异性恋，这又从一个极端走向了另一个极端。正如盖尔·鲁宾所言："民主的道德应当用下列标准来评判性行为：伴侣对待对方的方式，相互关心的程度，有没有强迫性，以及某种关系所提供的愉悦的数量与质量。无论性行为是同性恋的还是异性恋的，是一对一的还是群体的，是裸体的还是穿内衣的，是商业性的还是不要钱的，是被录像的还是没有被录像的，都不关伦理的事。"② 部分激进女性主义把对异性恋的攻击上升到政治的高度，认为所有异性恋倾向的女性都是父权制的同谋，是对女性主义事业的背叛，这就使得激进女性主义在反对异性恋对同性恋的暴政时又走向了相反形式的暴政——同性恋对异性恋的暴政。然而，无论怎样的暴政，在政治上都将是不可取的。

---

① Catherine Villanueva Gardner, *Historical Dictionary of Feminist Philosophy*, The Scarecrow Press, 2006, p. 186.

② ［美］麦克拉肯、艾晓明等主编：《女权主义理论读本》，广西师范大学出版社 2007 年版，第 407 页。

第 三 章

"他者"的视界

女性主义理论的计划就是书写一部全新的百科全书。它的标题是：世界，依女人看。

——弗莱伊

20 世纪 80 年代，女性主义开始探讨认识论领域内的性别问题，并提出女性主义认识论这一个全新的哲学概念。

库恩的"范式"概念在很大程度上成为女性主义为其认识论辩护的理论依据。库恩指出，人类对世界的认识不可能获得完全独立于认识共同体的客观知识，所有知识都是基于某个视角的"看作"（see as）的结果，而非可以超越认识者在具体认识行为中所立足之处的"看到"（see）的世界。因此，不同知识之间没有对与错之分，而只有"看"世界的角度不同。女性主义指出，认识者"看"世界的所立之处不仅包含共同体坚守的各种普遍价值与共享的社会身份，而且也包括性别身份以及社会中普遍存在的性别意识形态。女性主义认识论正是从女性主义的视角出发，重新审视人类看世界的方法、过程与结果。

第一节　源自认识论的谬误

　　根据传统的认识，女性这个概念总是与被动、从属、消极、依赖、感性等带有否定意义的形容词相关，即使也有诸如美丽、可爱、迷人等带有褒义的词语用来形容女性，那也往往是用来形容女性的外貌与身体，远离于在人类进化等级上处于更高层次的思想与文化意识。

　　历史上权威的男性思想家们习惯性地认为女性无法像男性一样理性地思考，她们凭感情作判断，不能正确的认识事物的本质，其意见可以不予考虑。这些厌女症的论调不时出现在包括柏拉图、亚里士多德、笛卡儿、休谟、卢梭等对西方知识进步作出过伟大贡献的哲人们的著作中。亚里士多德的生物学理论把男性看作是形式的提供者，女性是质料的提供者，在亚氏的等级体系中，形式在地位上明显高过于质料，"质料服从形式就如同女性服从男性，丑陋服从美丽"。① 在笛卡儿区分心灵与身体的二元论论述中，男性具有能够理性思维的高尚身体，女性仅作为不能思考的身体而存在。笛卡儿的二元论既奠定了现代社会的等级制基础，也从文化上合理合法的把女性定义为"自然规定"的二等公民。

　　有女性主义者提出，女性作为"第二性"从来未曾在男性的知识世界中获得真正的认识。历史学以男性国王与男性统治者为主角，记载他们的生活经历、活动时间史以及属于他们的战争；经济学分析资本与劳动的关系，劳动主要指以男性为主的公共领域的生产劳动，而不包括同样为社会作出了巨大贡献的家务劳动；哲学家把人类定义为理性的动物，同时又假设女人是非理性

---

　　① 李银河：《女性主义》，山东人民出版社 2005 年版，第 8 页。

的；医学以男性病例为样本，并不经测试地把其研究成果推导至女性。

女性从来未曾作为认识的对象、知识的客体而成为人类知识试图探索的领域。为什么会这样？波伏娃认为，"客观上的抵制是因为主观上的缺失"①，作为男性总是无意识地受到性别立场的限制，无法从女性的视角思考问题，这就是问题之所以产生的主要原因。在波伏娃的存在主义哲学的理解中，女人对于男人来说自始至终就是一个神秘的、无法认识的斯芬克司之谜，男人不可能通过任何共感作用，理解女人的特殊经验。"他们对女人性快感的性质、经期的不适以及分娩的痛苦一概不知。"② 男人对于女人来说也是同样不能完全理解的存在，然而，男人把自己对女人的看法和对世界的看法作为"绝对"与普遍的真理确立起来，而女人的看法则被作为"他者"的无知而被忽略。而且，男人把女人看作一个"神秘的"无法认识的神话，这种行为对于他们来说好处也是举不胜举的，可以轻易地解释所有费解的事情而不用承认自己的无知，可以让消极的关系永久的存在。

女性不仅作为认识的客体被忽略，作为认识的主体，她们也被归入无知的一类。这种无知一方面是因为后天受教育机会的缺失。与男性相比，早期的女性缺少公平的受教育机会。当男孩通过正常的教育获得语言、科学、政治、经济等各方面的传统知识，女孩则在学习怎样为人妻为人母。缺少传统知识学习的女性从一开始就被知识之树拒之于千里之外。现代女性虽然有了更多的机会接受教育，但是某些领域仍被认为并不适合于女性，比如物理、数学、机械等需要运用理性思维技能的学科一般认为更适合于男性。在这种习惯性认识的影响下，女性也自以为自己并不适合于承担此类更具理性思维技能的工作。

---

① ［法］西蒙·波伏娃：《第二性》，陶铁柱译，中国书籍出版社1998年版，第295页。

② 同上。

另一方面，女性的无知有时候并非真正的无知，而是被定义的"无知"，因为不知道自己"有知"或无法肯定自己的"所知"而被归结为"无知"。女性主义哲学家瑞伊·朗格托恩（Rae Langton）分析，此类"无知"的产生有三个方面的原因：

其一，缺乏来自社会的信任。知识从某方面来说必须获得社会或他人的肯定，在此意义上，知识与权力的分配有着密切的血缘关系。当知识与权力结合在一起，女性即使作为认识者能够获得某类认识，但是，当得不到社会的肯定，得不到他人的信任，社会也不会承认女性"有知"的地位，女性的"有知"即等于"无知"。

其二，男性伪造的普遍性。男性把他们对世界的部分认识推广为对世界的普遍认识，男性的视角成为看待世界的普遍视角，而女性的视角则被排除在外。这就好比某人在某一个时刻观察一头静止的大象并把它描画下来，自己对自己的描画觉得很满意，就宣布说自己的作品就是对大象最完整、最准确的描画。同样地，以男性为中心的传统认识正是极少数男人根据自己经验讲述的故事，他们把这故事推广到对"人类和这世界"的完全、准确的认识。这样的认识结构排除了从女性立场认识世界的可能性，即使女人冲破了男性认识传统所设定的限制，取得了某种成就，也会因为不符合男性规范的普遍性而得不到承认。

其三，对知识、真理、理性等概念未经批判的接受。比如，根据男性以公正为原则的道德观，女性在道德上表现得似乎比男性不道德，但事实上正如吉利根的研究表明，女性更注重关怀伦理。关怀伦理不说比公正伦理更好，但至少也与公正伦理具有同等的价值。①

---

① Rae Langton, "Feminism in Epistemology: Exclusion and Objectification", *Feminism in Philosophy*, Cambridge University Press, 2000, p. 131.

如果说从认识上对女性的忽视使得女性或者不能被正确的认识，或者不能被正确的理解，那么通过考虑女性的感受、聆听女性的声音、授予女性作为认识者的资格，是否女性作为他者与无知者的情况就可以彻底改变？这正是早期自由主义女性主义者所持的立场。但是，问题的解决并不是如此简单，女人往往不是作为他者站在男性知识圈的外面，而是作为男性知识圈内的他者站在男性给她划定的固定位置，成为男性希望她所是的那一类人。"女人不是生为女人，而是变为女人的。"对女性的错误认识在社会心理意识的影响下往往导向"自我实现的预言"，女人在社会事件中被客观化为以客观性为名义定义的"女人"。

朗格托恩指出，正是男性认识的客观化使得让女人"变成女人"成为可能。客观性一直是西方理性知识追求的目标，它假定世界独立于认识者存在并能得到正确的认识，假定知识正确的根据来源于外在的世界，一般的情况下人们根据自己的感觉经验与理性判断就能获得对世界正确的认识。

一般而言，客观性假定的认识论标准和实践标准包括：

1. 认识的中立性：真正的规律反映本质；

2. 实践的中立性：事物的本质决定你的选择；

3. 绝对的视角：只有当观察者处在标准的环境下所观察到的规律才是真正的规律；

4. 假设的视角：如果规律被观察到，环境就是标准的。[1]

标准的环境假设了认识主体与认识客体的分离，观察者独立于观察环境，观察主体的地位、权力、欲望以及身体问题对观察的影响都属于非正常的情况。但是，在实际的认识行为中，什么是标准的观察环境、什么不是标准的观察环境，两者之间并不能

---

① Rae Langton, "Feminism in Epistemology: Exclusion and Objectification", *Feminism in Philosophy*, Cambridge University Press, 2000, pp. 131 - 136.

给出清晰的区分。能够在完全标准的环境中观察到的绝对的客观性也就成为受到实践质疑的非真实的幻想。

客观化是与客观性相联系的一个概念。客观性指让认识符合世界，客观化指因为对某一并非真实的认识持有强烈的信念而致使世界改变以符合信念的过程。在实证主义的语境中，哲学家们仍然相信真理就是真的知识，是符合外在世界的真的认识，他们坚持在世界与认识之间只有一种符合方式，即认识符合世界。但是，在后库恩哲学的语境中，作为质疑真理的知识论者更多地用信念表示人类对世界的认识。用信念指称我们能够获得的知识，认识是不能排除认识主体的人的认识，信念知识与世界符合的方向可以分为两种：信念符合世界和世界符合信念。

信念符合世界往往被认为是知识客观性的表现。什么是世界符合信念？设想一个购物者在商场中按照购物单选购货物，在他身后跟随着一个侦探，按照他所购买的商品记下购物车内有的商品。此处，购物者手中的购买单是他希望拥有的东西的清单，他可以随时根据自己手中的清单调整购物车内的商品，购物者手中清单所列商品与购物车内商品之间的关系就是世界符合信念的关系；侦探根据购买者的选择记下购物车内的商品，他手中的清单与商品之间是信念符合世界的关系。虽然，购物者与侦探拥有两份一模一样的购物清单，但是，购物者手中的清单是他欲望的东西，而侦探手中的清单是他相信存有的东西。在对女人的认识中，男性恰如手持欲望清单的购物者，把被动、从属、消极、非理性等等属性放入描述女人的购物车中；而女人作为跟随在男人身后的侦探，相信男性作为购物者的权威，相信男性对女人的描述就是事实，相信自己恰如男性所描述是被动的、从属的、消极的、非理性的。

一个人对世界的信念往往会反过来影响世界对信念的符合。比如，当我们强烈地相信生活会越来越好，我们的行为就会朝着这方面努力，从而使得生活符合预期，变得越来越好；当我们强烈地相信自己有能力战胜某位竞争对手，并坚持不懈地朝这方面努力，某一天我们会发现，自己真正具有了战胜对手的能力；当女人强烈地相信自己是被动的、消极的，并不自觉地朝这方面努力，女人也就逐渐发展出被动的、消极的这些性格。在社会事件中，因为强烈的信念而影响社会事件符合信念的过程又称为自我实现的预言，正是社会事件与信念符合之间的这种独特关系，使得男人对女人的客观化成为可能。

朗格托恩指出，客观化以满足四个条件为标准：

1. 为了满足个人的欲望把某件事物或某个人看作客体；
2. 希望客体拥有某些性质，因此迫使它拥有这些性质；
3. 相信客体拥有这些性质；
4. 相信客体拥有这些性质是其本质使然。

男人把女人当作性欲的客体，希望她们服从于男人的意愿，因此强迫她们在性关系中服从自己，当女人在性关系中表现出服从，男人就相信她们事实上就是服从的，相信服从是女性的本质。客观化与客观性一脉相承，客观地借助客观性看待这个世界就是把这个世界客观化。在一个性别等级体系已经存在的社会中，男人观察到女人在性关系中以服从为主，他假定观察在标准的环境下进行（没有受到主观因素以及非正常因素干扰），认为所观察到的现象表现为事实规律，因此得出结论认为女人天性就是服从的。为了适合于女人的本性，男人构建了等级制的社会性别结构，在两性关系中成为女人的主宰。然而，更奇妙的是，男人对女人的认识并不是一种幻觉，而是一种能够让世界符合男人欲望的"事实"。当女人迫于男人的权威，接受了自己作为服从者的身份与"事实"，通过自我实现的预言，女人在性关系中就更趋向于选择符合自己服从者身份的行为，女人符合身份的"事实"反过来又更加证实了男性的"观察事实"，即女人天生就是以服从为导向的。最终,"世界事实自我调整以符合权力的需要。"①

　　借助客观性与客观化作为工具,男性对女性的认识在社会的实践中走入认识论的循环,其结构有如图二:

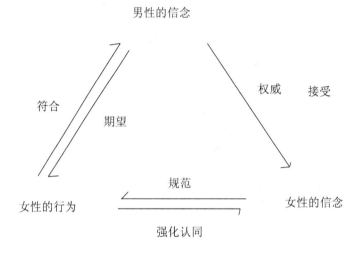

图二　男性的信念与女性的信念

　　男性因为某种对自己有利的处境把女人看作是顺从的、依赖的、消极的,并以这种方式对待女性。不具有认识者身份的女性相信了男性对自己的认识就是事实,并以此规定自己的行为,因此在性别关系中表现出顺从、依赖与消极。女性在行为中表现出的这些事实让男性更加坚定了自己对女性的认识是真实的、客观的,是源自于女性本质的。这一认识论循环从开始起就建立在错误的信念上,"妇女是服从的是因为男人们持有此一信念。相信如此,辅以权力的实践与结构,使得事情变成如此……假设的客观性使得男性远离于真理——有关女性的真理,以及有关他们自

---

　　① Rae Langton, "Feminism in Epistemology: Exclusion and Objectification", *Feminism in Philosophy*, Cambridge University Press, 2000, p. 139.

己信念的真理。"① 男性在认识关系中所处的这一立场使得男性无法获得关于女性的真实知识,相反,女性作为受压迫的认识者将具有先在的优势,或许,"压迫也有助于认识"。

朗格托恩通过分析女性在认识行为中所受到的伤害指出,女性的解放不但要提供实践的批判,还要提供认识论的批判。这一点无疑是对的。但是,在这一问题之后还隐含着三个待于进一步思考的问题:

第一个问题,男性认识权力的起源问题,即以男性为中心的、以现有社会等级结构为基础的、伪装的客观性认识的起源问题。男性通过客观化女性从而把女性限定在"第二性"的位置上,对此,我们除了应予静态的分析,认识到这一认识论循环具有怎样的结构,同时还应在具体的历史语境中考察这一认识结构的起源、维系与发展。男人因为自己的利益希望女人成为什么样子,因此迫使女人成为什么样子,而女人也就心甘情愿地服从了男人的要求,把自己变成了男人欲求的样子。此处,权力无疑起到了至关重要的作用。如果没有权力的威胁,女人是否会心甘情愿地放弃自己的利益而变成为满足他人欲望的工具?当我们观察已经成型的圆圈,其圆周的任何一点都可以成为起点,但在实践的作画过程中,总有必需先选择一个起点我们才能画好这个圆。同样,在男性的认识论循环中,也不可忽略地有一个历史的起点,在这一点上,女人为什么会服从于男人并不是天生就具有的权威呢?这一个问题由认识论提出,但如果没有历史的分析就不可能得到完整的回答。

第二个问题,朗格托恩指出,"伤害女人的并不是客观性本身,而是伪装的客观性","假定的客观性使得男人远离真理——关于女人的真理,关于他自身信念的真理。"但是,什么是客观

---

① Rae Langton, "Feminism in Epistemology: Exclusion and Objectification", *Feminism in Philosophy*, Cambridge University Press, 2000, p. 142.

性本身？什么是关于女人的真理？如果女人不应该相信男人对她们的信念是真的，那么女人应该如何建构属于自己的真实信念？这事实上又回到了女性主义面对的一个最原始的问题——女性的身份问题。

第三个问题，对"认识"、"知识"等概念需要给出更合理的批判性理解。面对男性认识的偏见与独断，问题的解决需要扭正有偏见的知识，接受女性的认识，但是，当何为"认识"、何为"知识"这些问题都还存在异议之时，有什么根据保证"有偏见的知识"会得到扭正，女性的认识一定会被合理地接受？再者，如果说男性最初通过权力让女性接受自己的标准，在女性缺少权力的今天，有什么根据可以让男性接受女性的标准、让女人的认识为男人接受？

不过，认识论的批判为思考女性解放的深层问题提供了可行的进路。根据波伏娃唯我论的观点，男人之所以不理解女人是人类认识中天生的局限，男人总是只能从自己作为男人的立场出发看世界、看问题、看女人；同样，女人也只能从自己作为女人的立场出发来看世界、看问题、看男人。人与人之间意识的不可互知是男人无法认识女人的原因，同样也是女人无法认识男人的原因。但是，正如维特根斯坦指出，每个人都只能看到自己盒子里面的甲虫，可是我们还是可以合理地谈论甲虫是什么样子的，可以获得彼此的理解。意识差异问题与视角问题不仅存在于男人与女人之间，同时也存在于每一个人之间，个体作为独立的有意识的人存在，每个人对世界的感觉都是不同的，但是人与人之间仍然可以获得理解与共识。

唯我论并不能成为男人与女人之间产生隔离并无法理解的理由。既然男人与男人之间可以相互交流、相互理解并达成共识，女人与女人之间也可以相互交流、相互理解并达成共识，没有理由认为生活在同一个世界中的男人与女人之间不可以相互交流、相互理解并达成共识。或许，在面临男性与女性已经形成了不对等认识隔膜的今天，关键之处在于思考，如何重建两性之间平等与民主的交流互动方式，如何变男性信念与女性信念之间单向的权威关系为双向的相互交流关系。如图三所示：

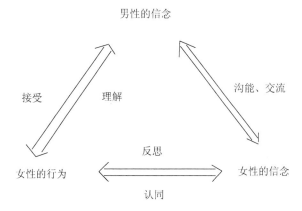

图三　男性信念与女性信念的双向的相互交流关系

当在男性与女性根据各自的经验形成的信念之间建立起沟通与交流的通道，更多一些对彼此差异的理解与包容时，真正的性别平等也就可能随着对女性陈规认识的破除而获得。

第二节　女性主义认识论何以可能

借助客观性概念，男性根据自己的意愿把女性客观化，认为女性本质上就是从属的、依赖的、非理性的。来自认识论的伤害需要认识论的批判，从认识行为上对女性的忽视要求女性重新认识自身及其价值。

在认识论问题上，女性主义面临着一个需要解决的合法性问题：一方面，作为一种批判理论，女性主义需要对传统的客观性概念做出批判。认识论本身并不排斥理性的批判，自休谟以来，西方传统认识论就在怀疑主义的质疑与论辩中发展前进，但是认识论传统从不接受政治与主观意识的评价。另一方面，在批判的同时，女性主义需要从认识论上肯定女性认识行为的合理性及其女性认识的价值，这一理论目标与传统的认识论概念不能相容。

认识论，仅根据其字面意思理解，就是有关于认识的理论。认识的最终结果是获取知识。认识论讨论的范畴包括"知识的本质与范围，知识的前提与基础，知识的普遍可靠性"；① 认识论关心的问题包括知识的正当性是否可以证明，并不关心某一具体科学领域的知识是什么。根据传统的观点，知识是对自然世界的真实反映，是不受主观影响的客观真理。同样，以客观知识为研究对象的认识论，是不带个人偏见的，是客观的与价值中立的。

女性主义，最初作为一种政治运动登上历史的舞台，持有明显的政治目的与政治立场，包括反对父权制的压迫，消除性别歧视，坚持女性权力与实现性别平等。

一个带有明显政治立场的术语可以被用来修饰另一个被认为不带任何个人偏见、目的与价值中立的概念吗？两者有可能融合在一起吗？正如哈丁所言："女性主义认识论这一术语也许会给人一种自相矛盾的印象。"② 不仅是因为这个术语给人一种自相矛盾的印象，更因为女性主义在价值立场上与传统认识论存在的内在冲突，使许多主流思想家并不承认女性主义认识论的合法性，认为女性主义认识论充其量不过是女性主义的一种道德主张与政治策略而已。③

传统的认识论语境确实没有给女性主义认识论留下合理存在

---

① D. W. Hamlyn, "History of Epistemology", *Encyclopedia of Philosophy*, New York Macmillan, Vol. 3, p. 8.

② ［美］麦克拉肯、艾晓明等主编：《女权主义理论读本》，广西师范大学出版社 2007 年版，第 504 页。

③ Jim D. Shelton, "The Failure of Feminist Epistemology", *Academic Questions*, Spring 2006, pp. 82 – 91.

的空间。西方认识论的现代起源从笛卡儿、洛克、康德，至逻辑实证主义，虽然对寻求知识的具体方法、知识的边界等问题有不同的理解，但是，却一直坚守着包括知识的普遍性假设、知识的客观性与中立性假设等信念。根据笛卡儿的观点，世界是独立于认识者而存在的实在，人类借助于天赋的理性能力与有根据的推理方法能够获得关于世界的真知识。

笛卡儿的心物二元论在肉体与心灵之间划下了不可逾越的界限，把获得知识的理性归于心灵的管辖范围之内，肉体以及与肉体相关的情感成为获得知识与真理的阻碍，只有排除了这些障碍，人类才可能通达真理的彼岸。理性是获取知识的必要条件，而笛卡儿所定义的理性又属于与肉体严格区分的心灵领域，超越身体的边界。相反，性别被理解为与身体不可分离的属性。因此，理性不包含任何与性别相关的因素，也就是说，没有所谓男性理性和女性理性之分。当传统认识论建立在笛卡儿的二元论区分上并且把理性能力作为获得知识唯一有保障的根据时，非理性就成为认识论探讨中的反面教材。同样，认识论关注知识的普遍性，而知识是对客观实在的无个人偏见的反映，政治与个人利益在认识行为与知识的界域内就等于庄稼地里的杂草，是需要拔除的不合法存在。这也是统领 20 世纪科学哲学与认识论理论潮流的逻辑实证主义所持有的态度。在这样的认识论语境中，作为某一个性别所主张的认识论或以某一个性别的经验与视角为主导的认识论就不可能合理地存在。

相对于自然科学，来自人文社会科学领域的研究成果最先突破了认识论的理性界限。马克思主义的意识形态理论、曼海姆的知识社会学、福柯的知识考古学和知识系谱学都面向同一个主题——指出在知识与社会结构、社会关系与社会权力之间无法摆脱的内在联系。马克思主义的意识形态理论把思想、意识、观念看作是对人们实际生活经历与交往行为的产物，"意识在任何时候都只是被意识到了的存在，而人们的存在就是他们的实际生活过程。"① 根据所拥有的物质生产资料以及在生产关系中所处位置的不同，社会群体被划分为资产阶级与无产阶级，作为工人的无产阶级与作为剥削者的资产阶级从事不同的物质活动，构成不同的交往关系，因此形成不同的阶级意识形态。相对于资产阶级为其统治辩护的、受局限的意识形态，无产阶级批判的、解放的意识形态代表着社会历史的正确发展方向，代表着更科学、更革命、更具合理性的社会认识方向。

福柯通过考察何者为疯癫的界定历史指出，"理性既非公平的，亦非正义的，它是基于各种各样的立场进行的排斥行为"②，界定疯癫的理性并不存在统一的标准，也没有秉持不变的稳定原则。疯癫的界定历史表明，理性并不具有它原所宣称的普遍的有效性，理性的评估原则在不同的时期、依据不同的语境而在不断发生着改变。所以，福柯认为："我们应该抛弃那种传统的想象，即只有在权力关系暂不发生作用的地方知识才能存在，只有在命令、要求和利益之外知识才能发展……相反，我们应该承认，权力制造知识，权力和知识是直接相互连带的。"③

但是，人文社会科学领域对知识与社会关系的讨论更多地局限于社会科学领域，而对数学、物理、化学、生物等自然科学领域知识仍坚持传统的客观性态度或少有讨论。马克思主义讨论了历史意识、社会关系以及哲学思想之间的批判，但是批判的意识并没有涉及自然科学领域；福柯的知识考古学严格说来并不涉及纯粹的自然科学知识体系；知识社会学的创始人曼海姆尽管坚持社会科学知识必须对置身于其中的社会学语境进行考察，但是却认为如数学、物理之类的自然科学知识其内容无法采用社会科学

---

① 马克思：《德意志意识形态》，《马克思恩格斯选集》第1卷，人民出版社1972年版，第30页。

② 汪民安：《福柯的界线》，中国社会科学出版社2002年版，第30页。

③ 米歇尔·福柯：《规训与惩罚》，刘北成、杨远婴译，生活·读书·新知三联书店1999年版，第28页。

的方法进行分析。

女性主义认识论与科学技术哲学研究往往把自己归入后逻辑实证主义与后库恩哲学行列。后逻辑实证主义哲学家奎因打破了分析与综合、观察与理论之间的二分边界，指出理论与观察之间并没有可区分的边界，观察总是负载理论假设的观察，不存在所谓中性的、独立于观察者认识背景的观察，单独的观察事件并不能够作为证据证明理论的合理性。不存在纯粹的观察，同样不存在同样的由观察证实的理论，这就意味着实证主义的客观性理想不具有任何客观实在性。

科学哲学家与科学史学家库恩进一步彻底地打破了实证主义的神话，为女性主义探讨科学知识研究中的性别与政治议题大开方便之门。库恩提出的范式概念获得科学共同体的普遍认同。对科学的理解离不开范式的界定，范式包括科学共同体使用的一系列概念符号、所承诺的共同信念和共有的价值观。不同的范式承诺不同的理论体系、不同的研究方法以及不同的世界观。当用范式概念评价科学，科学与非科学之间就没有泾渭分明的划界，客观性与真理性讨论也只有相对于具体的范式才有意义，什么是科学由范式界定，什么是范式则由科学共同体界定。认识论同样是一种知识，在库恩以范式界定的科学革命的理论中，知识、认识行为与科学共同体固有的联系预示了不同认识论存在的可能——特别是当性别因素成为范式与科学共同体结构化的一个重要因素时。

科学知识社会学的建构主义与语境主义认识论为女性主义提供了最直接的理论支撑。20世纪后期，拉图尔、布鲁尔、伍尔加等一批科学社会学家，质疑科学的内在主义的理解，并提出外在主义的科学认识论。内在主义把科学解释为独立于认识者与认识者所处社会的真理与客观性知识，所有社会因素与主观因素对认识行为的影响都是科学的认识行为中应予以排除的外在因素；相反，外在主义的认识论认为科学的合理性应该从科学家所处的社会关系和科学家所从事的社会语境中寻找原因，科学认识不是需要排除社会因素的影响，而是需要给出合理的社会因果分析。布鲁尔在《知识与社会意象》中提出科学知识社会学研究的四条强纲领：

1. 因果性。对科学知识的合理说明需要解释各种信念或知识形成的因果条件；

2. 客观公正性。真理和谬误、合理性或者不合理性、成功或者失败、都需要得到客观公正的说明；

3. 对称性。同样的原因既可以说明真实的信念，也可以说明虚假的信念；

4. 反身性。各种说明同时能够运用于理论自身。①

知识社会学的第三条强纲领——对称性原则指出，并非只有错误的信念方才可以追溯社会的原因，正确的信念同样应该寻找其社会的因果解释。在这一点上，女性主义可与之形成统一的立场。诸如哈丁说道："无论如何，我们可以认识到女性主义理论的价值在于开启了一种方法，这种方法把真实信念与错误信念的起源同时置于认识的历史之中，且同时把认识的代理人置于科学之中"。②

西方传统认识论的内在矛盾及其后实证主义认识论的多元发展提供了合理思考女性主义认识视角的可能，而女性主义科学研究成果让女性主义哲学家开始反思女性主义认识论问题。哲学史上，与认识论一起成长的是西方哲学的怀疑主义，正是通过对诸如哥白尼、伽利略、牛顿等自然科学家的思想进行反思，现代认识论才获得了生命的源泉。女性主义研究视角最先出现在具体的女性主义科学研究中，诸如进化生物学、灵长类动物学与社会心

---

① ［英］大卫·布鲁尔：《知识和社会意象》，艾彦译，东方出版社 2001 年版，第 7—8 页。

② Sandra Harding, "The Method Question", *Hypatia*, Fall 1987, Vol. 2, No. 3, p. 27.

理学在 20 世纪后期的发展都受到了女性主义研究视角的影响。其中，灵长类动物学因女性研究者在其中的影响与卓越贡献曾一度被称之为"女性主义科学"。

一个典型的案例是吉利根对女性道德心理的研究。吉利根是哈佛大学的一位心理学教授，曾经担任过科尔伯格的助手。科尔伯格根据传统伦理学公正标准提出了一个道德理论发展的模型，根据这一模型的测量发现女性道德推理能力的发展与男性相比处于更低的层次。吉利根的研究正是始于对老师研究成果的怀疑，为什么测量会得出女性在道德水平上低于男性的结论？我们是否可以合理的怀疑这一结论的真实性？测量方法会不会出现问题？究竟是"女性的道德发展不足"还是我们的评价方式出现了问题？对这些问题的思考让吉利根从不同的视角开始了对女性道德心理的研究。

提出问题是理论发现的起点。正如吉利根在其著作《不同的声音》序言中所言，"在心理学著作中，妇女体验与人类发展描述并不一致，这种情况通常被当作妇女发展上的问题。然而妇女无法适应现有的人类发展模式或许表明了描述方面的问题，对人们认识状况上的局限性以及对某些生活真理的忽略。"① 如何对待心理学著作中对妇女的描述（或科尔伯格的研究成果）有多种不同的方法：或通过审视研究过程的规范性认定结论的可靠性并试图为女性的道德缺失提供某种解释；或对研究结论提出疑问。理论的质疑同样分为不同的方向：或者怀疑测量方法的不规范；或者怀疑测量环境的非标准。所有这些质疑都接受了女性天生的道德能力不如男性这一假设。

然而，真正触及问题之所在正是对这一假设本身的怀疑，但是，这种质疑的产生却受到性别的限制：首先，从男性的视角出

① ［美］卡罗尔·吉利根：《不同的声音》，肖巍译，中央编译出版社 1998 年版，第 37 页。

发的公正伦理建立在男性经验基础之上，显然无法在男性经验内部形成批判的视角。因此，只有当吉利根从女性的视角出发、以女性的经验为理论假设方有可能质疑公正伦理"对人们认识状况上的局限性以及对某些生活真理的忽略"。其次，女性天生的道德能力不如男性这种认识对男性与女性具有截然不同的含义。对于一个大男子主义者而言，这一结论正好契合其自认为比女性优越的心态，他将更乐意于对这一看法持辩护的态度。即使对于一个不具有大男子主义情怀的男性，面对为其性别优势提供证明且冠以科学之名的结论，他们也没有理由表示怀疑。因此，只有作为女性才可能深切感受到这一结论带给自己的伤害，才可能以一位女性的直觉怀疑这一结论的真实性，从而开启从不同性别角度出发的科学研究。

女性主义科学哲学家哈丁指出，正是女性主义经验性的科学研究证明了在选择认识论与方法论中有着怎样的政治与道德立场，同时也以事实为女性主义认识论存在的合理性辩护。"在生物学与社会科学中的女权主义研究引发了特殊的认识论问题，这些问题对占据统治地位的英美认识论提出了挑战，即或对其道德、政治以及形而上学等设定的概念框架提出了质疑。"① 这些特殊的认识论问题包括：

1. 既然科学方法不带任何社会偏见与个人立场，为什么性别偏见与社会偏见会普遍存在于科学知识与科学研究的过程中？

2. 不是作为某个具体领域的科学家，女性作为认识者，有没有属于女性的经验？在以男性为中心的认识论中，女性经验或者从属于男性经验，或者不能作为知识的根据与来源，但女性主义在生物学与社会科学中的发现恰是以女性经验作为根据。

3. 女性主义的研究过程多少由女性主义政治与妇女运动影

① [美]麦克拉肯、艾晓明等主编：《女权主义理论读本》，广西师范大学出版社2007年版，第508页。

响，如何可能在科学研究中融入政治的同时不但不影响反而促进了研究结果的经验合理性？

正是从认识论层面对这些性别问题的思考开启了女性主义认识论存在的空间。"某些断言，某些立场，某些理论，我们可以对其认识论根据进行批判。这种批判本身不是女性主义的。但是当女性主义政治承诺的背景使得这些断言、立场或理论的功能和/或遗传的缺憾成为可见，这些从认识论上受到质疑的断言、立场或理论能够被认识到是一种意识形态，它们就能够成为女性主义批判的构成部分。"①

哈丁在分类学上区分了三种不同的女性主义认识论：女性主义经验论、女性主义立场论、后现代女性主义认识论。女性主义经验论区分了"好科学"与"坏科学"，并把性别偏见归入"坏科学"的行列，认为通过扩大女性在科学事业中的参与，采取更科学更规范的方法，就能消除这种偏见。后现代女性主义否认一切预设的知识特权，否认任何可区分的立场与经验，解构一切共有的标准，在这种解构的语境中，真正的认识论问题就是一个不存在的伪问题。立场论起源于社会科学中的阶级立场分析方法，既因其从批判的立场强调女性视角的更可取而获得部分女性主义者（特别是后现代女性主义者）的积极支持，同时也因其激进的政治立场而受到部分女性主义（特别是女性主义经验主义者）不同程度的批评。哈丁批评女性主义经验论的保守立场，同时把立场论看作是女性主义认识论有前景的未来，她认为立场论能够合理地解释"在由社会价值和政治议程所指引的研究中，何以能够产生经验上及理论上更合适的结果"而不至于流入后现代主义的彻底的相对主义。② 但是，女性主义立场是否最终能够从理论上

---

① Laur Ruetsche, "Virtue and Contingent History: Possibilities for Feminist Epistemology", *Hypatia*, Winter 2004, Vol. 19, No. 1, p. 81.

② [美] 麦克拉肯、艾晓明等主编：《女权主义理论读本》，广西师范大学出版社 2007 年版，第 517 页。

超越相对主义的陷阱？在第四节中我们可以看到，在这一个问题上，立场论做得并不成功。

第三节　女性主义经验论的辩护

当性别议题进入女性主义认识论的关注中心，女性主义认识论就以一种挑战于传统认识论的姿态出现。作为一种揭示性别关系如何影响知识形成的理论，女性主义认识论有两个理论目的：其一，在批判层面揭示理论形成中的男性中心与性别偏见，证明诸如客观性、推理、理性等哲学主题所隐含的男性气质偏见；其二，在建构的层面为女性主义科学研究做出辩护，证明融合妇女解放与人类平等目标的女性主义科学实践具有合理性。[①] 女性主义认识论的这一理论目标能否在传统继承的概念框架内得到合理解决？海伦·朗基诺、李·尼尔森、南茜·图安娜、伊丽莎白·安德森等女性主义哲学家都持有女性主义经验论的立场，认为在传统经验主义的理论框架内就能合理地解释性别意识形态的认识论偏见并为如何获得无性别偏见的"好科学"提供可行的辩护。

认识论问题在许多时候与科学哲学问题相互重合，对女性主义认识论的讨论有时候就是对女性主义科学哲学的讨论。经验主义是西方科学哲学与认识论领域的一支主流思潮，女性主义经验论以主流经验主义的基本立场为理论出发点，并最终引向用女性主义作为标注的理论补充与说明。因此，在以探讨科学知识的形成与科学发现的逻辑这一意义上，女性主义经验论即可以被看成是一种女性主义认识论，也可以被看成是一种女性主义科学哲学。

---

　　① Helen E. Longino, "Feminist Epistemology as A Local Epistemology", *Proceedings of The Aristotelian Society*, Supplementary Volumes, 1997, Vol. 71.

海伦·朗基诺是持有女性主义经验论立场的一位有影响的哲学家，她所提出的语境经验论从女性主义视角发展了后库恩经验主义理论，给女性主义科学研究描绘了一幅蓝图，"通过像一位女性主义一样从事科学研究获得理想的女性主义科学"①。

语境经验论所谓的语境，是指科学实践置身其中的社会与政治语境。女性主义政治与社会运动，恰恰构成了当代女性主义科学研究的语境。如果科学实践行为中附带的理论价值不可避免地与语境相关，则女性主义科学哲学或者说用女性主义作为科学哲学的限制修饰词也就具有了合法性。朗基诺通过把科学理论置于社会与政治的语境中理解，从而把女性主义关注的性别、种族与阶级等社会与政治议题引入到科学认识的分析轴线中来。

女性主义科学哲学属于后库恩哲学，正是库恩的"范式"概念与科学革命的思想为女性主义进入科学哲学与科学认识论打开了理论的入口。哈丁称自己的理论属于"后库恩哲学"，对这个后库恩哲学更合理的理解应为"后—库恩哲学"，即在库恩之后发展起来的理论。从直接的理论来源来说，哈丁所阐述的立场论与马克思主义有更近的亲缘关系。朗基诺的语境经验论同样可以看作是"后库恩哲学"，但是，此处的"后库恩哲学"应理解为"后—库恩哲学"，即库恩的科学哲学思想向女性主义科学哲学研究领域的理论延伸，库恩提出的科学共同体与范式两个基本概念同样是朗基诺所主张的语境经验论的理论起点。在库恩语境中，科学共同体通过范式定义。科学家团体在具体的科学研究共有学科理论背景与某些共同的价值信念。理论的价值信念是一些具有普适性的价值信念，引导科学家对相互竞争的理论做出选择，其中包括准确性、理论内外的一致性、简单性、解释域与多产性，这些价值构成科学理论的结构性组成部分。与库恩不同，朗基诺

---

① Helen E. Longino, *Science as Social Knowledge*, Princeton University Press, 1990, p. 188.

语境中的科学共同体以具体的社会与政治情境定义，处于不同文化、社会与政治语境下的共同体必将拥有不同的价值信念。朗基诺把这些带有地方性文化与政治特征的价值称之为语境价值，并指出语境价值同样结构化为理论的组成部分。

科学知识的生产者是科学共同体而不是单个的科学家，这意味着共同体的结构特征影响到科学知识的形成。朗基诺讨论了科学共同体的四个特征：表达与传播批判的途径、对批判的领会或反应、评价理论的公众标准、知识权力的平等。科学共同体具有多样性，平等的知识权力意味着所有有资格参与科学研究的共同体都必须获得同样的待遇。共同体不是唯一的，同样，共同体所接受的公众标准也不是唯一的。"并没有一个单一系列的标准刻画出所有的科学共同体"。① 女性主义政治运动产生了一个与传统不同的社会政治语境，同时也形成了一个与以男性为中心的传统科学共同体不同的科学共同体——女性主义科学共同体。

科学共同体所接受的公众标准或价值标准成为科学共同体之所以成其为科学共同体的一个索引，什么样的价值标准构成女性主义共同体的索引？朗基诺综合分析女性主义科学研究理论，把库恩作为传统科学哲学的代言人，相对应地提出了女性主义科学共同体所坚持的六个价值信念：经验适当性、创新性、本体论的多样性、关系的复杂性、满足人类需求的应用性、权力的分散。与库恩提出的五个普适的价值信念相比较，除了第一组经验适当性和准确性有相近的地方之后，其他各组在理论选择中都表现出截然不同的作用（参见表一）。

---

① Helen E. Longino, "Gender, Politics, and The Theoretical Virtues", *Synthese* 104：383—397，1995，p. 385.

表一　　　　　　　　女性主义价值与传统价值的比较表

女性主义价值	传统价值（库恩价值）
经验适当性	准确性
创新性	一致性
本体论的多样性	简单性
关系的复杂性	理论视阈
满足人类需求的应用性	
权力的分散	多产性

1. 经验适当性。经验为辩护理论的合理性提供最根本的证据。女性主义科学家罗斯·布莱尔（Ruth Bleier）、里查德·勒文延（Richard Lewontin）、罗斯·多伊尔（Ruth Doell）都曾经指出，建立在性别偏见基础上的生物学采用了错误的研究设计与不恰当的统计方法，并不满足经验的适当性标准。她们对传统生物学的批判明显求助于经验适当性标准。事实上，这一标准同时为女性主义科学共同体与大多数主流科学共同体共同接受。然而，虽然经验适当性在理论选择中起重要作用，能够影响理论的选择，但是并不能决定理论的选择。

2. 创新性。哈丁的女性主义立场论和哈拉维科学虚构写作都是不同于主流理论的、具有创新性的理论研究。把创新性看作理论价值反映了在新的社会与政治语境下，性别、阶级与种族等女性主义议题无法用主流的理论框架理解，从而要求理论的创新。创新性与外在的一致性完全相反，一致性要求接受与已接受理论不相矛盾的理论。比如，在一个坚持性别压迫的理论体系中，一致性使得理论的接受不可避免地暗示性别压迫的合法性。在社会生物学的传统研究中，男性科学家把女性看作低等生物，并千方百计为这种低等寻求身体构造上的原因，究其根源，正是寻求因循旧习的科学理论与性别偏见相互一致，从而把女性主义的从属本质化。

3. 本体论的多样性。女性主义科学研究强调研究对象个体之间的差异，发展生物学中强调不同生物之间的个体差异，灵长类动物学研究中强调群体之间的个体差异。传统理论也显示差异，但是这种差异是以等级秩序的形式存在，以其中占主导的一方作为标准，凡是不符合此标准的存在就被看作是一种丧失或不完全的存在，因此传统的理论价值在本体论上把差异还原为一，通过主导者的标准来定义其他。与此相反，女性主义强调差异在本体论上的不可还原。

4. 关系的复杂性。女性主义都强调科学研究中各个因素的相互影响，把复杂的相互影响作为理论解释的基本原则。比如，麦克琳托克（Mcclintock）在其科学研究过程中注重与有机体的交流。在社会性别分析中，大多数女性主义都用复杂的社会与文化相互影响的多因果分析模式取代简单的单因分析模型与事实因素分析，从而揭示出性别的社会建构特性。

5. 满足当代人类需求的应用性。实用性的标准强调科学研究计划应该产生应用性的知识，科学理解的潜在作用应该为改善人类的物质生活提供条件。女性主义科学研究关注健康问题、生态问题与环境保护问题，并提出科学发展的方向应该面对人类与社会的需求，特别是应面对在传统上由女性管理的那些领域。

6. 权力的分散。这一价值使得女性主义科学共同体更倾向于选择具有整体性交互影响关系的解释模型，而不是具有主导与从属关系的解释模型。在学科发展中，分散的权力要求平等的对待有能力进行科学研究的参与者。传统科学往往设立很高的学科门槛；控制部分人员进入科学共同体的资格，这种控制同时也限制了女性进入部分科学研究领域的可能。在具体的科学研究中，生态女性主义要求水土保护发展地方性的保护系统、小范围的可持续发展的农业，医药健康事业重点放在加强预防，促进有益于普遍民众的公共卫生系统的发展，而不是只有少数人有权力使用的高成本的医药技术，这些都可以被看作是在理论选择中受到权力分散价值取向的影响。库恩强调理论产生问题与解决问题的能力是理论评价的标准之一，这种多产性价值只能看到科学与技术的应用而不管这种应用是有害还是有益。相反，女性主义在科学发展的社会、政治与经济语境中评价理论，强调理论的价值更应该体现在对生活条件的改变，更应该以人类的最终利益为目标。

朗基诺归结出的女性主义科学哲学范式中隐含的六条价值信念，同时也是其他哲学与思想中所承诺的价值信念，诸如大部分哲学家都认同经验适当性，激进的环境主义者与生态主义者都相信生态系统乃至世界各部分之间复杂的相互影响关系。从何种意义上这些价值信念又可以归结为女性主义理论范式依存的价值信念？对这一问题，朗基诺提出三点依据：

其一，这些特征表达了对世界的女性主义或女性气质的取向，不管是由生物决定还是社会文化影响，女性被认为更注重实用与实在，更关注相互之间的关系与影响，对帮助他人的研究更感兴趣，而女性主义就可以被刻画为在其理论中具有此种属于妇女的思维方式；

其二，相对于占主流的男性，女性属于边缘群体，因此边缘的位置使得女性希望获得改变，从而更倾向于选择这些与主流群体相对立的价值观念；

其三，这些价值在具体的女性主义研究中能够为实现女性主义研究的目的服务。女性主义的理论目的就是揭示出性别以及女性行为的事实，发现社会中的性别偏见与统治的真正面目，而这些理论标准恰能引导女性主义实现自己的理论目的。

通过比较两组价值信念，朗基诺把库恩所提出的理论价值与女性主义所认同的理论价值置于同一个层次。女性主义价值信念与女性主义面临的社会政治语境有关，但是，库恩所言的价值信念同样与库恩所言的科学共同体所面临的社会政治语境相关。从逻辑上而言，传统的科学共同体所信守的信念与女性主义共同体所信守的信念是平等的，谁也不比谁更具有合理性，或者说，谁也不比谁更具有优越的地位。然而，在当代的社会与政治语境下，女性主义所坚持的某些价值标准，从实用上来说更为可取。朗基诺并没有明确地说出这种可取性，但是当她提及女性主义更注意现实问题与应用问题和权力的平等与分散时，这种论述方式显然暗示了女性主义价值的更为可取。

哈丁批判女性主义经验论是一种过于保守的辩护策略，如她所言："作为一种辩护策略，在纯粹的描述意义上，女权主义经验论无愧于'保守的'称号：它保存、保护、保全了对具有智能及政治力量的科学质询的理解；使女权主义研究的结果能够进入传统的知识结构，并且，当传统认识论已经较少被用于证明知识的正当性时，它也会减少这一过程中的障碍。"

如果说"保守"是指与西方主流认识论保持的血缘关系，女性主义经验论确实"无愧于'保守的'称号"。在女性主义经验论中我们可以发现几个关键性的概念：经验适当性、背景理论、理论价值（朗基诺区分为语境价值与结构价值）、科学共同体。这几个关键性概念都源出于后实证主义的新经验主义流派和后库恩哲学理论研究。以经验的适当性作为最终标准用以判断信念与理论的可接受性，这一观点同样是范·弗拉森建构经验主义的理论主旨。因此，语境经验论可以被合理地整合进当代新经验主义流派。①

但是，唯有经验适当性并不能完全决定在竞争理论中哪一个理论更可取。奎因所提出的不完全决定论观点，指出部分的经验事件不足以决定理论是否更可取，因为经验负载理论，什么是经验必须在理论的整体内得到解释，经验也必须以整体的形式成为理论的证据。奎因的这一论点完全为女性主义经验论者所接受。正是因为经验适当性作为第一原则无法完全决定理论的可接受

---

① 成素梅：《海伦·朗基诺的语境经验主义》，载《自然辩证法研究》2009 年 8 月第 25 卷第 8 号，第 120 页。

性，所以，在理论选择的过程中需要引入另外的附加原则——理论的其他附加价值。在这一点上，女性主义经验论成为"奎因的女儿"。①

同样的观察事件可能成为不同的经验解释，而可能形成怎样的经验解释依据解释者所依赖的背景理论。比如，两个不同的人同时看到门前的树桩上挂着一顶灰色的帽子。甲可能会据此判断尼克在屋里，其理由是因为尼克有这样一顶灰色的帽子。乙可能也会说尼克在屋里，其理由是因为尼克总是这样把帽子挂在树桩上；但是，乙也可能说不是尼克而是另外某个人在屋里，因为尼克从来不把帽子挂在树桩上。在这一事例中，甲乙两人依据各自不同的背景信念对同样的视觉景象做出了不同的解释，并进而得出可能不同的结论。

背景理论所依存的整体论观点预示着理论必须在信念之网中获得证明。既然信念之网成为解释理论的最终原因，在同等坚持经验适当性的原则下，我们似乎没有理由拒绝认为女性主义的信念之网比传统的信念之网更不可取。

女性主义经验论与库恩的理论关系更是密切。库恩在评价科学共同体在科学发展过程中的地位时说道："一个科学共同体会尽其所能，使它能精确而细致地处理的资料的汇集得以持续不断地增长……然而，虽然单个共同体会有这样那样的损失，这种共同体的本性提供了实质性的保证：由科学所解决的问题的数量和这种问题解答的精确度都将不断增长。至少共同体的本性可以提供这样一个保证，如果真有一种方式提供这一保证的话。还能有比科学共同体的决定更好的标准吗？"②

尼尔森在谈到女性主义经验论者把科学研究看作一种社会事业时说到："理性的研究是一种社会事业。对于一个理论而言，

① http://plato.stanford.edu/archives/fall 1999/entries/ressell.
② [美] 托马斯·库恩：《科学革命的结构》，金吾伦、胡新和译，北京大学出版社 2002 年版，第 153 页。

任何证据都必须是公开可获得的，在实验条件下是他人可重复
的。个人必需使用由他人发展的工具、方法与概念框架。他们必
须依赖于他人的证据，在自己的感觉经验基础上给出自己的解
释，这些证据如果由他们自己收集，证据费用太高且过于困难。
因此，个人不可能只是依赖他们自己，这种推理与他们所依赖的
经验解释大部分看上去都不是他们自己的，不是一种个人的承
诺，而是一种社会的成就。"①

　　库恩与尼尔森用不同的语言表达了相似的含义，科学研究不
是一种个人的行为而是一种团体的事业。两者不同的是对科学共
同体这一科学研究组织主体的潜在理解。库恩没有对科学共同体
做出进一步的描述，在他看来科学共同体就是一群拥有共同信念
的、以不停地提出问题与解答问题为乐事的理想科学家。当然，
他也不可能否认科学家是有性别的，至于这种性别意识是否应该
成为科学共同体的标记，这一点却是另外的事。

　　经验女性主义从女性主义视角出发对科学共同体做出了更进
一步的探讨。把理性研究看作一种群体行为可以合理地推导出两
个结果：一方面，研究者是处于一定社会关系中的个人，其理论
成果必定带有社会关系的印记，其中包括性别关系的印记；另一
方面，受一定性别与其他关系影响的研究者总是只能获得不完全
的、局限的、部分客观的知识，包括传统的科学知识与女性主义
科学知识都是如此。换而言之，从事科学研究的社会群体意识不
但是科学研究之所以能够进行的理论基石，同时也构成科学研究
中不可排除的偏见。就此观点，库恩显然也不会持有反对意见，
虽然在他的用语中没有用到偏见一词。

　　但是，因为与主流科学哲学与认识论之间的理论渊源而认为
女性主义经验论是一种缺少批判意识的保守立场，这是有失偏颇

① Elizabeth Anderson, "Feminist Epistemology, an Interpretation and a Defense", *Hypatia*, Summer 1995, Vol. 10, No. 3, p. 53.

的。正如"发现的逻辑"提供了对"辩护的逻辑"的批判,女性主义经验论同样倡导对知识的一种温和的理性批判。"因为假说与描述数据的陈述之间存在语义的裂缝,后者只有依据背景信念才能成为假设的相关证据。因此辩护实践不仅必须包括针对数据提出的假说的证明,而且必须包括从各种视角出发对背景假设(推理与数据)的批判。因此,主体间论述的交互影响在研究中附加于与物质世界的交互影响中,成为方法论的组成部分。"①

共同体所共同接受的背景假设以及价值信念既为批判形成提供了场所,同时这些公众的标准也在共同承诺的理论目标(但是,朗基诺所言的共同承诺的理论目标仍是一个有着理论歧义的概念)的指引下历经批判而形成。朗基诺指出,有效的批判需要四个条件:提供批判论述的场所、对批判的领会、形成论述交互影响的公众标准、共同体成员平等的知识权利。知识的本性需要一种建立在这四个条件之上的平等、公平且公正的批判。正是因为传统的男性中心主义认识实践排斥女性价值,忽略女性作为认识者的地位,把女性在从事看护、护理、养育等"爱的劳动"中形成的经验排除在知识认识的领域之外,从而无法达成两性之间获得客观知识的平等的批判语境。

女性主义经验论提倡一种民主的科学,同时也坚持一种改良式的温和的政治立场。科学作为一种事业,所有认识者都应该获得平等的认识机会,这些机会包括平等参与科学研究的机会、提出自己意见的机会、合理地批判他人同时也接受他人的合理批判的机会。当科学能够实现自由主义式的机会平等,就可以称之为"好科学";反之,当科学不是以民主为标准而是以意识形态霸权为主宰时就属于"坏科学"。作为一种辩护策略,女性主义经验论并不排斥科学传统的定义以及科学的传统目标,因而能够为女

---

① Helen E. Longino, "Feminist Epistemology as A Local Epistemology", *Proceedings of The Aristotelian Society*, Supplementary Volumes, 1997, Vol. 71, p. 28.

性主义认识论在主流哲学领域赢得合法的席位；然而作为一种批判策略，女性主义经验论倾向于把男性价值或男性偏见看作认识行为中不可排除的知识背景，只有当这些男性价值拒绝接受平等的批判时才构成为不合理的意识形态偏见。女性主义经验论者对男性中心主义这种温和的态度以及改良式的政治立场显然并不能让持激进观点的女性主义者感到满意。

第四节 "他者"的立场

女性主义经验论从主流科学哲学所探讨的问题与分析范式出发，在主流科学研究允诺的合理性概念范围内探讨女性主义认识的合理性问题，而女性主义立场论从历史学家与知识社会学家的成果出发，用"广义的社会构成和信念的特色模式"理解女性主义研究的知识地位。①

立场论在女性主义认识论中影响深远。女性主义社会学家多萝西·史密斯、南希·哈索克最早从马克思主义的阶级理论发展出社会学研究中的立场论观点；桑德拉·哈丁系统地阐释了女性主义立场论的观点，并把其引申到女性主义科学研究与女性主义认识论领域；女性主义政治学家贾格尔、希拉里·罗斯在阐释自己的理论立场时都持有立场论观点；后现代女性主义者哈拉维提出了置身的知识（situated acknowledgement），女性主义科学哲学家凯勒提出两种思维方式，两人都倾向于立场论的观点。此处主要介绍哈丁所系统阐述的立场论及其遇到的理论批评，并给予粗浅的评价。

女性主义立场论的不同版本，包括哈索克、史密斯、哈丁所

---

① ［美］麦克拉肯、艾晓明等主编：《女权主义理论读本》，广西师范大学出版社 2007 年版，第 535 页。

持有的观点，彼此之间表现为一种家族相似，理论相似点包括以马克思主义理论为出发点、坚持妇女的立场、强调女性经验的重要性、强调"他者"在政治立场与认识论立场上的优越性。哈丁指出了一个在很大程度上不能归结于巧合的有趣现象，立场论理论家们"大多数是独立从事研究而没有意识到其他人的工作"，但是却获得了相似的理论结论，哈丁认为，这在一定程度上意味着立场论的时代已经来临。①

哈丁认为，女性主义经验论只是解决了"科学中的妇女问题"，而女性主义立场论需要回答的是"女性主义中的科学问题"。"自从 20 世纪 70 年代中期以来，女性主义对科学的批评有了这样的发展：从改良主义的立场发展到革命的立场，从分析（这种分析有可能促进我们现有科学的发展）到呼唤转变（这种转变将发生在科学及赋予科学以价值的文化所共有的基础之中）。我们先是这样来发问：'在科学中，妇女的地位将会怎样？'——这就是科学之中的'妇女问题'。现在，女性主义经验提出另外一个问题：'如果把那些与西方的、资产阶级的和男性的计划明显地有着紧密联系的科学运用于解放的目的，那么这是否可能？'——这就是女性主义中的科学问题。"②

立场论的哲学源头可以追溯至黑格尔的主奴辩证法。黑格尔指出，在主奴关系中，主人与奴隶处于不同的社会位置，两者看问题的方法与对事物的认识都相互不同。从奴隶主的立场看奴隶，奴隶懒惰、撒谎、无知且是不完整的人。但是，从奴隶的立场来说，敷衍、伪善、消极怠工恰是他们反抗奴隶主压迫的武器，因而在这一层意义上，他们又是完整的人。

---

① Sandra Harding, "Comment on Hekman's 'Truth and Method: Feminist Standpoint Theory Revisited': Whose Standpoint Needs the Regimes of Truth and Reality?", *Signs*, Winter 1997, Vol. 22, No. 2, p. 389.

② Sandra Harding, *The Science Question in Feminism*, Ithaca and London: Cornell University Press, 1986, p. 9.

马克思、恩格斯、卢卡奇把黑格尔的主奴辩证法发展为"无产阶级的立场"，并用意识形态理论批判资产阶级认识存在的固有局限。马克思区分了资本主义社会中的两大主要对抗阶级：无产阶级和资产阶级。不同的阶级必将形成不同的阶级意识。作为社会的既得利益者，资产阶级只能看到社会合法性的一面，看不到社会的弊端或无视社会的弊端；资产阶级总是会为了维护自己的阶级利益而千方百计地为现存社会的合法性辩护，这种阶级的意识形态必将阻碍他们形成批判的意识，必将局限他们对社会与世界的客观认识。相反，无产阶级在物质上一无所有，所以不存在既得利益，也就不存在维护现存统治的动力。他们处于社会的底层，受统治阶级的压迫与剥削，对社会制度的弊端有更深刻的认识。同时，无产阶级在生产关系中直接从事与物质、自然打交道的体力劳动，能形成与统治阶级不同的生产经验。这种处境与经验都使无产阶级能自觉形成对现有社会与世界的批判意识，形成比资产阶级更客观、更合理的认识。简而言之，马克思主义认识论相信在压迫的社会关系中，压迫者与被压迫者不同的立场形成不同的认识，并且，由于被压迫者在认识上所占据的优势地位，他们能够获得比压迫者更客观的知识。

女性主义者曾一度指出，压迫关系不仅存在于资产阶级与无产阶级之间的阶级对立关系中，而且存在于男性与女性的性别对立关系中。在不平等的性别关系中，男性是压迫者，女性是被压迫者。妇女被局限于家务劳动、处在政治权利的边缘、被限制进入特定的科学研究领域与公共权利领域。不同阶级因其处于社会关系中的不同位置而形成不同的认识，同样，不同性别因其处于不同性别关系中的不同位置也必将形成不同的认识。正是从这一逻辑出发，史密斯、哈索克在马克思主义的阶级分析中引入性别结构与性别分工的维度，指出社会分析与社会认识中具有不可忽略的女性立场。因而，女性主义立场论可以被看作是对马克思主义认识论的直接继承与发扬，将之称为"'后马克思主义'的认识论"是有道理的。

哈丁将立场论引申到科学哲学领域，系统地发展为一种女性主义认识论。在哈丁的理论情境中，与阶级意识的政治立场相比，科学认识的立场其含义有了许多微妙的变化。

什么是立场？"一种立场是一个社会关系中的客观位置。"①

这个位置首先是某种观察位置。这个位置不是某种"在那儿"的位置，而是一种可以流动、可以选择的观察视点。哈丁在后期反驳海克曼的一篇文章中用了一个事例来说明什么是立场。②就好比观察一个插在水杯中的筷子，我们可以从上看、从下看、从左看、从右看，从每一个角度看到的筷子都是不一样的。很多时候水中的筷子看上去是弯的，但是在某一个角度我们会发现筷子是直的，这时筷子回复到其本原状态。光学理论就是建立在对这些异常现象解释的基础之上。同理，理论家们采用种族、性别、阶级、国家等关系观察，在这些关系中不同的立场产生对自然和社会的不同认识。当然，立场也不可能完全决定理论，就好比围绕水杯观察所看到的现象并不能直接导出光学理论。但是，不同的观察立场因为所观察的现象不同，就有可能产生不同的理论。"被主流概念框架排挤到边缘的生活原来可以提供用其他办法得不到的资源，以便更好地描述和解释作为科学和科学研究描述对象的自然关系和社会关系。"③

这个位置同时也是某种思考位置。作为观察位置，"妇女经验"和"妇女言说"都成为科学研究的适合领域，但是这些"经验"与"言说"本身"并不能提供可靠的根据来决定哪些知识主

① ［美］桑德拉·哈丁：《科学的文化多元性：后殖民主义、女性主义和认识论》，夏侯炳、谭兆民译，江西教育出版社 2002 年版，第 202 页。

② Sandra Harding, "Comment on Hekman's 'Truth and Method: Feminist Standpoint Theory Revisited': Whose Standpoint Needs the Regimes of Truth and Reality?", *Signs*, Winter 1997, Vol. 22, No. 2, p. 384.

③ ［美］桑德拉·哈丁：《科学的文化多元性：后殖民主义、女性主义和认识论》，夏侯炳、谭兆民译，江西教育出版社 2002 年版，第 211 页。

张是更优越的。"① 作为思考位置，不同的立场提供了对同一事件的不同认识。例如，在男女约会或家庭生活中，当女性委婉地拒绝男性的性要求时，她的本意是在说"不"，但是男性经常把这种行为看作一种羞涩的调情手段，认为"这是经过她同意了的"；当丈夫不经过妻子的同意强意要求性行为时，他认为这是一个妻子应该承担的义务，但是从女性的立场出发这完全应该被看作是一种强奸行为，一种犯罪。从不同社会群体的利益出发，从不同的政治立场出发，对社会生活与世界经验就会有不同的理解，正是这种差异成为立场得以形成的前提。

女性主义立场论"聚焦于性别的差异，聚焦于女性与男性境遇之间的差异"。② 哈丁后期又把这种差异扩展到民族、国家、种族与文化之间的差异。这种差异包括经验的差异，如不同的生活境遇、不同的工作类别、不同的情感形式都可能形成不同的经验。当然，经验本身并不能自然地作为理论出现，尽管所有女人都有作为女人的经验，但是，这并"不意味着所有的女性都有能力向男性中心论的体系提出最关键的问题"。立场论更强调不同群体政治之间的差异，"努力解释不同的政治格局对于知识生产造成的影响"，"把知识与政治之间的描述关系置于其描述的中心"。③ 在哈丁看来，知识与政治的关系，恰如认识与立场的关系，是不可分割的。女性主义的认识论分析同样不是文化上中立的详尽描述，而是对边缘群体生活经验的理论反思，从这一点上来看，女性主义立场论可谓是符合了科学知识社会学提出的反身性要求。

同时，因为人总是处在各种不同的社会关系中，人的位置可

---

① 〔美〕麦克拉肯、艾晓明等主编：《女权主义理论读本》，广西师范大学出版社 2007 年版，第 522 页。

② 同上书，第 519 页。

③ 〔美〕桑德拉·哈丁：《科学的文化多元性：后殖民主义、女性主义和认识论》，夏侯炳、谭兆民译，江西教育出版社 2002 年版，第 207 页。

以被看成各种关系相互交织交叉的节点。一个人既有性别身份，也从属于某个阶级、某个国家、某个民族。人在社会关系中身份的重叠也造就了人的立场的重叠。同一阶级中的不同性别、同一国家中的不同阶级，都可以形成不同的立场，如美籍非洲妇女的立场、中国少数民族妇女立场。就此而言，立场不是一元的，也不是二元的，而是多元的。

立场不是一个中性词。一方面，不同的立场在认识论上具有不同的优势，受压迫者的立场可以帮助边缘群体获得更客观的知识；另一方面，立场又给认识带来限制，压迫者的立场让主流群体无法看到自身的偏见，忽视社会的弊病。立场论强调从边缘群体的利益以及边缘群体的视角出发思考问题，因为，正是受剥削的社会地位有可能提供一种批判主流的机构体系和概念框架的视角。在接下来的分析中可以发现，正是立场的多元以及赋予压迫者更优势的认识立场导致立场论无法避免滑向一种彻底的相对主义。

"立场论进路不是通常意义上的相对主义或多元主义的方法。"[1] 立场论并不认同客观主义，不承认有独立于认识主体的客观性，不承认人心可以像镜子一样不变形地映照出外在的事物；立场论也不赞同相对主义，否认所有的知识都是相对于主观的、个人的，不承认外在世界怎么样完全由个人感觉给出定论。哈丁把立场论与她不愿意接受的相对主义区分开来的一个方法就是重新定义了客观性问题，提出强客观性的观点。强客观性是相对于弱客观性提出的一个概念。弱客观性把客观性看作是独立于社会、独立于主体、独立于文化，是完全中性的。相反，强客观性承认客观性与政治的相关性。

哈丁区分了两种相对主义：第一种认为如果有客观性，那

---

[1] ［美］桑德拉·哈丁：《科学的文化多元性：后殖民主义、女性主义和认识论》，夏侯炳、谭兆民译，江西教育出版社 2002 年版，第 218 页。

也只是相对的、有条件的；第二种完全否认存在独立于主体、独立于文化的客观性，第二种相对主义事实上与客观主义并没有本质的区别，两者共同持有弱客观性的概念，不同的是，客观主义对人类获得客观性的能力深信不疑，而第二种相对主义则对这种能力持否定态度。在弱客观性的语境下，客观性问题变成了："在客观主义和相对主义两者中，你是站在哪一方？"这一问题把人们置于客观主义与相对主义两者择一的被迫性选择中。哈丁指出，后库恩时期的科学哲学和科学史的发展有说服力地指出客观主义的理想是不可实现的乌托邦。然而，完全把科学看作主观的，没有任何客观性可言的相对主义也不是有吸引力的一种选择。那么，有没有在客观主义与相对主义之间走出第三条道路的可能？这就是强客观性选择第一种相对主义所要达到的目标。

强客观性首先要回答的问题是"什么是客观性"，而不是"怎样才能达到客观性"。什么是客观性？哈丁批判传统的观点把客观性与政治相互分离，她指出，认为政治对科学的客观性只会起到破坏与毁灭的作用或把科学非政治化，恰恰是因为无法正确认识科学与政治的关系造成的。例如纳粹科学，在反对者看来是因为政治与权力干扰科学研究的典型，但是，纳粹科学正是通过把科学非政治化的手段，把人类必不可少的利益问题还原为科学和医学问题，把犯罪、贫困、性与政治的区别还原为用外科和医学的语言来描述。正是非政治化的客观性为纳粹科学提供了强有力的武器。强客观性的立场承认科学无法排除认识者所持有的政治立场的影响。因为认识本身不可避免地带有认识或认识团体的政治烙印，这就要求对认识者所处立场进行考察，要求考察科学研究与认识理论中的价值、利益与研究偏好等问题，如此，方才有可能达到强客观性——最大化的客观性。

女性主义立场论源起于马克思主义阶级理论，但其所坚持的立场在其含义上又不同于马克思主义的阶级立场。哈丁在辨明什

么是立场论时提出立场论的六点特征:

1. 不仅涉及边际生活,而且需要以边缘人的生活为起点开展研究。

2. 从边缘生活开始思考问题,并不需要我们像边缘人一样的理解问题与表述问题。主流也能学会从边缘人的立场开始思考问题,就如同男性也能学会从女性的生活开始思考问题。

3. 没有必不可少的边缘化生活。

4. 意识不是由社会地位决定的,男性也能成为女性主义者。

5. 不同于传统的认识论、科学哲学、知识社会学和科学研究方法。

6. 不是有害的相对主义。

虽然哈丁界定女性主义立场论起源于"黑格尔对主人和奴隶之间关系的洞察,以及在领会黑格尔之中由马克思、恩格斯和卢卡奇发展而来的无产阶级立场。"① 但是在哈丁立场论的六条特征中,至少其中前四条是一个真正坚持马克思主义阶级立场的研究者要为之犹疑的观点。

比如,在社会意识与社会存在的关系问题上,马克思本人曾经明确提出:"不是人们的意识决定人们的存在,相反,是人们的社会存在决定人们的意识。"②

把马克思阶级意识形态理论精致化的卢卡奇则说道:"阶级意识抽象的、形式地来看——同时也就是一种受阶级制约的对人们自己的社会的、历史的经济地位的无意识。"③

马克思主义阶级理论认为无产阶级立场是与无产阶级意识相一体的,什么样的立场形成什么样的意识,这种意识与无产阶级

---

① [美]麦克拉肯、艾晓明等主编:《女权主义理论读本》,广西师范大学出版社 2007 年版,第 519 页。

② 马克思:《"政治经济学批判"序言》,《马克思恩格斯选集》第 3 卷,人民出版社 1972 年版,第 82 页。

③ [匈]卢卡奇:《历史与阶级意识》,杜章智、任立、燕宏远译,商务印书馆1992 年版,第 106 页。

所处的社会境遇密切相关。对于一个处于资产阶级位置的有产者而言，能够以与违背自己利益的方式思考问题，这即使有可能也是极为罕见的；同样，一个小资产阶级即使由于其利益有可能形成批判资产阶级的立场，这种批判也是不彻底的。与此相反，女性主义立场论认为女性主义立场与女性的处境、社会地位以及群体利益并没有本质的关系，性别"意识不是由社会地位决定的"，也正因为如此，男人可以是一个女性主义者，而女人不一定是女性主义者。对这一观点，许多女性主义者存疑。

但是，哈丁在为女性立场辩护时又从马克思主义理论中寻找灵感。"所有寻求知识的努力均定位于社会环境中，其中某些客观的社会位置比其他位置能更好地作为知识研究项目的出发点。"妇女的位置恰好就处在这一更好的出发点位置。

为什么妇女的立场会更好？妇女不同的生活区域与工作环境使其形成不同的经验，妇女受压迫的社会地位使其形成批判的视角。男性作为统治阶级，主流知识体系就是以他们的视角、以他们的经验为主体建构起来的，然而，他们作为既得体系的受益者，只有可能形成保守的立场而无法获得批判的思维。"比起仅仅从科学技术变革中受益最多的群体的角度认为合理的分析来，有关科学技术变革会不会和怎样起作用的这种边缘生活的立场，可以导致更客观的描述……从更客观的立场来看，胜利者对时代的命名可能不是最准确的。以失败者的生活为出发点，可以系统地扩展我们的知识。"[1] 这一论证策略，明显是马克思主义阶级立场的论述逻辑，同样假定作为统治者必将受到主流意识形态的影响而无法形成客观的认识。

在理论上与马克思主义阶级立场的分离使得女性主义立场论不得不面对马克思主义理论可以逃避的相对主义指责。

---

[1] 章梅芳、刘兵：《性别与科学读本》，上海交通大学出版社 2007 年版，第 95 页。

当哈丁区分了两种不同的相对主义，拒绝第二种相对主义而选择第一种相对主义时，她认为第一种相对主义"不是有害的相对主义"。然而，女性主义立场论在理论上所面临的最大哲学问题与认识论问题恰恰是其方法中所允诺的彻底的相对主义归谬。

理论的归谬首先归结为立场的归谬。① 在阶级的分析轴线之后引入性别、种族与国家等不同的分析轴线，但是，表现为压迫的社会关系只存在于这些社会关系之中吗？哈丁提供了以不同性别、阶级、文化、种族、国家、地域来界定的不同立场，但是为什么我们就认为差异与压迫只存在于这些关系之中？从"女性主义理论聚焦于性别的差异，聚焦于女性与男性境遇之间的差异"，到"包含了其活动分别由阶级、种族、性别、人种、历史时期和文化背景决定的群体"，再进一步扩展，差异还可以包括不同年龄、不同学历、不同工作，直至每一个有着不同人生境遇、经验与感受的个体。"立场的增生过程可以一直持续直到两个可能的结果：或者是每个人的独一无二的社会境遇保证了他或她个人独一无二的立场，或者被压迫者的身份必需被认识到是最有优先权的立场，因此可以排除其他理论的边缘批判，"② 纯粹的个人立场除了能够讲述个人的传奇故事之外不可能产生任何理论，不可能有超出个人经验的普遍断言。"如果我们从立场论的多元政治得出逻辑结论，一致的分析是不可能的，因为我们有太多的分析轴。最终，每一个妇女都是独一无二的。如果我们分析每一个妇女的唯一性，系统的分析将变得不可能。这就是女性主义的政治：我们甚至失去了谈论某种妇女群体的能力。"③ 当客观主义以本质主义的方式把妇女的从属与服从理解为一种导源于自然秩序

---

① Diemut Bubeck, "Feminism in Political Philosophy: Women's Difference", *Feminism in Philosophy*, Cambridge University Press, 2000, pp. 185 - 201.

② Ibid. , p. 188.

③ Hekman, "Truth and Method: Feminist Standpoint Theory Revisited", *Signs*, Winter 1997, Vol. 22, No. 2, p. 359.

的本质属性，这显然对女性主义寻求妇女解放的政治目标是一种阻碍，而彻底的相对主义除了提供一种彻底的批判外，同样无法为女性主义政治目标的合理性做出辩护。立场论试图超越客观主义与相对主义的无奈对立而走第三条道路，但这第三条道路似乎并不是一坦平阳。

立场论者认为有一种体系、有一种立场对知识生产的事业更合适、更有效，这就是受压迫者的立场。借此策略，立场论试图脱离相对主义无立场的理论困境。但是即使加上有更可取的立场这一规定，立场论同样必须面对认识上的归谬。如果我们接受压迫者的"他者"立场总是更可取的立场这一观点，女人相对于男人是"他者"，因此女性立场为理解世界提供了更可取的视角；同样，黑人女性相对于白人女性是"他者"，因此黑人女性为批判白人女性把自己面临的问题普遍化提供了更可取的立场。接下来，依据同样的道理，谁又将反对黑人女性把她们所面对的问题普遍化呢？根据立场归谬同样的逻辑，立场论不得不面对这一认识上的归谬。解决这一认识归谬的最终方法将不是靠证据、理论或经验事实的支撑，而是靠政治上进行的认定来决定什么样的群体可以拥有优先立场。至于这种政治认定是采取暴力征服的形式或民主约定的形式，这一问题却没有在立场论的问题域中出现。

哈丁所坚持的立场与其说是由女性不同的认识经验带来的不可抹去的痕迹，不如说是认识者选择的一种为之辩护的政治立场、一种以"他者"为中心组织理论的方法策略。这种政治策略必须以民主作为保证。正如哈丁自己所言："是谁来实施这一'开始'呢？带着这一问题，我们明白，寻求知识必须同时有民主的、参与的政治。否则，只有那些在寻求知识的体制中占据主导地位的性别、种族、性征和阶级中的精英才有机会决定怎样开始提出他们的研究问题，而我们有权怀疑那些事实上应当受到质问的历史定位。"①

重视"他者"的经验，考虑"他者"的利益，让"他者"发现自己的声音，这些策略都使得"他者"能通过与主流的交流和对话而逐渐从边缘走向中心。同时，当主流学会从"他者"的经验中反思、考虑"他者"的利益与立场、从"他者"的理论中发现自己的偏见与缺憾，这本身就是以主流放弃自我固守的利益与价值标准，放弃本身的立场与偏见，并承认自己在认识上的失败为前提。但是主流为什么要放弃自己的立场与利益呢？只是因为发现"他者"的立场更可取、更能获得客观的知识吗？难道"他者"不是相对于主流才成其为他者吗？而且，当主流都学会了从"他者"的立场看问题，则"他者"立场就成了主流立场，主流立场就成了他者立场，如是，我们似乎又从跷跷板的这一头滑到了跷跷板的那一头，这时，我们又应该选择怎样的立场呢？为了不至于陷入这种认识论的悖论，除了政治上的民主，还必须最终放弃在不同立场之间设立价值原则，不认为某些立场因为某一原因具有认识论的优越性。

因差异导致的忽视与误解可以通过交流与对话、理解与沟通获得有效的解决，在后殖民时期的多元政治与全球化语境中，正是民主的政治使得各利益群体之间有可能进行对话。客观性知识形成的政治基础不是对抗而是合作，不是把社会等级幻化为利益与价值等级，而是在放弃价值与利益的前提下进行平等的对话与交流，沟能与理解。放弃了在不同立场之间人为赋予的价值等级，女性主义立场论与女性主义经验论之间就获得了可以协商的理论基础。至少，两者同样地认同有某些属于女性主观的因素影响了我们的认识行为与知识构成，而这种主观因素不管是以立场的形式还是以背景理论的面目出现，都并不构

---

① ［美］麦克拉肯、艾晓明等主编：《女权主义理论读本》，广西师范大学出版社 2007 年版，第 523 页。

成根本上的对立。重要的是，两者的目标都是让带有女性主义标记的认识能够在知识领域获得属于自己的合法地位。最终，"他者"立场的优势不是因为他者处在更优势的认识位置，可以获得更客观的知识，而是因为"他者"的立场提供了可为之对话与交流的语境。

第五节　多元与断裂：后现代女性主义的认识论反思

"作为一个女人意味着什么？"从对这个问题的不同态度以及不同回答中，我们可以发现不同女性主义流派之间存在的不同理论旨趣。自由主义女性主义者相信人生而平等，对于她们来说，"作为一个女人"意味着充分发挥女性作为人的潜能，追求与男人同等的权力、机会与竞争力。对于文化女性主义者来说，"作为一个女人"意味着社会文化与习俗规定并限制了女人的行为，因为女人从文化上被定义为以满足父权制社会中的男性利益为目的。后现代女性主义不是为问题寻找直接的答案而是分析问题的基本结构，在她们看来，"作为一个女人意味着什么"这个问题首先预设了有某种属于"女人本质"的东西，但是，如果说并不存在某种对所有女人来说"共有的本质"，那么这就是一个没有答案或说没有唯一答案的问题。再者，是不是有可称之为女人的某一类人，或说是不是可以按照某种标准把人分为女人和男人，这也是值得斟酌的。如果根本不存在与男人相对的女人，也就没有所谓的"作为一个女人"之说，更不会有"作为一个女人意味着什么"这样的问题。在后现代女性主义的语境中，"作为一个女人意味着什么"是一个无意义的伪问题。

后现代女性主义与后现代主义具有直接的亲缘关系。从起源时间上来说，后现代主义比女性主义思潮要晚，但是，第二波女性主义思潮与后现代主义在同一个时代进入高潮并有着亲密的接触，而第三波女性主义多数可以被看作是女性主义与后现代主义结合诞生的后代。后现代主义在反传统、反现代、反本质方面无疑对女性主义都充满诱惑，两者在许多问题上可以达成共识：其一，反对本质主义。女性主义把社会性别看成是社会的建构的，是父权制文化作用的结果，因此，社会性别就不是本质的，而是流动的，可以改变的；其二，反对沿自笛卡儿传统的二元对立的等级模式，反对划分理性/感情、文化/自然、男性/女性、精神/物质二元对立的思维模式；其三，批判科学技术的价值中立思想，认同权力与知识的相互作用，承认科学认识中不可忽视的政治痕迹，并要求重新定义话语权。

同时，后现代主义哲学也为女性主义事业提供了理论支撑。比如，德里达对西方哲学传统的"逻各斯中心主义"地解构，反对在理性统治下的宏大叙事，强调差异与多元；德勒兹提出"根状茎"思维方式，这种思维方式就像没有主根的、均匀分散的树—根结构，没有等级体系、非地域化的、广为发散的网状结构。这些思想所导致的结论都与女性主义反对建立在两性区分上的性别压迫、追求两性之间的平等这一政治目标相一致。可以说，在反对以男性为代表的理性统治和性别等级对立这一层面，后现代主义在成就女性主义对父权制的批判事业，在批判本质主义、科学的价值中立与技术的工具性观念这一层面，女性主义可以被看作是后现代主义的潮流之一。

回归到认识论问题，在对待"是否可以认识世界"这个问题之上，后现代主义不是修改传统的认识论标准（如经验论与立场论一样），而是直接否定了认识论的最核心基础，不承认有任何形式的客观性存在，不承认有任何形式的真理或有可获得普遍认同的知识。

后现代主义的代表人物利奥塔在《后现代状况：关于知识的报告》一文中将后现代定义为一种"针对元叙事的怀疑态度"和

"多种多样的正义"。① 一个故事可以恰当地表达出这种怀疑态度
是怎样一种无可奈何的态度。一个男人爱上了一个非常有教养的
女人，但是他却不能告诉她说"我疯狂地爱着你"，因为他知道
这个女人的前男友芭芭拉·卡德兰德曾经对她说过这句话（女人
也知道，这个男人知道卡德兰德曾经对她说过这句话的这一事
件），她的前男友却背叛了她。当然，这个男人可以说，"就像卡
德兰德那样，我疯狂地爱着你"。但是即使他如此说了，在一个
失去了信誉的年代，她会相信他的话吗？如果她没有办法判断他
是真正的爱她还是如卡德兰德那么"爱"她，她所能相信的也就
是他曾经说过"我疯狂地爱着你"这一句话了。科学与浪漫有时
候就好比一对"无辜的双胞胎"，当我们无法相信真实的爱是否
存在，我们能够相信的就只有某人所说过"我疯狂地爱着你"这
一句话；同样，当我们无法相信科学是否就是真实存在的事实，
我们所能相信的就只能是讲述科学故事的理论描述。

　　在一个"真理失去了信誉"的年代（正是后逻辑实证主义与
后库恩哲学把真理推向失去信誉的年代），当我们无法确定真理
是否出现，我们所能够相信的也只有表达词与物之间关系的论
述。这或许正是后现代女性主义唐娜·哈拉维提出科学"叙述理
论"（narrative theory）的根据。哈拉维认为，科学就是讲述故
事，科学的变迁就是科学讲述故事的方式发生了变化。她认为
"灵长类动物学是另一种意义上的政治学"，随着社会秩序的变化
可以产生新的生物学。② 当放弃了历史上关于科学、真理与客观
性的主流话语与成见，把科学看成是一种文本，一种语言述说，
所有以真理与客观的名目为父权制统治作辩护的本质主义解释都
将受到质疑而不再具有合法性。同时，在女性主义政治运动的影

---

　　① 李银河主编：《妇女：最漫长的革命》，生活·读书·新知三联书店1997年
版，第132页。
　　② 吴小英：《科学、文化与性别：女性主义的诠释》，中国社会科学出版社2000
年版，第130—133页。

响下，当社会发生了变化，我们有必要采用不同的方式对女性做出描述。

彻底怀疑传统概念中主体的统一性是后现代主义的另一个标记。在传统哲学主流中，认识与实践的主体总是以男性的面目出现，因此，认识与知识也就不可避免地带有了男性的印记。后现代主义批判传统主体具有的暴力与非理性特征，这显然对女性主义解构父权制男性主体富有启示意义。

勒维纳斯区分了两种哲学，一种以主体为中心，主体通过对"他者"的征服，把"他者"还原为"同一"，最终走向自律的哲学；另一种他律的哲学，保留"他者"的独立性，承认与主体有区别的、不同的实在，承认有"绝对的他者"，"他者"具有比主体能够认识的更多的内容，也是主体不能够统治的。勒维纳斯他律哲学的思想对女性主义思考两性关系具有重要的启示。在父权制文化中，主体等同于男性，女性则如波伏娃所言沦为"他者"。既然主体与他者的关系并不必然以主体为中心，主体在地位上并不见得凌驾于"他者"之上，那么以男性为中心的性别结构也就并不是社会的真实状况。在此基础上，法国后结构主义女性主义者伊丽格瑞提出"他者主体"的概念，认为男人与女人虽然不同，虽然存在生理上的差异，但是女性完全可以成为与男性在地位上平等的"主体"，成为"他者主体"。

当"他者主体"以与主体平行的面目出现时，女性在颠覆与重建父权制文化中就能获得合法的身份。但是，"他者主体"同样无法解决妇女内部的多元身份问题，而后现代女性主义需要解决的一个中心问题就是如何理解妇女的多元身份。这一问题最早出现于女性主义第一次浪潮时期。1848 年，在美国纽约塞纳卡瀑布召开的一次女性主义者聚会上，面对会议上的白人中产阶级女性以"我们"的身份发言，黑人妇女索朱娜·特鲁斯第一次提出疑问："我不是一个女人吗？"当时在她的国家奴隶制还是合法的，女奴不但因为是一个女人受到压迫，更因为是一个奴隶受到压迫。在第二次浪潮中，当弗里丹、米利特等白人中产阶级女性主义者以"我们"的名义写作时，非裔美国妇女、亚洲妇女、拉丁妇女等少数群体的妇女也提出同样的问题："我们妇女不是妇女吗？"无论是中产阶级妇女，还是欧洲妇女，当她们批评男人忽视女性并以他们的经验与认识代表整个人类的经验和认识时，她们自己也正在以"我们"的名义来代表所有女性说话，这时候她们显然也正处在她们自己所批判的位置。后现代女性主义提出用复杂的社会身份取代女性气质的性别身份，社会身份包括性别、阶级、种族、年龄、性取向等各种相关因素，而性别身份只是其中的一项。认识到影响认识行为的认识主体的社会身份的多元与复杂，正是后现代女性主义与传统女性主义不同的地方。

以主体的身份说话意味着剥夺保持差异的权力。当妇女既不愿意作为一个被男性中心思想污染、具有压迫者标记的主体出现，也不愿意成为被压迫的他者时，唯一的选择似乎就只有放弃主体这一概念。对女性身份的另一种理论进路表现为彻底颠覆建立在男女二元对立基础上的性别结构。美国女性主义者朱迪斯·巴特勒把自己标记为"后结构主义"，她完全不接受主体的概念。沿着雅克·拉康精神分析的思路，巴特勒认为通过否认与压制对母亲的依赖，主体已经完全被构建成男性的了，"而成为这种模式的主体，当然不是女性主义的目标。"① 并且，任何把自己标明为主体的行为其实都是一种虚伪的政治行为，因为主体作为与非主体的对立，意味着排斥，而这种排斥本身就是政治的基本特征。主体概念就是传统二元论语境下的产物，当消解了传统的二元对立思维，自然也不存在主体与非主体的二元对立，不存在男性与女性的二元对立，而性别身份也就可以被收入二元论历史博物馆中封存。

---

① 冯俊、高宣扬等：《后现代主义哲学讲演录》，陈喜贵等译，商务印书馆2003年版，第126页。

哈丁把女性主义立场理论与后现代女性主义做出了区分，但是二者之间的关系却是微妙的，很多时候后现代女性主义更愿意把立场理论看作是自己的家族成员。南茜·弗雷泽（Nancy Fraser）和琳达·尼克尔森（Linda Nichlson）把后现代女性主义标记为："用多元的、复杂的社会身份的建构概念取代妇女的、女性的社会性别身份的单一概念，把性别看作与其他身份相关的部分，这些身份同时包括阶级、种族、伦理、年龄与性取向。"① 在此意义上理解后现代女性主义，立场论显然属于其中的一员。

哈丁在总结后现代女性主义的观点时指出，"这种方法要求将现代生活所创造的零碎身份——黑人女性主义者、社会主义的女性主义者、有色女性等都包容进来，作为探索的有效基础。在我们反对危险地虚构自然化的、本质化的和唯一的'人类'（读作'男人的'）以及以这种虚构为基础的歪曲和曲解过程中，它要求寻求一种统一性。"② 而以何者为基础达成这种统一性似乎并不能在女性主义内部获得一致认同。事实上，立场论也可以被看作是寻求对这些多元身份获得统一性理解的一种尝试。

后现代女性主义与立场论"仅仅就女性主义的宣称是基于这些现代零碎身份之间的统一性和它们所创造的政治之间的统一性来说，它们也是更合理的和更少歪曲的。"③ 在对待传统的认识论问题上：两者都延续怀疑主义的思路，反对主客观分离的镜像认识论，批判传统认识论在认识过程中找不到认识者的位置，并把具有上帝身份的认识者还归为具有七情六欲的人的身份；两者都批判建立在父权制阳具逻各斯中心基础上的、有偏见的、部分的传统知识观念，而寻求对世界非中心的、多元的、非部分的知

① Miranda Fricker, "Feminism in Epistemology: Pluralism without Postmodernism", *Feminism in Philosophy*, Cambridge University Press, 2000, p. 148.

② Sandra Harding, *The Science Question in Feminism*, Ithaca and London: Cornell University Press, 1986, p. 28.

③ Ibid.

识；两者都把认识者定位于世界某一具体位置、某一立场，后现代主义更是把人的差异定位到认识过程中的每一具体时段，认识者的身份就如古时代的游牧民族，总是随着时间变化在不同的地方游移；两者都寻求更客观、更合理、更少歪曲地理解建立在多元身份与多元政治基础上的知识，要求探明知识论述中权力运行的轨迹。

对于现实的理解，可以说后现代主义与女性主义立场论有着共同的意识，而对于希望共建一个尊重彼此性别差异与文化差异的民主未来，两者之间也可以结成彼此满意的联姻。然而，在认识的客观性与知识的可比性问题上，女性主义立场论试图与后现代主义分道扬镳。后现代主义完全放弃客观性标准，否认不同知识之间存在可以衡量的标准，就此而言，后现代主义是反认识论的。利奥塔把知识还归为一种纯粹的语言游戏，语言游戏遵从的规则是"地域的"（·Local），不承认有任何超地域的理性和标准。"利奥塔的地域性观念不是文化的地域性，甚至也不是社会群体的地域性。他告诉我们，一个既定语言游戏的规则，其权威只在于当前游戏者的暂时认同……在此，'语言游戏'指的是某种短暂的、自愿接受的——更近似如一次单一的会话，而不是延续的、历史的、稳定的论述实践。"①

女性主义立场论不是取消客观性，而是重新给客观性划定边界。哈丁提出用强客观性取代弱客观性，而强客观性包含了对认识者所处位置和所持有的政治立场、利益与背景信念等等因素的分析。并且，不同立场之间并不是平行的、不可比的关系，受压迫者的立场因为更少受到意识形态与阶级利益的束缚，因此在认识论上具有优先权，能够获得对世界更客观的认识。但是立场论这一逃避虚无相对主义的策略显然并不是成功的，因此，立场论

① Miranda Fricker, "Feminism in Epistemology: Pluralism without Postmodernism", *Feminism in Philosophy*, Cambridge University Press, 2000, p. 149.

往往难逃被贴上后现代主义标签的命运。

后现代女性主义把认识论问题还原为政治问题，而从政治上对后现代女性主义的批评主要源自两个问题。

第一个问题：妇女运动的合法性问题。

坚持多元的社会身份，同时又反对主体的中心化，女性主义的政治目标——妇女解放的计划将以谁的名义来实行？正如塞拉·本哈比所提出，如果没有现代主体概念所提供的对行为、自主性和个性的调节原则，那么，妇女的解放计划是否可以想象？[①]任何的行动似乎都预设了行动的主体，妇女的解放这一妇女共同的行动目标不也正是预设了妇女这一行动主体吗？所以，持怀疑态度的女性主义者发出疑问，为什么在妇女的自我意识刚刚觉醒的时候，在妇女为了共同的目标相互联合起来的时候，在妇女正逐渐努力成为现代西方行动与思想意识上的主体的时候，后现代学院派哲学却发现有必要对主体观念进行"解构"？

尽管女性主义批判传统的主体是男性的，女性主义不需要成为男性的主体，但是，是否应该选择如伊丽格瑞所言的"他者"主体？巴特勒认为，正是有效的政治行动假定了一个稳定的主体，这本身就是一种虚伪的政治行为，主体通过排斥设定自己的界限，并且这种排斥通过伪装避免了政治的审视。但是如果缺少妇女主体的定位，女性主义还成其为女性主义吗？毕竟，女性主义不同于种族主义。当性别只是阶级、种族、年龄等各种社会身份中的一种且并不具有任何优先性的标记符号时，妇女的身份就不具有任何优先性，同样妇女的问题也将不具有任何的优先性，这是否与女性主义的初衷背道而驰？后现代主义在解构主体的同时解构了"妇女"这一刚刚形成主体意识的群体，这是否就是女性主义所追求的？就此而言，后现代女性主义最终的走向似乎预

---

① 冯俊、高宣杨等：《后现代主义哲学讲演录》，陈喜贵等译，商务印书馆2003年版，第124页。

示了女性主义这一主题本身的终结。

第二个问题：理论与现实的差距问题。

女性主义思想直接产生于女权运动。从第一波女性主义争取选举权、教育权与法律权到第二波女性主义争取社会领域中的平等机会，从沃尔斯通夫斯特的《女权辩护》到弗里丹的《女性的奥秘》，女性主义理论一直源起于女性的日常生活经验与日常意识，一直对女性主义运动具有指导意义。在女性主义政治运动的影响下，妇女研究成为了一个专业学术研究领域，并得到越来越广泛的承认。

后现代主义从一定的意义上来说，属于纯粹的学术研究。同样，后现代女性主义更多关注于学术的争论，而与女性主义政治实践离得越来越远。在后现代女性主义的理论论述中，主体、差延、解构、表演、象征等后现代的专业词汇频繁出现。因此，有女性主义者批评，后现代女性主义理论过于深奥与抽象，是大多数的妇女所不能理解的。而脱离妇女多数群体的理论是否能对女性主义政治运动起到积极的作用，这一点是很值得怀疑的。如何超越后现代的纯学术争论而走向一种建设性的理论构建，这也是后现代女性主义需要解决的一个课题。

第六节　女性主义与实用主义的对话

作为学术研究领域的"新潮流"，女性主义不可避免地面临与各主流学术流派的碰撞与交流。女性主义经验论接受传统认识论研究的范式，在后实证主义与后库恩哲学的语境中探讨女性主义认识论议题；女性主义立场论从马克思主义阶级理论中获得启示与吸收养分；后现代女性主义源出于后现代主义与后结构主义思想；而女性主义与实用主义的结合也就是女性主义认识论自我反思后一种新的理论取向。

女性主义认识论的一个中心议题就是重新定义传统认识论的边界，对此，科德（Code）从形式上对传统认识论与女性主义认识论作了比较。[①] 传统认识论的基本模式可以用一个形式化的公式来表达——"S知道那个P"（S knows that P）。在这个公式中，S是持有信念的主体，而P是持有信念的命题内容，通过研究与实践，S与P之间具有"知道"这一关系。这一认识论的形式包含三个假设：第一，假设S与P的完全分离，两者是完全独立的东西，彼此之间没有任何关系。第二，假设认识主体S是一个没有性别、阶级、种族等社会身份，也没有历史与情感的抽象的认识者。第三，假设"所有的人都用同样的方法看所有事情"，在这种方法下，所有的P对任何S来说具有相同的内容。

科德进一步指出，这三种假设都是经不起批判的，她认为用"S知道P"（S knows P）这一认识论模式取代"S知道那个P"（S knows that P）的认识论模式更为合理。在前者中，S与P不是间接的反映关系，而是在实践语境中的相互影响关系，S不是匿名的，而是处在某一"符号、文化和社会结构与习惯"中的具体的人，也是有性别的人。女性主义生物学研究指出，传统生物学中的S明显的是男性，女性主义认识论指出S具有性别、阶级、种族、国家等各种社会身份，是处于一定社会性别系统中的男性或女性。

在"S知道P"这一认识论模型中，科德把S还原为置身于具体历史、社会与文化中的个人，并且把认识理解成一种行为与过程，在实践与行为中把握S与P的"知道"关系。在与世界的相互关系中理解认识者的认识行为，从而把握认识的本质，这正是实用主义所强调的理论中心。科德对传统认识论形式的修改版在女性主义认识论与实用主义之间架起了一座桥梁。

---

① Kathrin Hoenig, "Relativism of Anti-Anti-Relativism?" *European Journal of Women's Studies*, 2005, pp. 407 – 416.

实用主义与女性主义在许多问题上可以心心相印地达成共识。同样作为一种从现实与实践出发的哲学理论,实用主义对女性主义的启示来自几个方面①:

其一,在对待哲学与形而上学的问题上,实用主义"不是喋喋不休的讥笑形而上学,而是从其中提炼出能给予宇宙学和物理学以生机和光明的思想精髓"②;同样,第二波女性主义运动大大地改变了妇女的生活与思想,这一历史语境要求女性主义哲学关注女性主义在社会与政治实践中所取得的思想成果,并为创建两性平等的新社会这一政治目标服务。因此,在历史的语境中,两者都意识到"不只是修订哲学具体的理论与立场,而是在复杂的、变化的世界中批判地重新评价哲学的作用。"③

其二,两者都试图超越传统哲学的局限,重新定义人类的价值与意义。早期的实用主义者詹姆士强调认识中情感的作用,提出一个人的气质决定他的哲学。女性主义哲学提出意义与价值在一个先在的性别等级社会中建构,因此,人类的意义与价值必须置于具体社会情境中理解,并且必须考虑性别因素才能得到充分理解。

其三,二者共有一个主题——从认识论上对二元论的批判。早期的实用主义者杜威批判沿自古希腊的西方哲学传统,在理论与技艺、理性与经验、求知与做事之间设立认识论的断层,把动脑的求知置于高高在上的位置而轻视动手的技艺工作。杜威认为这种二元思维的模式是前科学、前技术、前民主时代的精神遗留物,不符合当今科学与民主的时代精神。女性主义者希拉里·罗斯在《手、脑和心:自然科学的女性主义认识论》中则指出,认

---

① Phyllis Rooney, "Feminist-Pragmatist Revisionings of Reason, Knowledge, and Philosophy", *Hypatia*, Spring 1993, Vol. 8, No. 2.

② 赵敦华:《现代西方哲学新编》,北京大学出版社 2001 年版,第 47 页。

③ Phyllis Rooney, "Feminist-Pragmatist Revisionings of Reason, Knowledge, and Philosophy", *Hypatia*, Spring 1993, Vol. 8, No. 2, p. 16.

识行为中应该整合考虑的不但有手与脑的因素，还有心的因素。事实上，在许多的认识活动中，我们都通过心与世界打道。女性所从事的看护、育儿等大部分工作都要求有爱心与情感的付出，都属于"爱的劳动"。① 实用主义指出在脑与手之间不应该设立认识论的断层；同样的，女性主义指出女性与心相连的经验要求女性主义认识论不但要超越对手与脑的分离，还要超越理性与情感的分离，寻求对手、脑和心的统一理解。

其四，两者都"落足于过去与未来之间"。女性主义与实在论都相信人类有目的地改变行为是可能的，并且，哲学能够为推动这种改变发挥作用。这一认识来自女性主义运动实践。经过第二波女性主义不懈地斗争，妇女从形式上在法律、就业、教育等很多领域都取得了与男性平等的权力。然而，虽然性别不平等在形式上有一定的改观，但是潜在的性别歧视并没有得到显著改变，政治领域仍然是男性拥有绝大多数的决策权，科学技术研究部门仍然是男性主导，高层管理、高薪工作岗位仍然是男性占据绝对优势。这种种问题都要求女性主义进行更深入的哲学思考，而且这种哲学思考不是为了"解释世界"，而是为了"改变世界"，为了"一个更好的未来的预言"。

来自经验研究的伤害必须反加到对经验研究的批判，来自理论的伤害必须返回到对理论的批判，来自认识行为的伤害必须返回到对认识行为的批判。实用主义的要求使女性主义研究应该致力于"根除科学研究中性别、种族和其他压迫系统的有害影响"，因为，正是性别偏见"这种影响存在于科学研究的各个方面，从实验室到实验室，从科学研究项目到科学研究项目。"②

在《超越认识论：女性主义科学研究的实用主义进路》一书

① Hilary Rose, "Hand, Brain, and Heart: A Feminist Epistemology for the Natural Sciences", *Signs*, 1983, Vol. 9, No. 1, pp. 73-90.

② Elizabeth Potter、Moira Howes、Nancy McHugh、Sharyn Clough, "On The Very Idea of A Feminist Epistemology for Science", *Metascience*, 2006, p. 21.

中，克劳格（Clough）分析了传统女性主义认识论所面临的问题，并吸取了戴维森与罗蒂的新实用主义思想，把其运用到女性主义认识论研究中。① 克劳格指出，女性主义认识论，包括弗克斯·凯勒、桑德拉·哈丁以及海伦·朗基诺的观点，都不能超越哲学史遗传的镜式"反映论"的错误。镜式"反映论"认为，感觉数据是认识的原材料，人类的心灵并不能直接认识这些原材料，而必须运用概念框架"过滤"之后才能对此获得理解。语言往往被看作是种概念框架，充当过滤器的作用。反映论预设了两个不同的本体论领域——内在的心灵领域与外在的物质领域，客观主义的实在论者假定"心灵是自然之镜"，能够真实地反映自然的形象，而相对主义指出并没有标准归一的自然之镜，所有的镜子都因为其价值、政治与利益的影响而涂抹上不同的颜色，具有非整齐划一的平面，因此，心灵对自然的反映总是多多少少带有个人的或群体的色彩。在强调政治、社会与群体印记对认识行为以及知识形成的影响这方面，女性主义认识论与相对主义靠得更近。

虽然女性主义经验论与女性主义立场论两者都强调科学理论与政治和价值有染，科学理论依赖于科学家用来解释数据的政治图式及其价值信念，但是政治与价值在她们的理论中只不过充当了"过滤器"的作用，是用来解释数据的概念框架。因此，克劳格认为，不管是女性主义经验论还是女性主义立场论都不能超越传统镜式反映论的认识论传统，解决这种认识论所带来的理论上的悖论。

反映论与实用主义的一个主要区别就在于如何理解价值与知识信念的关系。② 反映论把价值看作知识信念之外的某种东西，

---

① Sharyn Clough, *Beyond Epistemology: A Pragmatist Approach to Feminist Science Studies*, Lanham MD, 2003.

② Elizabeth Potter、Moira Howes、Nancy McHugh、Sharyn Clough, "On The Very Idea of A Feminist Epistemology for Science", *Metascience*, 2006, pp. 1 - 37.

以此为根据在认识论、形而上学与美学之间设立区分界限。实用主义认为价值本身就是一种知识信念，同样地建立在经验与理性的描述基础之上。在语言论述中，事实与价值之间并没有本质不同的区别，同样，作为一种信念描述，在自然科学、文学和艺术之间也具有相通性。

虽然女性主义立场论看到了价值对知识信念的影响，但是并不认为价值本身就是一种信念，而是把其归之为与知识信念相比不同的东西。立场论预设了发现语境与辩护语境的分离、价值与知识信念的分离，其更多在发现的语境中讨论价值问题，包括"探讨决定科研计划的价值和利益"，以及研究者个人所持有的立场对问题、研究方法、理论框架选择的影响，从而把价值看作与辩护相分离的某种"非事实"。然而，正是这种分离本身使得立场论无法摆脱相对主义的指责。克劳格说道："如果设想女性主义的价值传递了我们的立场，不是作为关于世界的信念整体的一部分，而是信念有组织的过滤器，那么我们就容易面对这样的批判，女性主义者运用我们的立场从集体的科学信念中筛选符合我们政治目的的科学信念。"[1] 因此，价值作为与事实相分离的影响立场的一个因素，将无法避免来自相对主义的指责。事实上，正如克劳格所指出，立场论也确实面临这些问题，包括如何防止走向坚持个人立场的绝对相对主义以及在不同立场之间根据什么标准确定立场的优先地位，而对这些问题的最后解决就是运用女性主义的立场"筛选符合我们政治目的的科学信念"。

"我们想要说的是，传递了女性主义科学家认识论起点的价值本身是建立在好的经验证据之上的：就是说，比起那些性别化的价值，这些价值更好地符合于我们关于世界的经验，因此，当这些价值相关于科学研究中的经验问题，女性主义科学家具有客

---

[1] Elizabeth Potter、Moira Howes、Nancy McHugh、Sharyn Clough, "On The Very Idea of A Feminist Epistemology for Science", *Metascience*, 2006, p. 34.

观的优势。"① 这就是女性主义认识论的最终目标，赋予女性主义
科学研究以"客观的优势"或客观的合法性，而非一种政治策略
或合政治目的的选择。克劳格认为，哈丁的女性主义立场论显然
无法做到这一点。确实，当区分了辩护的语境与发现的语境，立
场论在辩护的语境中具有难以克服的理论缺憾。在为女性主义认
识作辩护时，哈丁只是求助于马克思主义意识形态理论中的被压
迫阶级具有更客观的认识立场这一观点，但是，当用这一证据来
为女性主义涉及性别、种族、文化与阶级的多元立场作辩护时，
显然其所具有的说服力是有限的。

克劳格指出，戴维森与罗蒂的新实用主义为女性主义认识论
超越发现的语境与辩护的语境之间的分离提供了可行的方法。戴
维森与罗蒂坚持实用主义的语言哲学，否认知识信念与世界之间
存在本体论的断裂，语言不是原始感觉经验的过滤器，事实上人
们通过语言行为直接与世界打交道。戴维森把认识者与认识者所
持有的知识信念都看作是"世界中的事物"（things in the
world），拥有信念意味着"在实践中处于与我们周围世界的物
理—社会关系之中"，信念的所有内容都不可能与我们的实践行
为分离。认识者、知识信念以及知识中把握的世界构成一个连续
体，这一连续体的任何一部分都服从于自然主义的经验研究。

在实用主义的模型中，无论是事实信念还是价值信念，其意
义都源于认识者与其认识环境相互纠缠交结的经验过程，因此，
从整体上来理解，无论价值信念还是事实信念，都有经验内容或
说都可以最后追溯到世界中认识者与世界相互纠缠的经验事件。
正是通过把信念内容与我们正在从事的经验做出比较，我们可以
证明信念的客观性。对价值信念的实用主义理解使女性主义能够
解释，为什么女性主义的价值比带有性别偏见的价值更能够导向

① Elizabeth Potter、Moira Howes、Nancy McHugh、Sharyn Clough，"On The Very Idea of A Feminist Epistemology for Science"，*Metascience*，2006，p. 34.

更客观的知识。

克劳格对女性主义科学认识作实用主义的理解，是希望赋予女性主义科学研究更强的客观性，而不只是一种政治立场。所谓赋予女性主义价值以经验内容，也就是说女性主义价值可以通过经验证据得到辩护。"根据什么样的标准我们可以在女性主义科学认识与男性偏见的认识之间做出裁决？"对这一问题的回答，我们仍然需要回到对具体知识断言的真理、证据判断以及客观性标准等地方性问题的讨论。尽管克劳格把这些地方性问题归结为"经验的"而不是"认识论的"，但她也不能否认这些地方性的、经验的项目仍然包含有"广泛的认识主题"。强调地方性问题的重要性，强调真理与价值信念的暂时性，就此而言，克劳格所倡导的实用主义与朗基诺的语境经验论走到了一起。实用主义愿意放弃对客观性的期望，而代之以对某个共同体的"亲和性"的期望，从而达到非强制的主体间的一致，这一目标与朗基诺试图通过主体间性达到某种可协商的客观性目标并不相冲突。因此，实用主义对女性主义经验论的批评相比而言是比较弱的。

实用主义的女性主义能够超越认识论吗？或许"就如克劳格，实用主义想要超越认识论，但他们并不想超越所有的认识论，而只是超越某一种认识论"。①

接受了实用主义对价值、信念与经验的理解，也就接受了实用主义对真理、证据判断与客观性的定义。根据詹姆士的理解，真理具有"兑换价值"，那么，当我们评价女性主义的科学认识时，根据理论经验内容的整体性、一致性、简单性、可预测性、解释力度、对未来研究的启发与理论的多产等标准，我们可以在女性主义科学认识与男性偏见的认识之间做出裁决，判定女性主义科学的认识是否是更符合客观标准的具有"兑现价值"的"真

① Elizabeth Potter、Moira Howes、Nancy McHugh、Sharyn Clough，"On The Very Idea of A Feminist Epistemology for Science"，*Metascience*，2006，p. 17.

理"。但是，我们仍然面对实用主义所面临的一个老问题：真理就是"有用"吗？这种有用是相对于谁而言？男性偏见的生物学与生物社会学认识难道不也对维护男性权威的等级统治具有兑现价值吗？恰如女性主义经验论面对的问题，当不存在某种超语境的"兑现价值"，实用主义女性主义的策略虽然能够给女性主义科学研究提供合理的辩护，但是无法对男性偏见的认识提供有力的批判。

女性主义哲学作为西方学术中的新思潮，需要不断地在与主流哲学的对话与交流中发展，新实用主义思想中的许多洞见对女性主义科学研究与思想发展都有积极的作用，这些思想包括强调在实践与行动中理解语言与知识的意义和价值，强调经验不可替代的作用以及经验研究的必要性。"想要某一个东西是蓝的并不会使它变成为蓝的。同样，想要某一个东西是善的或自由的，并不会使它变成为善的或自由的。"① 所有的认识都不是头脑中的空想，而是源出于与世界接触的实践行为与实践经验的反思。当女性主义思潮源起于女性主义运动，女性主义哲学也作为对女性主义运动与女性主义理论的反思而出现。超越形成上学的无谓争论，让哲学回归到对人的经验、对生活、对世界的真正关注，把形成上学从云霄高处拉下到经验的底层无疑正符合于女性主义运动的要求。

---

① Elizabeth Potter、Moira Howes、Nancy McHugh、Sharyn Clough, "On The Very Idea of A Feminist Epistemology for Science", *Metascience*, 2006, p. 32.

第 四 章

科学与性别

> 科学似乎不是无性别的，科学是一个男人，一位父亲，并且已被深切认同了。
>
> ——弗吉尼娅·沃尔夫

女性主义对科学的哲学反思最先关注科学与性别的外在关系问题，这些问题包括：为什么女性科学家如此之少？为什么科学研究总是忽略女性的需要？为什么科学总是有意识地忽视女性科学家的贡献？对这些问题的反思使得女性主义开始批判排斥女性的科学的社会建制。

女性主义科学哲学家弗克斯·凯勒第一个明确提出"性别与科学"这一术语。"性别与科学"概念主要是思考性别与科学的内在关系问题，即科学的精神气质与性别气质的关系。女性主义批评传统科学的精神气质被建构为男性气质，科学就是"像男人一样思考"。在"性别与科学"的语境中，要从根本上改变性别与科学的内在关系，这就不仅是一个社会建制的问题，而且是一个深层的文化建制的问题。

当从文化上区分了男性气质的思维方式与女性气质的思维方式，随之而来的问题就是，对应于传统科学以男性气质的思维方式为主导，是否有可能发展以女性气质为主导的科学，或说女性主义科学？如果可能，女性主义科学又应该是怎样的？它与传统科学又具有怎样的关系？这些问题成为了多数进入科学哲学研究领域的女性主义者试图回答的问题。

第一节 科学:男性的事业

在 2009 年 9 月份的《科学时报》上有报道，截至 2007 年年底，中国科技人力资源中，女性有 1970 余万，占科技人力资源总量的 38%。到 2008 年，在校女硕士研究生达到 144217 名，占在校硕士研究生的 46.2%。但是在高端科学人才中，女性人才所占比重严重失衡，两院院士中，女院士仅占 5.01%；"973" 计划选聘的首席科学家中，女性占 4.6%；"长江学者" 中，女性占 3.9%；中国青年科技奖获奖者中，女性占 8.4%。中国高科技领域中的女性呈现出金字塔结构，越是高端科学人才，女性所占比例越少。有人指出 "我国高层次女性科技人才的成长已成为一个迫切需要研究和解决的课题"。[①]

在科学事业中男性占据主流是一种普遍的社会现象，女性在其中的地位已经被边缘化。这种边缘化包括女性科学家在研究机构与科学共同体中的边缘化；女性科学研究问题在科学研究项目中的边缘化；具有女性气质的思维方式在科学研究重视程度上的边缘化。作为研究者，女性处于被忽视的地位；作为研究对象，与女性相关的研究主题得不到重视；甚至作为一位科学研究工作者，女科学家成为一个自相矛盾的概念。

女性在科学事业中的边缘化首先表现在 "女性在科学中的缺席" 或 "女性在科学中未被充分代表的现象"。科学作为一种社会性活动，日益呈现出科学共同体所具有的职业化与专业化的特点。

---

① http://it.sohu.com/20090924/n266976357.shtml.

大量科学的社会分层研究都指出在这一职业领域与专业队伍中，女性无论是从其数量还是从其影响来看都远不及男性。中国女性科学家的情况如前文统计数据所示。下面表二、表三中所列是美国与欧洲一些发达国家中女性科学研究工作者的相关统计数据。

表二　　　在学术机构中供职的博士水平的科学家和工程师表

（％）

学术机构类型	总数	男性比例	女性比例
学术机构总数	255803	81	19
两年制学院	5226	77	23
医学院	31711	73	27
四年制学院	31693	80	20
其他大学	153154	84	16
大学预科	4019	59	41

表三　　　　所有学科的专业学术头衔中
女性所占百分比表　　（％）

国家	年份	正教授	副教授	助理教授
爱尔兰	1992	3	10	20
联合王国	1987—1988	3	6	14
荷兰	1988	2.1	4.6	14.7
西德	1990	2.6	7.3	24.2
西班牙	1990	7.4	28.2	28.2
葡萄牙	1984	8.2	26.5	36.2
土耳其	1989	20	23	27
美国	1992—1993	14.4	28.9	42.3

表二①是美国在学术机构任职的具有博士水平的科学家/工程师的性别分布情况，从中可以发现女性科学家和工程师在其中所占的比例远远低于男性。表三②是近年来欧美部分国家女性在所有学科专业学术研究领域所占头衔的分布情况，从中可以看出欧美各国具有高职称的女性科研工作者明显普遍地低于男性，性别分层与职称等级构成金字塔形的结构，越到上层女性所占比例越小。

女性在科学中的缺席一度表现为一种制度性的排斥，著名的科学机构在历史上曾一度拒斥女性的参与。英国皇家学会的组成成员三百多年来清一色全部是男性，其理由并不是因为不能发现具备良好科学素养的女性科学家而是性别排斥。物理学家居里夫人因发现放射性元素镭而获得诺贝尔奖，其科学成就获得公认。1910年，在居里夫人第一次获得诺贝尔奖的第七个年头，身为法国科学院补选院士，而且是当时法国3名在世的诺贝尔奖获得者之一，居里夫人却无法当选为法国科学院院士，其中一个重要的原因就是因为她是女人。1960年，国家宇航局十三位女性被认为是顶级的宇航员，相比于男性，她们更适合于外太空航行，但是十三名女性最后均被告之不能成为首位外太空宇航员，其主要的理由就是因为她们是女人。

诺贝尔奖是肯定科学家成就的最高荣誉，一年一次颁发给对和平与文学有突出贡献的或是在物理、化学、生理或医学等自然科学领域和经济学领域取得了突破性成就的人。自1901年诺贝尔奖首次颁奖至今，共有八百多位个人和二十多个组织获得诺奖殊荣，其中，女性获奖者所占比例不到获奖总人数的5%，经济学奖得主至2009年方首次出现女性。

---

① 吴小英：《科学、文化与性别：女性主义的诠释》，中国社会科学出版社2000年版，第37页。

② 章梅芳、刘兵：《性别与科学读本》，上海交通大学出版社2007年版，第221页。

诺贝尔奖乏有女性不是偶然，而是科学作为一种社会建制阻碍与限制女性的必然。一方面，当进入高科技研究领域的女性在数量上远远低于男性，女性获得诺贝尔奖的成功率也就会相应的低于男性。另一方面，即使能够成为一个优秀的科研工作者，想要在男性一统天下的领域获得成功，女性需要克服更多的困难，付出更多的努力，做出更出色的成绩。美国科学社会学家乔纳森·科尔经调查研究发现，即使在科学研究领域具有与男性同样出色的科研成果，女性科学家所获得的声望与社会承认度远不如男性。[①]

女性在科学中被边缘化的第二个事实表现在科学史对女性科学家成果的忽视。牛顿、爱因斯坦、波义耳、玻尔等等，在科学史上人们耳熟能详的里程碑式人物绝大多数是男性，而能够在科学史上留名的女性科学家是少之又少。这究竟是女性的原因？科学的原因？或是科学史的原因？女性主义指出，这既有科学的原因，也有科学史的原因。

女性主义历史学家通过研究科学史发现，一方面历史上杰出的女性科学家数量本身较少，这是一个事实；但是，另一方面也因为科学研究传统中的性别偏见，使某些作出了重要贡献的女性科学家因为性别原因而受到忽视。两方面的原因共同导致了科学史中罕见女性身影的现象。

女性主义科学史学家朗达·诗宾格（Londa Shiebinger）分析了 17、18 世纪近代科学在欧洲的起源，她注意到当时传统制造工业中的妇女在早期科学的发展中起到了非常积极的作用，但是却逐渐被社会环境有意识的边缘化，并被伪装成一种妇女似乎从来就未曾在科学中占据过重要位置的假象。"妇女被排斥在追求知识的积极角色之外，但在历史上并非总是如此，这只是在特定

① 吴小英：《科学、文化与性别：女性主义的诠释》，中国社会科学出版社 2000 年版，第 44 页。

的时期发展起来的有意限制的产物。"①

现代大科学时代，研究成就更多地依赖于科学团体的共同努力，由个人单独取得的科学突破越来越少。然而，在团体的科学研究中，男性总是被认为是研究团体的领导者，是理论与研究的主要负责人，而女性往往是作为助手参与研究，即使女性经过不懈的努力取得了突破性的成就，男性研究者也倾向于压制与隐埋她们的作用。英国女科学家罗莎琳德·富兰克林对脱氧核糖核酸（DNA）晶体结构做了大量的基础性工作，这些工作成为沃森—克里克双螺旋结构模型产生的理论根据。沃森与克里克正是通过富兰克林的数据以及她有关脱氧核糖核酸的 X 射线照片才发现了它的分子结构，两人一起在 1962 年获得了诺贝尔奖，但是他们的研究成果及其论文并没有提及富兰克林的成就，反而对她持嘲弄态度。女性天文学家苏珊·贝尔和她的导师在 1967 年共同发现了脉冲星，但诺贝尔物理学奖只是授予了她的导师而忽略了苏珊·贝尔的成就。女性生理学家罗萨林·雅洛与其男同事柏森共同研制出用于治疗内分泌失调疾病的放射免疫测定技术，但是医学界一致认同将此项成就归于柏森而忽视罗萨林·雅洛的重要作用。

女性在科学中被边缘化的第三个事实表现在科学研究实践中以男性为标准选择科学研究问题与评价科学研究成果。科学研究总是习惯性地把男性的经验作为标准，把男性所面临的各种问题看作科学研究的中心而忽视女性的需要。心脏病的医学研究总是以男性病例为样本，并假设妇女与男性具有同样形式的心脏病，同时，对女性乳腺癌研究的不足致使很多情况下把女性乳腺癌误诊为心脏病；② 心理学中对儿童心理发展的研究无一例外不是以

① 章梅芳、刘兵：《性别与科学读本》，上海交通大学出版社 2007 年版，第 145 页。

② Alison Wylie, "Feminism in Philosophy of Science: Making Sense of Contingency and Constraint", Cambridge University Press, 2000, pp. 166 - 180.

男孩作为研究的样本，得出结论推广至整个人类的心理发展解释；与女性相关的诸如经期不适等病症都不能得到医学与病理学研究的足够重视，因此，很多时候这些病症都被当作生理现象而被忽略；避孕药主要由女性使用，而避孕药在大范围推广时并不能确保不对女性健康造成损害；生物学试验中无一例外的使用雄性白鼠作为试验对象，并把试验结果推广至所有试验种类。①

　　女性主义对科学与性别的社会学研究表明，女性作为一个性别在科学中被边缘化已经是一种普遍现象。女性作为研究者缺席于科学家行列，女性难以成为科学研究工作的核心成员，因此，以女性经验为研究对象的主题也就难以成为科学讨论的中心议题。

　　为什么缺少女性从事科学研究工作？为什么女性在科学研究中更难以取得突破性的成就？为什么科学总是与女性这个性别有着更大的隔阂？一种常见的观点认为，女性不适于从事科学研究是因为相比于男性，女性缺少从事科学技术研究工作需要的理性思维能力。比如，社会学家史蒂文·戈德堡通过指出在强调抽象思维的学科中从没有出现过一位真正的女性天才，试图证明男人比女人具有更强的理性思维，更擅长于从事管理工作与抽象的科学研究工作。但是，把女性在数学、物理、哲学等领域的相对缺席作为证据用来证明男人比女人更善于科学理性思维，同时又以女人缺乏理性思维作为证据试图证明现行限制女性与阻碍女性进入科学领域的社会制度与科学建制的合理性，这显然犯了循环论证的谬误。事实上，所有试图把这种思维能力的差异还原为脑结构、颅骨形状、基因等生物学差异的做法从一开始就假定了女性在某一方面的自然能力比男性低下，但是，这一为男女等级辩护的假定显然是经不起批判的。

---

① Evelyn Fox Keller, "Feminism and Science", *Signs*, 1982, Vol. 7, No 3, pp. 590 – 591.

如果认为女性在天性上不适宜于科学研究与理性思考是没有道理的，并且因此而把女性排除在科学领域之外也是不合法的，那么科学中的男性偏见与男性霸权是因为"坏科学"的结果吗？默顿指出，从事科学研究工作的科学家总是有一些"约束科学家的有情感色彩的价值观和规范的综合体"，他把这称之为科学的精神特质。现代科学理想的精神特质包括四条：普遍主义、公有性、无私利性以及有组织的怀疑主义。满足这四条标准即为能够促进科学进步的"好科学"，反之则为阻碍科学进步的"坏科学"。其中，普遍主义规范的一种表现就是："要求在各种职业上对有才能的人开放。制度性的目标为此提供了理论基础。除了缺乏能力外，以任何其他理由限制人们从事科学都不利于知识的进步。"① 根据普遍主义规范，因为性别把女性边缘化的科学显然属于"坏科学"。但是，考虑到科学研究如此长久的、大范围地排斥女性，是否科学从来就未曾以"好科学"的面目出现过？

在默顿看来，尽管"普遍主义在理论基础上被有偏差地肯定了，但在实践上却受到压制"。然而，通过民主原则与政治权威的加强调节，这种普遍主义标准有可能得到维护。制度的改革可以有效地解决制度限制给女性进入科学领域带来的阻碍，包括给女性提供平等的教育培训机会，平等的进入各学科、各领域科研机构的机会，从制度与法律上规定在学术与科研行为中对女性不得因性别而受到不同的待遇。凯勒把女性主义从制度上对科学的批判称之为自由主义的批判，然而，"平等的语言本身并不足以保证平等"。② 正如自由主义女性主义面临的难题，形式上的平等只是实现女性政治目标的第一步，形式上的平等并不能保证实质上的平等。社会与家庭从小期望女孩从事适合于女性的家政、护

① ［美］R. K. 默顿：《科学社会学》，商务印书馆 2003 年版，第 368 页。

② Evelyn Fox Keller, "Feminist Perspectives on Science Studies", *Technologyand Human Values*, 1988, Vol. 13, No. 3 and 4, p. 240.

理、秘书等需要有爱心与情感参与的工作，而不是数学、物理、工程等需要抽象性思维能力与创造性思维能力的研究工作，长大后即使没有形式上的限制，女性也会主动放弃对那些认为更具男性气质的工作的追求。

"科学与女性分离的渊源不在于女性能否做什么或是否做了什么的客观判断，而在于男人和女人应该做什么、不应该做什么以及科学应该是什么、不应该是什么的文化规定。"① 女性在科学中的缺席，在制度之外的更深层次的根源是科学的男性气质文化与社会化的女性气质的背离，因此，女性主义对科学的反思需要从"软科学"转向对"硬科学"（科学意识形态）中男性偏见的批判②。

第二节 科学的 = 客观的？

一个世纪以前，乔治·希美尔（George Simmel）曾经说道："理论知识的客观性从其形式和要求来看，可以说大致上属于人性，但从其实际的历史结构看，它自始至终都是男性的。设想仅有'客观'这个词来描述这些被看作是绝对观念的东西，那么我们就会发现，在我们的种族史上，'客观的 = 男性的'是一个有效的等式。"③ 客观性是带有男性标签的理论术语。女性主义指出，这一等式恰恰是服务于压迫妇女的父权制，它把女性的从属地位看作是永恒不变的"客观事实"。

西美尔指出"客观的 = 男性的"是一个有效的等式，传统观

---

① 吴小英：《科学、文化与性别：女性主义的诠释》，中国社会科学出版社 2000 年版，第 60 页。

② Evelyn Fox Keller, "Feminism and Science", *Signs*, 1982, Vol. 7, No. 3, p. 592.

③ ［美］罗斯玛丽·帕特兰·童：《女性主义思潮导论》，艾晓明等译，华中师范大学出版社 2002 年版，第 56 页。

点认为"科学的=客观的"是一个有效的等式，结合两者，"科学的=客观的=男性的"仍然是一个有效的等式。瓦解这一等式的逻辑成为女性主义客观性批判的理论目标。而且，女性主义对"科学的=客观的"这一等式的批判既符合女性主义理论的政治目标，又迎合了后实证主义哲学与后库恩知识社会学的发展潮流。

女性主义对客观性的批判其方向大致归结为三类：以朗格鲁为代表的女性主义科学哲学家，沿自库恩的科学哲学传统，从科学与价值的相互关系入手指出科学研究在事实上是与其所处的历史文化语境相关的；以凯勒为代表的社会建构主义思路，结合社会性别的社会建构思想与精神分析思想，批判了以客观性与理性为根据的男性气质科学的建构，指出科学的男性气质特征通过社会化成为一种不容轻易改变的文化基因；以哈丁为代表的女性主义立场论，沿自马克思主义的意识形态理论批判男性客观性概念，提出用"强客观性"取代"弱客观性"。

"科学的=客观的"，这一等式是现代绝大多数科学家抱持的毋庸怀疑的信念，这种信念即使不是天启，也是不言而喻的科学常识。随着后实证主义与后库恩哲学的兴起，这种不言而喻受到不断的挑战与质疑。传统的客观性概念以心物二元论为基础，以心对物的无偏见反映为目标。这一思想源起于笛卡儿的二元论，后经洛克发展，在康德的哲学思想中达到顶峰，20世纪以逻辑实证主义为其主要代表。在《哲学与自然之镜》中，罗蒂系统地分析了西方传统的心物二元论哲学历史，总结这种镜像哲学的核心特征就是把心的世界与物的世界看作两种不同质的东西，认为人心就像镜子一样能够准确无误地反映外在世界，从而形成不受人类主观意志与社会文化影响的客观知识。罗蒂指出，当在认识与世界之间设立一道本体论的鸿沟，我们就不得不从哲学上求助于这种镜像哲学以为知识的合理性作出辩护。[①]

镜像哲学假定了主观与客观的分离，认为当认识者能够最大限度地排除主观偏见，人的认识能力（包括感觉经验与逻辑推理能力）就能获得纯粹客观的知识。客观性就是对客观世界的镜式反映，是"对我们自己、对世界以及对我们与世界的相互关系的更不偏不倚的理解"[②]，而当"一种理解形式可达到的主观类型范围越广，对特定的主观能力的依靠越小，就越客观。"[③] 当科学以追求客观知识为目标，并把价值划归为主观领域，则科学与价值的关系就好比油与水的关系，即使把两者混合在一起，也会有明显的边界。根据这种客观/主观、事实/价值相分离的认识论原则，科学追求对客观事实的无偏见的描述，是理性的、普遍的、价值无涉的，归属于认识者的理想化的认识能力与性别、阶级、种族等等个人或群体特征没有任何关系，个人不同的政治立场、价值判断、选择偏好等属于主观性的东西正是阻碍获得客观认识的不利因素，应予克服与排除。

当科学知识是价值中立的，没有性别偏好的时候，即使女性主义者证据确凿地指出女性在政治、经济、教育等领域受到不公正的待遇，但是，至少在人类最崇高的事业中还为女性保留着最后的公正。尽管科学的论述中总是不同程度地出现无视妇女或轻视妇女的言论，部分女性主义科学家并不认为这种男性偏见是科学系统中根深蒂固的性别意识形态，而认为这是偏离了价值无涉原则的"坏科学"的错误。当我们以更客观、更严谨的方法取代这种错误的方法时，科学中的性别偏见就会自行消失。

科学是价值无涉的吗？波普尔首先从方法论上对逻辑实证主

①　[美] 查理·罗蒂：《哲学和自然之镜》，李幼燕译，生活·读书·新知三联书店 2002 年版，第 8—9 页。

②　Tanesini Alessandra, *An Introduction of Feminist Epistemologies*, Blackwell Publishers, 1999, p. 163.

③　Ibid.

义的证实原则提出疑问，指出有限的经验证据根本无法证明普遍的真理，即使发现一万只乌鸦是黑的也无法得出结论说所有的乌鸦都是黑的。"迪昂—奎因论点"指出，完全依靠经验我们不可能知道在两个相竞争的理论中哪一个更可取，同一个经验事实在不同的理论中可以同样合理地得到解释，同样，不同的理论也总是可以找到经验事实的支持，例如，我们看到的日落现象可以在日心说与地心说中同样得到合理的解释，而相信我们每天所看到的日落日出是地球自转的结果，也就是接受了伽利略日心说的一整套背景理论。在《科学革命的结构》中，库恩进一步指出科学的发展史就是一个范式取代另一个范式的过程，什么是对、什么是错、什么是事实、什么不是事实，这种种问题都只有在同一个范式中提出才有意义，而范式不可避免地包含科学共同体所信奉的价值观念，科学家在对理论和假说作出判断与选择之时总是会包含某些价值观念，绝对的不包含价值的"好科学"是一种永远无法达到的幻象。

科学不是价值无涉的。后实证主义哲学研究的发展总是在重复同一个主题，不受价值影响的科学判断是不可能的，地球上的凡人不可能具有万能的"上帝之眼"。接受科学与价值联姻的一个策略就是从认识论上区分普适价值与非普适价值，选定普适价值作为科学"合法的妻子"，而把非普适价值打入"第三者"的行列。

亨普尔区分了认识论价值与非认识论价值。他认为科学假设的内容不受价值的影响，科学家对科学假设做出选择的行为中包含价值判断，这些价值判断分为认识论价值与非认识论的价值。认识论价值是不会因时、因地、因人而改变的普适性的价值，包括理论的似真性、信息含量、与实验数据的符合、预见力、简单性、与相关理论的一致性。除此之外，受个人主观、文化与社会影响的非普适性的价值则属于非认识论价值。"好科学"的标准可以包含认识论价值，同时拒绝接受非认识论价值的干扰，当非认识论价值影响了科学家对科学理论与假设的选择时，必将导致

"坏科学"。在亨普尔的认识论策略中，性别与科学的议题仍然无法在"好科学"的语境中提出来，因为，超越时空的普适价值显然不区分具有男性气质或女性气质的价值取向。当理论选择中的性别倾向被归入非认识论价值，受性别偏见影响的科学研究就被归入受感染的"坏科学"行列。

对此，女性主义科学哲学家海伦·朗基诺持有不同意见，她认为以价值划分来区分"好科学"与"坏科学"其边界从来都不是那么清楚分明的，亨普尔归之为非认识论的价值同样有可能影响到"好科学"。对应于认识论价值与非认识论价值的划分，朗格鲁区分了科学理论的结构价值与语境价值。结构价值规定了什么样的科学实践或科学方法是可以接受的，语境价值则属于科学研究的社会与文化的语境。科学理论总是以目标为导向，如果这个目标是解释自然世界，那么当我们在不同的理论解释之间做出选择时，就会考虑理论的似真性、准确性、简单性、问题的解决能力等等性质，这些在不同的假说之间限制选择的价值属于理论的结构价值。语境价值主要从三个方面影响科学研究行为：

其一，投资者的利益影响科学研究的发展方向。科学研究总是要获得来自政府或财团的经济资助，投资者的利益不可避免地影响到什么样的研究领域可以进一步的投入研究，什么样的研究因为不能带来期望的收获而被迫放弃。

其二，科学技术的应用受到政治立场的影响，而这种政治立场反来过又可能影响某项具体科学技术的进一步发展。例如基因工程技术的发展，是以安全与健康为标准还是以效率为标准将直接影响到基因技术的未来发展方向。

其三，道德价值影响科学研究发展的方向。比如以法律形式禁止克隆人的实验，其中一个最主要的因素就是伦理道德的考虑。

根据传统的观点，尽管语境价值影响研究问题的选择、科学技术的应用和科学研究领域的选择，但是，一旦科学问题被选定、科学应用的方向以及科学研究的领域被决定，科学就按照自己的规律向前发展，获得独立于语境价值的科学理论与解释，在此意义上，科学理论的内容仍然应该符合排除语境价值影响的"好科学"标准。

但是，坚持认为一个符合"好科学"标准的科学家应该怎么做与科学家们在实践的行动中具体怎么做并不是一回事，作为科学的批判的女性主义者"想要知道的不是主流的科学哲学家们认为科学家们应该如何做，而是科学家们事实上是怎么做"。① 朗基诺指出，在科学实践中，科学家对理论的选择同时受结构价值与语境价值的影响，而受语境价值影响的科学并不必然是"坏科学"，受语境价值影响的科学理论在科学史上可被称之为"好科学"的研究不乏存在。

生物学家用性激素理论解释男性行为与女性行为之间的差异，认为属于男性气质的行为诸如主动、主宰、独立、创造性以及属于女性气质的行为如被动、从属、信赖、培养等等品质都是性激素影响的结果，并进而认为动物与社会的男性统治就是建立在这种攻击性行为的基础之上。生物决定论者的经验数据来自以老鼠为对象的实验室研究。比较两组雄性老鼠，一组出生就被阉割，另一组则没有被阉割，结果没有被阉割的老鼠比被阉割的老鼠产生攻击行为的频率更高；同时比较另一组雌性老鼠，一组在出生时就被注入雄性激素，另一组没有注入激素，发现注入雄性激素的老鼠比没有注入雄性激素的老鼠具有更强的攻击性行为。因此，经验数据表明，男性的攻击性行为受到性激素的影响，这也是动物与人类社会统治的基础。

朗基诺分析指出，由事实本身并不必然得出生物决定论者所预期的结论，把实验室老鼠的行为作为支持男性统治的生物学证

___

① Elizabeth Potter, "Methodological Norms in Traditional and Feminist Philosophy of Science", *the Philosophy of Science Association*, 1994, Vol. 2, p. 103.

据，这无疑有一系列的背景假设在起作用，包括假设发生在老鼠身上的行为与激素间的关系同样存在于人类身上，假设好斗、竞争、肯定与独立这些性格特征是一体的，且可以用体现在老鼠身上的攻击频率来表达，假设人类的成功由他们在社会上所处的位置决定。这一系列假设来自于西方文化中固有的观念结构，它把社会分为男女两个性别群体，各自标记本质不同的性别特征。在科学家们选择证据支持他们的理论假说时，这些语境价值成为科学家们的理论依据。

既然科学不可避免地同时受到结构价值与语境价值的影响，科学研究的目标就不是达到彻底排除主观价值的客观性，而是在各种价值影响下的不同认识通过一种建立在民主基础上的有益批判和可理解的交流与协商，达成一种自由主义式的共同体客观性。

凯勒从科学文化研究的角度指出，传统科学客观性所坚持的主客分离是一种文化相对主义。文化相对主义把主观性与客观性建构为两个不同的领域，主观性归结为一种纯粹的女性意识，客观性与理性属于男性意识的产物；文化相对主义坚持主观与客观的分离，这种分离使科学面临一种无法逃避的或客观主义或相对主义的选择。当知识以追求绝对客观为目的，满足这种客观性要求的科学需要排除具有女性气质特征的主观性与非理性，但当所有的主观性与非理性的情感因素被排除出科学的领域，我们也就排除了获取知识的多种可能。与此种客观主义的态度相反，某些女性主义选择了另一个极端，把客观性看作男性气质的意识形态，把科学看作纯粹的社会建构，因而从根本上否认科学具有任何形式的客观性，但是女性主义的这一策略"将会使女性主义想要解决的问题变得更糟"。①

---

① Evelyn Fox Keller, "Feminism and Science", *Signs*, 1982, Vol. 7, No. 3, p. 593.

试图超越客观主义与绝对主义的这种对立，凯勒提出重新认识客观性概念框架，它不是在男性气质的客观性与女性气质的主观性之间设立无法调和的二元对立，而是"把客观性重构为一种辩证的过程"。这就是以实现另一种不同的客观性——动态客观性为目标。虽然凯勒没有系统地提出动态客观性这一概念，但是从其论述中可以看出她把客观性理解为一种动态的过程，一种人类寻求知识的尝试，而非某种静止的可达到的理想状态。

"不是抛弃人类用理性术语理解世界的实质性的尝试，而是需要我们完善这种努力。要做到这一点，我们需要在熟悉的理性的与经验的研究方法中加入另外的批判的自我反思的过程……我们需要'产生自我意识'。通过这种方法，我们能够意识到科学研究未能实现其普遍性断言的这一特征。"[1] 一方面，凯勒并没有否认传统的理性认识与经验认识作为一种认识方法的合理性，就如同男性虽然在带有男性偏见的模式下从事科学研究工作，但我们不能否认他们的工作属于科学研究的领域，从理性与客观性出发的研究同样是一种应予以考虑的科学研究方法，但不是唯一的科学研究方法；另一方面，凯勒要求重新赋予情感与信念等因素在科学认识中的合法地位，以从主观出发的反思作为从客观出发的理性认识的必要补充，两者结合才能获得对世界的充分认识，通过对认识方法的相互检视才能获得对科学的充分理解，这也是凯勒强调精神分析作为一种重要的分析方法用以理解信念作用的原因。动态客观性，既不是完全寻求从客观出发而放弃主观反思的客观主义，也不是只是强调主观意识而放弃客观的虚无主义，而是寻求在客观知识与主观反思之间的一种平衡，这种平衡被认为通过引入具有女性气质的关系性思维与整体性思维可以获得。

哈丁所提出的"强客观性"概念同样试图超越客观主义与相

---

[1] Evelyn Fox Keller, "Feminism and Science", *Signs*, 1982, Vol. 7, No. 3, p. 594.

对主义的二元对立，从而为女性主义开辟出可取的第三条道路。相对于朗基诺坚持的"共同体客观性"与凯勒倡导的"动态客观性"（两者倾向于在坚持两性差别之间建立一种平等的对话与交流模式），"强客观性"具有更激进的政治立场。同样地，哈丁承认科学受到价值、利益与政治立场的影响，有着科学研究者所属社会群体的历史文化印记。她把传统意义上的客观性定义为"弱客观性"，即以坚持中立性与政治无涉作为必要条件，并认为这种客观性无法避免科学认识中"有权就有理的"知识霸权主义。传统的相对主义与客观主义都可以归结为以这种"弱客观性"为理论基础，不同的是客观主义认为这种客观性是可达到的理想状态，而相对主义否认通过人的认识能力可以获得这种客观性。

虽然哈丁指责女性主义经验论的保守倾向，但就她对"弱客观性"的理解，朗基诺与凯勒发展的"共同体客观性"与"动态客观性"都不应该归在"弱客观性"这一标签之下，因为两者都否认客观性就是某种排除主观影响、文化背景与政治立场的镜像认识。无论是经验论还是立场论，对客观性的理解都突破了传统客观性的界限，并且就立场论坚持达到最大化的客观性这一要求而言，也可以获得女性主义的一致拥护。但是，如何达到最大化的客观性？对此问题，经验论与立场论持有不同的见解。哈丁强调"从一个给定的概念或范式的'外部'开始思考"，或者是"从更有利于看清原有范式的'别处'出发"，是通向"强客观性"的起点。也就是说，被压迫者的立场是更客观的立场，从边缘者视角出发的认识是更客观的认识。正是因为给予女性立场（作为被压迫性别与边缘性别）更优势的认识论地位，立场论以及"强客观性"拥有更激进的女性主义政治立场。

女性主义科学哲学家图安娜指出，"女性主义对科学的批判不应该看作是当代认识论或科学哲学的激进转向"，而应该看作是在后实证主义哲学与后库恩哲学向女性主义领域的合理延伸或女性主义的理论旨趣与后库恩哲学的汇合。[1] 拒绝事实/价值、主观/客观、科学/政治的二元区分、认为主体成为科学知识构成的一个影响因素并提出重建科学的主体，女性主义的这几个理论主题在后现代主流哲学批判中都可以找到其源头，如罗蒂对传统镜像哲学的批判，德里达对二元论与主流叙事的批判，伽达默尔对理性与感性、抽象性与情景性二分法的批判。不同的是，女性主义把所有这些批判置于男性/女性二元对立的父权文化系统中理解，并指出性别二元区分的意识形态如何成为影响科学认识的一个因素。

或许，对待科学知识与认识更可取的态度是采取苏格拉底式的态度，接受"自知其无知就是最大的智慧"这一神谕。承认人类理性能力的有限性，承认主体作为一定社会历史中的存在不可避免的认识局限性，承认"我们的行为既帮助我们能知道什么，又限制我们能知道什么"，或许才是让知识能够取得更大进步的开始。而哈丁提出以获取"最大化的客观性"作为科学知识寻求的目标，就其最宽泛的理解而言可以成为较少受到争议的一种说法，不过我们需要进一步思考的是：在什么情况下通过什么样的方式我们可以获得"最大化的客观性"？以民主的方式？立场论所承诺的方式？或是其他更可取的方式？

第三节　科学的性别隐喻

19 世纪初，弗吉尼娅·沃尔夫在《三几尼》（《the three guineas》）中说道，"科学似乎不是无性别的，科学是一个男人，

---

[1]　Nancy Tuana, "The Values of Science: Empiricism from A Feminist Perspective", *Synthese*, 1995, p. 442.

一位父亲，并且已被深切认同了"。① 在当时，沃尔夫的这一断言并没有得到多少人的认同，当科学被认为是对独立于人类之外存在的世界的客观反映，当这种客观反映被认为是不受人类主观意识影响的，科学怎么可能被打上性别的印记，成为一位男性？然而，20世纪女性主义者从女性主义视角出发的科学研究越来越意识到沃尔夫所言的正确性。

当沃尔夫指出科学是一位男性时，她是在隐喻的意义上使用男性这一概念。隐喻，作为一种修辞方法，在两种不同的事物之间建立起相似或类比关系。把科学比做男性，也就是在科学的精神气质与男性气质之间建立起相似的类比关系。第二浪潮女性主义从理论上区分了生理性别与社会性别，生理性别根据生物性差异把人群划分为雄性与雌性，社会性别根据从文化上定义的男性气质与女性气质的差异把人群划分为男人与女人。科学，在第二种意义上，成为"一位男性，一位父亲"。

1661年，在英国伦敦皇家学会建立之时，学会的秘书长登伯格（H. Oldenburg）明确声称，学会的目标就是要"弘扬一种阳性的哲学……凭借这种哲学，男人的头脑可因坚实的真理而变得更尊贵"。② 这种"阳性的哲学"强调理性的作用，而自启蒙思想以来的所有二元论在强调男性与女性的二元对立时，都潜在地把男性等同于理性，把女性等同于非理性。古纳维芙·劳埃德（Genevieve Lyod）在考察了从柏拉图至黑格尔理性概念的发展后指出："理性被构想为是女性特征的超越。"③ 柏拉图把理性知识看作是一种超越，超越物质、超越欲望、超越肉体的限制，并且，男性的求知精神被看作是可以通达超越领域的非物质性存

① Sue Curry Jansen, "Is Science a Man? New Feminist Epistemologies and Reconstructions of Knowledge", *Theory and Society*, 1990, p. 235.

② Richard Olson, "Historical Reflections on Feminist Critiques of Science: The Scientific Background to Modern Feminism", *History of Science*, June, 1990, p. 12.

③ 董美珍：《女性主义科学观探究》，博士学位论文，复旦大学2004年版，第83页。

在，而女性因其自然的生育行为而不得不被欲望与情感主宰，女性被认为不需要也无法获得理性的超越。弗兰西斯·培根把理性知识等同于对自然的控制潜能，等同于对自然与物质的操纵与驾驭，而自然与物质则被构想为是女性化的。黑格尔把理性看作是一件获得自我意识的事件，这一事件只有在与其他意识相对抗的公共领域中才能完成，同时，他又把女性限定于家庭这个私人领域。在黑格尔的辩证理解中，理性作为自我意识的描述同时也意味着对带有女性标记的自然与家庭领域的超越，理性建构为超越女性气质的过程同时也是女性气质的形成过程，从而女性气质以理性需要否定的对立面而存在。

当登伯格公开宣称科学以一种"阳性的哲学"为基础并排斥任何阴性的思想意识进入"男人的头脑"时，这似乎从一开始就把女性看作科学的敌人。尽管今天已经不再流行公开的把科学宣称为一种需要用阳性的哲学武装男性头脑的尊贵事业，但是科学家在机构设置、问题选择、方法选择与解释偏好中仍然带着这一历史的印记。"明显的包括在'真正的'科学中的智力过程对女人与男人来说本质上都是一样的。但是'专业'科学是通过男人（某种男人）建构的，也是为男人建构的，在较高层次选择征服这个世界的女人常要求对自我与世界观的超越。"[1] 即使对女性的明显的歧视已经遭到禁止，越来越多的女性开始进入科学研究领域（虽然男性仍占据优势的绝大多数），但是如果女性科学家要取得突出的成就，仍然在很大程度上要求"像男人一样的思考"。就凯勒反思，"阻碍女性在科学中获得成功的最重要的障碍源自本能的科学的男性气质思想中普遍的信念。"[2]

凯勒第一个提出"性别与科学"这一概念，探讨"男性气质与客观性之间普遍的历史联系"以及"男性气质与科学的联

① Evelyn Fox Keller, "Women Scientists and Feminist Critics of Science", *Daedalus*, Vol. 116, No. 4, p. 79.

② Ibid. , p. 84.

系"。"我们在思考科学的过程中延存下来的神话般的信念……似乎应该能激发我们的好奇心，并值得我们去探究。"① 这一"神话般的信念"即自然科学研究中流行的一种看法：把客观性、理性和文化归入男性领域，而把主观性、感性与自然和女性相连。正如伊丽莎白·费（Elizabeth Fee）所言："我们的政治哲学与关于人类本质的观点的建构似乎依赖于一系列生理性的两分，这种生理性的两分同时包含在对社会性别差异的建构中。我们由此把理性建构为感情的对立面，客观性建构为主观性的对立面，文化建构为自然的对立面，公共领域建构为私人领域的对立面——妇女是感性的，男人是理性的；妇女是无私的，男人是自私的——男性的思维模式是使用抽象的概念——而男性的思维模式是根植于她们以有机体生命为标志的身份以及这种身份的永恒……我们发现科学拥有的属性就是男性拥有的属性；被说成是与生产科学相关的客观性尤其被确定为与世界建立关系的男性方式。"②

科学坚持客观性而排除主观性，强调自治、分离、主宰与控制，所有这些意识都被建构为一种男性的认识态度。凯勒求助于精神分析女性主义发展起来的客体关系理论，对客观性、分离、主宰与控制等男性意识的社会建构给出了心理学的解释。简单说来，因为小孩的主要监护人是母亲，她/他们的自我意识与性别身份的形成主要受与母亲关系变化的影响。女孩与母亲具有相同的性别，因此她们能够对母亲产生认同与依赖的情感联系，并建立起恰当的性别身份与自我意识。然而，男孩的男性身份无法通过认同母亲建立，他选择了主动与母亲分离，否定母亲而认同父亲，从而形成男性化的性别身份与自我意识。男孩在与母亲形成

① 章梅芳、刘兵：《性别与科学读本》，上海交通大学出版社 2007 年版，第 64 页。

② Richard Olson, "Historical Reflections on Feminist Critiques of Science: The Scientific Background to Modern Feminism", *History of Science*, June, 1990, p. 126.

分离的过程中，一方面害怕自己的行为会伤害到母亲，另一方面又害怕失去自我，因此，男孩开始寻求对客体、对他人的主宰与控制。凯勒认为，"这种分离、差异、界线的描绘和强调自治，不仅是男性概念的核心，而且是客观性和科学理性概念的核心。"① 当科学知识以统治、主宰与控制作为其追求的目标，这也正是寻求以男性化的自我意识所具有的特征为目标。

凯勒把科学与男性气质的联系追溯至性别意识形成的心理根源，这就意味着不仅生物学与社会科学而且包括数学与物理学等"硬科学"在内的所有科学都受到男性化的性别意识形态的感染。然而，从文化中习得的控制与统治既不是自我的本质也不是科学的本质，超越性别的俄狄浦斯情结要求我们对父权制文化进行批判与重构，超越科学的俄狄浦斯情结同样需要有对理性、科学及其客观性的批判与重构。

科学是一位男性，相应地，自然是一位女性。

在《自然之死》中，生态女性主义者卡洛琳·麦茜特在考察了大量十六、十七世纪的文学、艺术作品与哲学思想后指出，将自然——尤其是地球——比作母亲一直是其中广为流行的一种观点。自然母亲的这种隐喻形象同时以两种不同的面目出现，有时她是"仁慈的养育者"，在"一个设计好了的有序宇宙中提供人类所需要的一切"；有时她又是"非理性的施虐者"，"常常诉诸暴力、风暴、干旱和大混乱"与人类为敌。从古希腊至科学革命之前，有机论占主流地位，自然以养育者的形象出现，这一基本的隐喻反映在人类与自然的关系上即表现为人类对自然的敬畏与尊重；自文艺复兴以来，自然作为"狂暴的、无序的、野性的女性"这一隐喻形象在文学作品中被得到加强，自然成为需要运用强有力的手段操纵、控制与驯服才能服从人类意愿并为人类

---

① 章梅芳、刘兵：《性别与科学读本》，上海交通大学出版社 2007 年版，第 57 页。

服务。

　　作为"现代科学之父"的弗兰西斯·培根，因其性别隐喻中明显表露的大男子主义思想而在女性主义中成为众矢之的。麦茜特把培根看作是他所处时代的"男性中产阶级的代言人"，"他的语言、风格、含义和隐喻成了反映他那个阶级的理想的一面镜子"；[1] 哈丁批评"培根求助于强奸的隐喻以说服他的读者相信实验方法是一个好东西"；[2] 凯勒指出当培根试图证明科学就是力量这一主张时，他所采用的方法就是使用富于性的想象力的隐喻。

　　培根把科学看作是征服自然的一种力量，在他为自己的观点作辩护时，自然具有明显的女性化倾向，其中包括用第三人称女性代词"她"指称自然。同时，作为曾一度担任过最高法院总检察官的司法人员，培根有过参加法庭审讯的丰富经验，而他对新科学与新方法的描述与论证也充满着在审讯自然与审讯女巫之间的类比与隐喻。

　　"因为你不得不猎取在游荡中的自然。当你愿意的时候，你就能够再次引导或驱使它回到同一位置。当对真理的探索是一个男人的整个目标时，你就应该毫不犹豫地进入和插入这些洞与角落。"[3] （培根的这段话受到许多女性主义的批评，她们指出所谓"毫不犹豫地进入和插入这些洞与角落"事实上隐含了某种对自然实施强奸的意思。）

　　"有充分的理由相信，自然的子宫中仍有很多极有用处的秘密，它们与现在我们所知的任何事物都没有类似或相当之处……只有以现在所言的这种方法，我们才可以迅速、即刻、同时地预

---

① ［美］卡洛琳·麦茜特：《自然之死》，吴国盛译，吉林人民出版社 1999 年版，第 181 页。

② Iddo Landau, "Feminist Criticisms of Metaphors in Bacon's Philosophy of Science", *Philosophy*, 1998, Vol. 73, p. 74.

③ 章梅芳、刘兵：《性别与科学读本》，上海交通大学出版社 2007 年版，第 324 页。

知和发掘这些秘密。"①

"事物的本性，在实际的、机械的技艺拷打下，比在自然状态下，更愿意泄露自身的秘密。"②

采取怎样的描述方式同时也意味着接受怎样的价值判断与道德规范。强调语言描述方式对人们认识行为的引导作用，这是女性主义之所以批判培根性别隐喻之关键。比如麦茜特指出："当自然形象和对自然的描述性隐喻发生变化时，一种行为限制就可能变成一种行为许可。"③ 而凯勒则说到，虽然隐喻"就其本身而言并没有推动科学知识的生产；语言本身也无法产生出物质效果；但是，语言确实指引着人类的活动——就物质效果的构建而言，这些活动是必不可少的。"④ 把科学看作男性，而同时把自然类比为女性，培根正是借用父权制社会男性主宰女性这一社会事实强调科学作为一种理性认识对自然实施控制的有效性。

父权制社会系统中男性主宰女性、女性服从于男性这一社会秩序被投射到科学控制自然、让自然服从于男性科学家的意愿这一人与自然的关系之中，而值得一提的是，通过语言的意指作用，现代科学的发展又进一步强化了人类对自然的统治意识，进一步强化了根深蒂固的性别等级思想。

从术语的意义分析，科学隐喻分为"科学（本身）的隐喻"或"对于科学（本身）的隐喻"与科学理论中隐喻的思维方式与隐喻的表达方法。⑤ 女性主义指出科学是一位男性，培根把自然

---

① ［美］卡洛琳·麦茜特：《自然之死》，吴国盛译，吉林人民出版社 1999 年版，第 186—187 页。

② 章梅芳：《试论女性主义科学技术史的隐喻分析方法》，《科学技术与辩证法》2007 年第 6 期。

③ ［美］卡洛琳·麦茜特：《自然之死》，吴国盛译，吉林人民出版社 1999 年版，第 4 页。

④ 章梅芳、刘兵：《性别与科学读本》，上海交通大学出版社 2007 年版，第 72 页。

⑤ 郭贵春、成素梅：《当代科学哲学问题研究》，科学出版社 2008 年版，第 310 页。

意指为女性，这都是前一层意义上的科学隐喻，即"关于科学（本身）的隐喻"。从另一个层面，凯勒、南希·图安娜、艾米利·玛丁、斯科特·吉尔伯特生物学与性别研究小组都有对生物学理论中广泛使用的性/性别隐喻的分析。

传统生物学理论中，"关于被动的女性和有英雄气概的男性的文化观念被纳入到了配子的'人格'中"。精子被描述成"积极的"、"有力的"和"自发的"，而卵子则只能"被输送"、"被清洗"，或仅仅在输卵管中"漂流"，直至被精子"捕获"。受精过程被描述为是"勇猛的精子"追逐"被动的卵子"的过程，"被动的卵子"就如同睡美人一样等待着精子的穿透、征服与唤醒。凯勒指出，早期生物学中的这一隐喻正是传统社会性别意识形态在生物学理论中的影射。至 20 世纪 90 年代，生物学理论的新进展把精子与卵子描述成"积极的合作伙伴"，而受精过程也是精子与卵子"相互追寻与相互融合"的过程，这一描述显然与第二浪潮女性主义运动对女性赋予的新形象相吻合。[①]

一方面，女性主义批判科学与性别之间消极的隐喻关系，另一方面，女性主义也在积极的意义上使用隐喻的方法阐述女性主义的理想。女性主义技术史学家费侠莉（Charlotte Furth）指出，隐喻是一种充满弹性的、开放式的语言方式，是社会经验与社会意义的特殊塑造者。隐喻，既能作为一种言语方式以现有文化统治权的方式阐释社会，又能作为一种先验的结构影响到经验证据的收集、理论的重构以及知识的生产。[②] 科学隐喻具有"重要的方法论的功能，而且常常是自然地、非强制地、潜在地、微妙地发挥着它的功能"。[③] 作为一种思维方式，科学隐喻能够促生某种

---

① 章梅芳、刘兵：《性别与科学读本》，上海交通大学出版社 2007 年版，第 70 页。

② 章梅芳：《试论女性主义科学技术史的隐喻分析方法》，《科学技术与辩证法》2007 年第 6 期。

③ 郭贵春：《科学隐喻的方法论意义》，《中国社会科学》2004 年第 2 期。

"未来研究战略"，引导某种符合人类发展目的的变革。这种特殊功能使得科学隐喻同样成为女性主义阐述其理论与立场的一种方式。

哈拉维就是一位熟练地使用隐喻阐述其理论思想的女性主义者，她的"丛生狼"与"赛博格"两个隐喻成为大多数女性主义者熟知的概念。"丛生狼"携带着科学家安装的电子试验仪器，既能以助手的身份成为科学家得力的工作伙伴，又能以狼的身份进入丛林中的狼群中；"赛博格"是一种人机混合体，机器成为人身体的一部分，人依赖于机器履行其完整的功能。哈拉维用"丛生狼"、"赛博格"隐喻超越了男性与女性、人与动物、动物与机器、有机体与无机物等边界的存在，并进而让人深思诸如男人与女人、人与动物、有机物与无机物之间是否存在我们所为之坚信的概念边界，如果有，这种边界的本质又是什么。

第四节　重构经验：女性主义科学研究

"经验如是说"是科学理论成立的一个主要证据。就经验主义者而言，经验恰当性甚至是理论合理性选择的最终依据。

持朴素经验主义观点的休谟在一段著名的话中表达了他彻底的经验主义立场："如果我们手里拿起一本书来，例如神学书或经院哲学书，那么我们就可以问，其中包含着数和量方面的任何抽象推论么？没有。其中包含有关于实在事实和存在的任何经验的推论么？没有。那么我们就可以把它投在烈火里，因为它所包含的没有别的，只有诡辩和幻想。"① 休谟区分了抽象的推论与关于事实的推论，把经验作为知识的一个主要来源。休谟关于理性

----

① ［英］休谟：《人类理解研究》，关文运译，商务印书馆1981年版，第145页。

推理与经验事实的两分也是西方哲学认识论中的一个传统，与此类同，逻辑实证主义在理论与经验之间划出界限，把经验归入可以通过以视觉为主的感觉器官感知的事件，而理论则是对事件发生原因与相互关系的一种解释。

后实证主义哲学的一个主要成就就是对理论与经验两分的批判。在《论经验论的两个教条》中，奎因就明确指出"说到任何个别陈述的真理性中都有一个语言成分和一个事实成分，乃是胡说，而且是许多胡说的根源"。① 他令人信服地批评了逻辑实证主义的一个教条就是断然区分综合命题与分析命题，另一个教条就是认为有意义的理论陈述都可以还原为关于直接经验的事实陈述。科学哲学家波普尔则指出，既没有纯粹的理论也没有纯粹的观察，所有的理论都负载价值，所有的观察都渗透着理论。否认观察与理论的二分也意味着拒绝把理论还原为纯粹经验的彻底的经验主义。

什么是经验？经验如何成为理论的证据？对这些经常成为科学哲学关注中心的问题，在女性主义关于体质人类学（physical anthropology）、灵长类动物学、生物学与行为科学理论发展的反思性研究中，我们可以获得某种突破了传统界限的启示，这些启示包括：拒绝政治/科学的两分，承诺主体知识作为知识的一个构成部分，并要求重构知识的主体。② 虽然这些启示在一些后逻辑实证主义的理论中都或多或少有所提及，但经验女性主义却从不同的角度阐释了这一理论所具有的实践意义。从以下 19 世纪体质人类学研究与行为社会学研究两个案例我们可以发现，一方面，女性主义作为一种理论视角给科学研究提供了理论思考的新动力，另一方面，女性主义科学研究又反过来为女性主义事业提

①　［美］威拉德·蒯因：《从逻辑的观点》，江天骥、宋文淦等译，上海译文出版社 1987 年版，第 39 页。

②　Nancy Tuana, "The Values of Science: Empiricism from A Feminist Perspective", *Synthese*, 1995, p. 442.

供了理论上的援助。

案例一：什么是作为理论证据出现的经验？——19世纪体质人类学的研究。

19世纪出现的体质人类学假定人类处在一个从低级到高级排列的进化阶梯中，不同阶段的群体呈现出不同的体态结构，包括骨骼结构、脑的大小与形状、皮肤的颜色等各方面的不同。体质人类学根据身体结构的差异把人分为不同的种类，安置在进化阶梯的不同位置。例如，他们认为非洲黑人脑袋小、皮肤黑，头骨前额凸出，这些特征都是在处于较低进化阶段的标志，因此，非洲黑人在进化阶段中处于较低级阶段。

体质人类学的研究成果被用来解释性别差异问题。体质人类学家认为，既然妇女与男人相比被认为是较不完美的进化形式，那么妇女的这种低等性也应该能够在女性不同的身体结构中显现出来，因此，通过测定男女之间不同的身体结构可以对这一结论给出更科学的解释。同时，体质人类学家认为头盖骨的形状能够揭示出人的心理状态与智力发展水平，对应于相应的进化发展水平，如果妇女比男人低等，那么妇女的头盖骨形状就应该呈现出属于低等进化形式所具有的某种特征。

体质人类学最初的观点相信，这种低等形式表现在妇女的脑体积比男性的小，但是大量的证据表明女性的脑体积并不是比男性小，相反，有研究显示女性的平均脑体积还略大于男性。研究颅骨学的人类学家沙夫豪森（Schaaffhausen）在人类颅骨的形状与进化程度之间建立起联系，并据此指出妇女在进化中处于更低位置的五个特征：体表突出程度较小、前骨骼抬起程度较低、短而窄的颅盖骨、牙齿弧度更大并向前凸出、面部相对较偏平。妇女拥有的这些特征同时也是非欧种族人群拥有的特征，而非欧种族人群被认为处于进化阶梯的较低阶段，由此，沙夫豪森根据这种相似与类比得出结论，妇女进化程度确实较男性低级。

在沙夫豪森之后，艾克（Ecker）比较了男性与女性的头骨，发现沙夫豪森的有些理论在经验上是错误的，从整体上来说，妇女面额并不是比男性更偏平，而是更加凸起。但是，是否这一发现推翻了女性比男性更为低等的原有结论？事实并非如此。艾克寻找到了另外的证据，他发现妇女所拥有的面部特征与婴儿所拥有的面部特征相似，妇女的颅骨特征处在婴儿与男性之间而与婴儿更接近。婴儿的发育往往被类比为人类进化发展史中的较低阶段，因此，与婴儿具有相似面部特征的妇女同样被合理地证明为处于比男性更原始的阶段。

　　沙夫豪森的理论与研究从一开始就假定存在一个进化序列的金字塔，在这个金字塔中，欧洲白种男人处于进化金字塔的最顶层，妇女与非欧种族处于金字塔的最底层。在这一假设的前提下，沙夫豪森为其理论寻找证据，发现妇女的头盖骨与非欧种族更接近，因此把女性与非欧种族共有的这些特征规定为更原始的特征，反过来又指定这一事实就是妇女进化程度更低、更原始的证据。尽管后来者艾克发现了与沙夫豪森不同的经验事实，但是他不是用经验事实推翻理论假设，而是通过改变比较的标准（把妇女与婴儿相比，而不是与非欧种族相比），从而把不同的经验事实还原为同一个理论的证据，同样用来证明妇女进化程度较低这一不可推翻的理论假设。

　　接着，人类学家克莱兰德（Cleland）把这种等级理论更加的精致化，他把性别之间的颅骨比较扩展到种族之间的颅骨比较。克莱兰德注意到澳大利亚人、黑人等种族都拥有较高的前额，认为艾克与沙夫豪森的标准并不足以精确地描述进化等级，因此他进一步修改了标准，把颅骨底线与脊椎骨支柱之间的角度规定为测量人种进化程度的参考标准。根据这一修改后的标准，妇女因其与婴儿颅骨形状相近而被列入进化序列金字塔的下层，同样，非欧种族与欧洲种族相比也处于金字塔的下层。再一次，通过修改比较的标准，理论获得了经验证据的支撑。

　　20世纪的生物学表明，体质人类学研究中的许多结论都是错误的，但是这种带有明显性别偏见的研究为什么能够一度以客观科学的面目出现在科学研究的历史上？经验女性主义者图安娜指出，在体质人类学研究的历史语境中，妇女低等的假设并不只是偏见那么简单，而是蕴含于当时科学共同体普遍接受的科学理论之中。达尔文的进化论理论把性选择看作进化的一个机制，在这一机制中只有男性利用其优势得到进化，而妇女因其所承担的生育工作较早地停止了个体的发展，另外，女性因孕育胎儿而不可能拥有与男性同等的精力用以发展生物的多样性。可见，在达尔文的进化理论中，"妇女低等"是符合逻辑的、有根据的理性推论，而非没有根据的猜测。当达尔文的进化论得到科学共同体的普遍认同，"妇女低等"也就不是没有根据的假设，而是当时普遍接受的背景理论的合理推论。

"在科学推理中，理论要面对事实；科学推理的主要条件之一就是理论必须得到事实的支持。那么，事实能够在多大程度上支持理论呢？"[①] 拉卡托斯在四十年前提出的这一问题又以不同的方式出现于女性主义对科学的批判性研究之中。当妇女低等这一假设成为科学研究中普遍接受的背景理论，这一性别意识形态也就成为科学"研究纲领"的核心部分，成为理论体系中的"形而上学的"假设，即使发现有与理论相冲突的经验证据，研究者不是质疑背景理论，而是修改了低等的标准以使经验符合理论，从而把反常变成肯定的证据。

案例二：人类起源的理论述事——"女性，采集者"与"男性，狩猎者"。

萨特区分了"自在的存在"与"自为的存在"，"自在的存在"是一种服从于自然规律的物的存在，"自为的存在"则能通过自己的行为创造性地改变自身的存在方式。人正是后一种意义

---

① ［英］伊·拉卡托斯：《科学研究纲领方法论》，兰征译，上海译文出版社1999年版，第2页。

上的"自为的存在",能够通过历史性的行为改变自身的存在方式。人类制造工具,使用工具,同时人类自身的身体机能在适应工具的过程中又逐渐得到改变。人类的大脑与身体不但是自然的产物,同时也是逐渐发展的技术的产物。

解释人类的进化过程或人类社会的起源故事是人类学研究的科学议题之一,解释的根据主要来源于对人类近亲——灵长类动物群体的研究。来自生物学的假设认为从灵长类动物的身上我们能够看到人类个体与社会进化历史的影子,就如哈拉维所言,"我们打磨一面动物的镜子以反观我们自身"①。除此之外,远古时代留下的化石也为我们合理地猜想祖先们的进化史提供了原始资料。

关于人类起源的叙事有两个版本:"男性,狩猎者"理论与"女性,采集者"理论。前者以男性为主体讲述了人类进化史,后者引入被忽略的女性在进化过程中的作用,重新讲述了人类早期进化的起源故事。

有过动物园工作经历的沙里·泽克尔曼(Sir Solly Zucker-man)在《人类、猴子与类人猿的功能相似》一书中第一次提出"狩猎假设"理论,用以解释在人类早期进化过程中从自然向文化的转变。继承达尔文的进化论,泽克尔曼认为,动物的基本生存模式就是为稀有的生存资料竞争,包括繁殖后代的权力与有限的食物。生态环境的改变给前人类生存产生了压力。为了生存,前人类不得不开发新的食物来源,改变原有的喂养模式;并且,为了满足大量的肉食性食物需求,前人类社会形成了最初的性别劳动分工,出现了主要由男性从事的狩猎工作。劳动分工与食物共享促进了家庭这一社会组织的出现,男性与女性之间形成最初的家庭关系。泽克尔曼把狩猎行为看作使人

① Donna Haraway, "Animal Sociology and a Natural Economy of the Body Politic, Part Ⅱ: The Past Is the Contested Zone: Human Nature and Theories of Production and Reproduction in Primate Behavior Studies", *Signs*, 1978, Vol. 4, No. 1, p. 37.

类从自然分离进入文化领域的关键性行为，因为狩猎大型动物
要求使用工具与团体间的合作，而工具与合作正是人类从自然
向文化转变的标志，也是促使脑的改变以及语言等一系列文化
产物产生的原因。

体质人类学家沃斯伯恩（Washburn）进一步发展了泽克
尔曼建立在"狩猎假设"基础上的人类进化理论。他结合最
新的化石发现与实验研究成果，给出了最新的"男性，狩猎
者"理论叙事。沃斯伯恩把男性的攻击性看作是人类进化的
原始动力。来自对灵长类动物群体的观察发现，具有攻击倾
向的雄性能够获得更多的机会，留下更多的后代，与此相似，
沃斯伯恩相信人类社会也依赖于成年男性利用武力狩猎、战
斗与维持社会秩序。男性的狩猎行为提供了群体发展需要的
主要食物；男性的攻击性在群体间与群体内挑起纷争，为了
免于这种纷争带来破坏，群体之间开始实施有效的社会控制；
男性在与大型动物战斗时发明了石斧、石刀、石锤等有效的
工具（石器时代的这些化石都被认为是男性狩猎的主要工
具）；优胜劣汰的自然规律迫使男性不断地改进他们的工具，
而工具的改进又反过来促进了狩猎事业的发展，这一过程同
时推动了大脑与语言的进化。可见，在沃斯伯恩的"男性，
狩猎者"理论述事中，正是男性的狩猎行为推动人类开始使
用手工制作的武器与野兽战斗，开始彼此之间通过语言进行
交流，并最终导致前人类从自然走向了文明。

在"男性，狩猎者"的理论描述中，男性的活动是食物的主
要来源，是有技能的、以社会为取向的，是工具、语言乃至文化
与社会起源的根据；女性的活动是以自然为基础的，以生物为取
向的，仅仅局限于"没有创造力"的家庭行为。"男性，狩猎者"
理论把男性看作是人类进化历史中起决定性因素的行为者，而女
性不过是进化的被动接受者，"在非常真实的意义上，我们的智
力、利益、情感和基本的社会生活——所有这些都是狩猎适应成

功的进化结果……把我们与人猿区分开来的生物、心理与习惯——所有这些都应归功于过去的狩猎者。"①

女性主义灵长类动物学家南茜·特纳（Nancy Tanner）与安德瑞妮·泽尔曼（Adrienne Zihlman）注意到，"男性，狩猎者"理论在讲述人类的进化历史时完全忽略了人类另一半性别的行为及其对社会形成产生的积极作用，因而这一理论解释是不充分的。特纳与泽尔曼提出了不同的假设，认为草原生活食物来源主要以采集的方式获得，工具使用以及行为适应都能推动食物采集技术的进步，而采集技术的发展又反过来推动了前人类向更高阶段的进化。根据这一假设，她们对人类起源进化故事进行了理性的重构。

前人类的生活环境有一个向草原地带转移的过程，与此同时出现了一种新的生活方式，人类身体结构为适应环境变化而发生改变。通过使用简单的工具以及新的行为方式的出现，前人类扩大了食物选择的范围，其中采集成为重要的、有时候甚至是主要的获取食物的方式。采集技术的出现导致女性及其后代之间共同分享食物，新的饮食习惯又推动了与挖掘树根、贮存食物、携带婴儿等活动相关的技术发展，有关季节、地理、动植物生长及其习性的知识也变得更加重要。同时，由于婴儿对母亲的依赖性增强，自然选择的压力要求提供更多稳定的食物来源，从而要求增加个人间的相互合作，进而导致社会技能的发展，其中包括使用语言。与此同时，女性也会选择更具社会技能的男性作为自己的配偶，这种性选择的压力成为加速前人类优胜劣汰的进化动力。

"女性，采集者"理论的依据同样来自于灵长类动物群体研究的启示。泽尔曼发现，与人类最相似的近亲猩猩在使用工具中确实存在性别差异，然而，尽管雄性更乐意选择狩猎，但两个性

---

① Nancy Tuana, "The Values of Science: Empiricism from A Feminist Perspective", *Synthese*, 1995, p. 453.

别都共有食物采集行为，且雌性更经常地使用工具，简单地在两个性别的劳动之间做出断然划分是不合道理的。猩猩群体的社会结构是一种灵活的组织，并且更多地通过与雌性的关系建立起持续的社会关系。同时，石斧、石刀、石锤等石器时代的工具也被重新解释为切割植物、采摘、挖掘等与采集行为有关的工具（同样由新石器时代的化石提供证据）。

不过，"女性，采集者"理论并不是颠覆了"男性，狩猎者"理论，不是用妇女采集行为在进化中的作用取代男性狩猎行为的作用，而是重塑了人类进化的理论论述，认为男性与女性的作用在进化过程中都是同等重要的，不应该在两者之间做出断然的区分。"女性，采集者"理论客观地评价了采集行为在人类进化中的作用，认为采集行为同样是需要技能的，需要关于什么样的植物是食物的知识；采集行为同样是社会性的活动，同样在人类进化过程中起到重要的作用，为进化到强调狩猎行为的重要性阶段创造了条件。这些结果也是与对狩猎工具的考古学证据相一致的。

面对同样的考古学证据，面对同样的灵长类动物研究，为什么"女性，采集者"理论与"男性，狩猎者"理论会对人类进化的起源给出不同的理论叙事？图安娜指出，特纳与泽尔曼之所以能够得出与传统理论不同的认识，其中一个主要的原因就在于她的女性身份或女性主义者的身份，或许恰是"一个女性主义科学家这一事实能够影响到一个人的科学实践。"[1] 在等级制的男性中心偏见中，女性与自然接近，其行为服从于自然的，是非社会化的、不具有技能性的，这一偏见在认识之源头就阻止了对女性行为的社会作用与技能性作用的分析。"女性作为自然的这一功能定义阻塞了对她们的任何分析，诸如她们与心理、与社会环境的

---

[1] Nancy Tuana, "The Values of Science: Empiricism from A Feminist Perspective", *Synthese*, 1995, p. 465.

关系或她们在决定其他社会安排中可能起的作用。"①

　　从女性主义视角出发的研究能够产生不同的研究成果，包括作出不同的观察、不同的理论评价、对经验证据给出不同的理论解释。特纳与泽尔曼既是科学家，也是女性，同时还是女性主义者，作为科学共同体中的一员，她们所接受的传统科学训练使得她们能够在科学传统基础上从事科学研究活动，而作为女性或者女性主义者，她们从女性视角出发的观察行为与思考行为使她们能够看到与男性中心主义者所观察到的不同的东西，从而得出与男性中心主义者不同的理论认识。

　　继承后库恩哲学的传统，女性主义认为经验的证据终究不是从"无源之处"（nowhere）得来的证据。在所有产生知识的认识行为中，认识者不是没有社会身份、没有性别意识、没有所处境遇的抽象的人，而是处在某时某地某一社会与历史情境中的具体的人。正是这一"有源之处"使我们不能忽视，把什么样的经验作为证据往往受到认识者具体社会身份、所处政治立场的影响。在女性主义者看来，当男性中心的意识形态提供了组织经验的这样一个"有源之处"，女性主义所信守的政治立场恰恰提供了另一个不同的"有源之处"，而这一"有源之处"能够给科学研究带来更有创见的、更新颖的视角。然而，最终如何看待这两者之间的比较优势，却还是女性主义理论中尚有争议的一个认识论议题。

第五节　另一种思维：情感的力量

　　凯勒把女性主义在科学领域中的任务界定为："区分狭义的科学推进与广义的科学推进，重申历史对妇女的否定；合法化那

―――――――――

① Nancy Tuana, "The Values of Science: Empiricism from A Feminist Perspective", *Synthese*, 1995, p. 453.

些在科学文化中因为被定义为女性的因而被否定的部分。"① 前者的任务可以归结为对建立在男性偏见意识形态上的传统科学的批判，而后者的任务则理当属于对标记为女性主义科学的重建。相对于各种后现代主义解构有余而建设不足的缺憾，女性主义科学哲学家们尝试对科学进行符合女性主义目标——超越两性对立——的重建，无疑具有积极的一面。

女性主义对社会性别问题的错综复杂的解读同样反映在女性主义对何为女性主义科学这一问题的探讨中，其中一个保守的策略就是拒绝把性别作为科学研究的一个有意义的影响因素。对科学实践与理论的大量女性主义经验研究都表明，把女性与主观感性相联系而男性与客观理性相联系的这一本质主义解释常被用来作为证据以证明女性从其本质上不适宜成为一个科学家。当性别差异成为科学研究领域不平等的根据，女性试图从事科学研究就只有两种选择：成为一个"男人"（接受科学的男性标准且遵从男性的思维模式）或者放弃科学。在这种解释中，女性主义需要重构的不是科学，而是女性自身。

激进的策略就是女性主义立场论，运用马克思主义的阶级立场方法分析性别与科学认识的关系，并从政治上肯定女性立场具有优先地位。马克思主义指出受压迫者因为其特殊的受压迫地位更少受到意识形态的影响而能获得对世界的更客观的认识。与此类推，女性主义立场论认为，在社会中女性作为受压迫的性别因其所处的受压迫的地位而处于更有利的位置，因此能够获得对世界更客观的认识。可见，女性主义立场论对科学的哲学反思不但认定了性别是影响科学研究的一个因素，而且认为女性主义对世界能获得更客观的认识，或者说"女性主义科"学优越于与之相对立的"男性主义科学"，或说以"女性主义科学"取代"男性

① Evelyn Fox Keller, "Feminism and Science", *Signs*, 1982, Vol. 7, No. 3, pp. 593 - 594.

主义科学"正是科学进步的必然。

第三条道路可以称之为新自由主义女性主义的道路。自由主义女性主义强调通过教育使女性放弃女性气质而发展男性气质，以此超越两性对立而达到平等（与此相反，激进女性主义则提倡女性气质比男性气质更为可取）。与此不同，新自由主义女性主义并不是遵从传统看法肯定男性气质而贬低女性气质，超越性别对立并不是贬抑女性气质或男性气质，而是通过教育与社会化批判地融合两者共同的优势，形成一种雌雄同体的新的性别意识。新自由主义女性主义强调，不但传统思想需要与女性主义对话，而且女性主义也需要与传统思想对话。从这一层意义上理解，持经验女性主义观点的朗基诺、图安娜、凯勒等女性主义者都可以被归之为新自由主义女性主义的进路。此处将以凯勒为主要代表对新自由主义女性主义的科学重构作一个速写式的描绘。

凯勒既是一个接受了传统科学训练的生物科学家，又是一个参加了"意识上升"运动与性别知识培训的女性主义者，这一双重背景使她选择了第三条道路，不但用女性主义批判科学，同时用女性主义援助科学。她承认科学研究不可避免地受到性别因素的影响，但不承认有某种可以明确标记为女性主义科学或其他不同标记的科学，也拒绝把自己的科学哲学思想归入女性主义科学研究范畴。她认为讨论某种科学支流中的女性主义科学没有意义，但是讨论科学研究中的女性主义批判的价值以及科学研究中女性主义的贡献则是一个有意义的话题。女性主义科学研究属于"人类"的科学，为促进"人类"的科学而起作用。

如何可能既坚持"女性主义科学"这一说法的合理性又不否认科学作为社会性的事业所具有的统一性？借助于女性主义的理论成果，凯勒通过从理论上区分性与社会性别、科学与自然，以及强调社会性别和科学的社会建构特征从而达到这一理论目的。

在《社会性别/科学系统：或，生理性别之于社会性别就如自然之如科学吗?》一文中，凯勒指出生理性别和社会性别的两分对应着自然与科学的两分，科学问题关注自然与科学之间的关系，性别问题关注生理性别与社会性别之间的关系，两个问题至少在三个方面具有平行关系：

其一，历史上的理论平行关系。女性主义区分社会性别与生理性别，认识到"女人不是天生的"，社会性别不是生理性别之镜，而是社会、文化与历史建构的结果；当代科学哲学研究区分了科学与自然，认识到科学不是"自然之镜"，科学研究不能脱离陷入其中的社会与文化的语境。

其二，认识论上的平行关系。女性主义与科学哲学面临同样的认识论难题，如果社会性别不是通过生理性别定义，科学不是通过自然获得肯定，那么他们的根据从何而来？从认识论上对性别问题的讨论趋向两个极端：生物决定论或社会建构的无限可塑性。前者把社会性别还原为生理性别；后者进入后女性主义的乌托邦，当社会性别不再以生理性别为根据，生理性别就从女性主义的视野中有效地消失了。与此平行的是科学哲学中客观主义与相对主义的对立。前者让科学回归自然；后者进入后现代主义的故事虚构，当科学不再以自然为根据，科学就获得了彻底的自由，自然也就从后现代科学哲学家的眼前有效地消失了。

其三，归于政治学的平行关系。女性主义研究与科学研究面临的问题最后都可以归结为身份问题：即性别的身份问题与科学的身份问题。在政治学的论域中，性别身份提出的问题是：作为一个社会类别，性别不同于其他或是优先于种族和阶级吗？科学身份与此平行的问题是：科学实质上不同于其他的社会结构或"利益群体"吗？科学的知识断言比其他非科学的知识断言更好吗？

凯勒指出，"女性主义科学"这一概念的提出同时意味着科学问题与性别问题从平行走向交叉，之所以两者能够形成交叉，就在于科学的建构与社会性别的建构是同一个社会建构过程。社会建构了男性与女性两个社会类别，把男性气质与男性这一社会类别相联系，女性气质与女性这一社会类别相联系。与两种不同性别气质对应的是两种不同的思维方式，男性气质的思维方式把科学看作对自然的"统治与主宰"，女性气质的思维方式把科学看作"与自然对话"。科学史中从来就不乏采取女性气质思维方式的思考。自培根以来，现代科学就以"统治与主宰"的男性气质占据主流，强调对自然的控制与操纵，让自然为满足人类的欲望而服务。在这种价值导向下，女性气质的思维方式往往得到压制而男性气质的思维方式得到加强。比如，现代科学发展之初炼金术哲学与机械论哲学之争。两者属于不同的思维方式：炼金术哲学强调自然的神秘，强调人与自然的交流、对话；机械论哲学把自然与人都看作机器，可以通过人类的认识主宰与控制。最终机械论哲学打败了炼金术哲学，现代科学沿着机械论哲学的方向不断发展，而炼金术哲学则不被看作是科学。

发现科学研究中女性气质的存在，并肯定其价值，这是女性主义科学研究的一个主要目标。作为女性气质的思维方式能够带给科学以全新的启发，凯勒指出麦克林托克及其科学研究就是一个典型案例。凯勒所著的《情有独钟》一书是麦克林托克的传记，但这本书既可以看作是一个女性科学家的传记，同时也可以看作是一部女性主义作品，凯勒对麦克林托克个人经验与科学研究经验的描述同时也是她为自己的女性主义科学思想的辩护。

芭芭拉·麦克林托克因其生物遗传学研究成果而获得1983年的医学与生理学诺贝尔奖，但是，这一荣誉的获得推迟了将近四十年。得奖的同时，她对科学的贡献也得到了普遍的认同，而她因为所坚持的科学与哲学信念曾经被认为是一个"不正常的、孤独的细胞遗传学家"。

麦克林托克承认她自己取得的科学成就得益于自己独特的研究方法，她在研究过程中总是与观察对象建立起亲密的关系。她亲自种植研究使用的水稻，而不是让助手代劳，在与植物的日常接触中感受到无穷的乐趣；她在开始研究前总要到田间走走，"猜想每一株植物会有什么样的环"，"而这种猜想从来没有出过错"；在进行科学实验时，麦克林托克不是把自己作为一个与研究对象无关的、分离的观察者，而是把观察建立在"对生物体的感觉"的基础上。她在谈论自己的研究方法时说道："我发现我研究染色体的时间越长，它们就越大。当我真正同染色体在一起工作时，我就成为它其中的一员了。我钻了进来。我成为体系的一部分。我跟它们在一起，它们就变大了。我甚至能够看到染色体的内部——实际上每一部分都在那儿。那使我惊诧不已，因为我真的感到好像我已钻了进去。这些染色体全是我的朋友。"[①] 正是麦克林托克这种与有机体建立情感交流的研究方式使她能够看到其他科学家（男性科学家）所不能看到的东西，发现其他科学家所忽略的现象，从而获得超常的成就。

麦克林托克的成功带来的是对其强调直觉与情感的独特研究方法的反思。一方面，许多女性主义者把麦克林托克归入女性主义科学家的行列，作为存在女性主义科学的明证，而这些女性主义科学家能够从女性的视角开始出发思考问题，包括注重情感与直觉，强调差异与联系；另一方面，来自主流科学的观点指出"对生物体的感觉"并没有超出主流科学研究的范围，任何一个好的科学家都拥有此种感觉，麦克林托克的研究并不表示有某种不同于传统科学的另一种科学或女性主义科学。凯勒指出，问题的中心不在于"对生物体的感觉"是否可以作为一种科学的方法被接受——麦克林托克运用此方法成功的故事已经对这一问题给出了答案——而在于是否与"感觉"相关的感性方法被贴上了女性气质的标签，并且科学总是有意无意地表现出对这种感性方法的排斥。

---

① ［美］伊芙琳·凯勒：《情有独钟》，赵台安、赵振尧译，生活·读书·新知三联书店1987年版，第131—132页。

麦克林托克本人并不承认自己的研究得益于不同的女性气质的思维方式，但是，在科学研究中她所贯彻的哲学理念强调"直觉"、"感受"、"连接"、"关系"，这些词汇所表达的意思都明显地与我们最熟悉的女性气质相关，且与男性气质相远离。凯勒指出，关键之处不在于麦克林托克究竟是以一个女人的身份还是以一个科学家的身份从事科学研究，而在于意识到科学与性别都是一个社会建构的概念，从一开始科学就被建构成为与女性气质相对立的概念，但这并不意味着科学与生理意义上的女人有任何的对立。从严格意义上来说，麦克林托克并不是一个符合社会标准的典型女人，她没有怀过孕，没有成为母亲的经历（而这常常被认为是一个正常的完整的女人所必须有的经历），即使作为一个女儿也处于违背风俗的不正常的母女关系之中。但是，作为一个女性——生理性别上的女性，麦克林托克在选择"对生物体的感觉"这一直觉方法时无疑具有男性科学家不具备的、得天独厚的优势。当科学在文化的历史传承中被贴上男性气质的标签，同时排除具有女性气质特征的思维方式，那么，"直觉"、"感受"、"连接"、"关系"这些明显归于女性气质的思维模式就被认为应该从科学研究中排除。然而，麦克林托克在生理性别上是女性的这一事实使得她在使用具有女性气质的思维方式时具有先天的优势，"即使她不是一个典型的女人，但至少不是一个男人——因此，没有义务去证明她的'男性气质'"。[1]

传统科学的意识形态与男性、女性的意识形态一起形成，当科学被贴上男性气质的标签而排除女性气质的影响，女人与科学之间只有可能形成两种关系：或者远离科学或者放弃成为一个被社会地定义的"女性"。这两种选择最终都导向一个结果，加强与延续排除女性气质的科学。

---

① Evelyn Fox Keller, "The Gender/Science System: or Is Sex To Gender As Nature Is To Science?", *Hypatia*, 1987, Vol. 2, No. 3, p. 42.

　　女性主义科学应该有什么样的不同？这种不同恰恰体现在麦克林托克的科学研究中。科学不应该站在女性对立的位置，不应该寻求男性气质的垄断，而应该同时接受女性气质的思维方式，把它看作富于启示的、科学的方法。但是，女性主义科学研究并不意味着女性从事着与男性不同的科学，或意味着用女性气质取代男性气质，如果如此，我们显然又走向了另一个极端，犯了以男性气质垄断科学同样的错误。正如新自由主义女性主义的观点，社会性别是社会地建构的，传统定义中的男性气质与女性气质都各有其长，也各有其短；完美的人性应该扬长避短，在社会化过程中同时培养优势部分而压制劣势部分；理想的超越两性对立的人是雌雄同体的人。如果在科学知识的积累中科学家都能够用雌雄同体的方式处理信息，科学会有什么样的不同？而对这一问题的回答，也有待于在未来对科学进行女性主义重构之后给出。

第 五 章

女性、技术与文化

我宁愿成为赛博格，而不是女神。

——唐娜·哈拉维

技术哲学是西方哲学中的一个新生领域，女性主义哲学又是技术哲学中的一个新生领域。技术的性别问题是女性主义技术哲学思考的中心问题。当性别关系作为一种社会因素进入技术设计与技术发展的影响空间时，女性主义需要对性别化的技术进行反思；当技术以物的力量不但改变着女性性别化的身体，而且改变着女性性别化的意识时，女性主义需要对技术化的性别进行反思。而在女性主义政治实践与技术实践的交叉地带，性别与技术的关系问题则聚集于：技术发展带给女性的究竟是妇女解放的福音还是更深地陷入性别压迫的噩梦？女性主义对技术与性别问题的反思发现，对这一问题的回答最终要求超越对技术与性别的本质主义理解。

第一节　为什么少有女性发明家？

为什么在技术发明史上少有女性发明家？科学技术史上经常

有人提出这个问题。20世纪，女性在科学领域中的缺席引起了女性主义对科学与性别问题的关注。同样，女性不论是在技术发明史上，还是在现代工程技术领域，其缺席的程度相比于科学领域有过之而无不及。技术与性别同样成为女性主义的一个中心议题，而重新发现"隐藏在历史后"的女性对技术的贡献也成为早期女性主义技术史与技术哲学研究的一个方向。

芒福德作为一位古典的技术哲学家，不是一个女性主义者，但他站在女性的立场肯定了女性在人类历史上对早期技术进步所做出的卓越贡献。他区分了具有女性生命特质的容器技术以及以男性骨骼和肌肉力量为特征的支配技术，并认为"在女性的影响与支配下，新石器时代已经是一个拥有容器工具的显赫时代，除了沟渠、村庄这些巨大的容器外，还有石器、陶器、花瓶、广口瓶、缸、蓄水池、箱柜、谷仓、壳仓、房子等等这些容器。"① 新石器时代，不但容器技术受到女性支配，而且嫁接、扦插、田园管理等农业技术都可以合理地被认为主要受到女性的影响，这些技术都对人类文明的进步具有划时代的意义。但是，在技术的发展过程中女性因素逐渐被边缘化甚至湮灭，而以力量为标志、以征服与统治为特征的男性支配技术成为发展的主流。在技术研究与人类学研究中，女性的这种容器技术常常受到男性人类学家以及技术史学家的忽略，芒福德指出这是不公平的。

肯定在技术发明史上女性曾做出的不可磨灭的贡献，这同样是女性主义历史学家奥特姆·斯坦利（Autumn Stanley）的目标。"为什么少有女性发明家？"斯坦利认为，这是一个不需要回答的伪问题。因为，当"对什么是技术"这一问题重新予以解读，当重新审视技术发明的历史，从关注"男人在做什么"到关注"人类在做什么"，技术史上不是少有女性发明家，相反，"女性持有

---

① 程秋君：《技术的性别维度审视》，《东北大学学报》（社会科学版）2008年第4期。

至少三分之二的技术天空"。①

斯坦利批判主流技术史只是关注男性的活动而无视女性所从事的工作。人类学用积极的语言描写男性的行为，用否定的语言描写女性的行为，把男性狩猎的工具、行为与方法归之于技术的范畴，但是无视诸如掘地的木棒、搬运婴儿的装置、盛装食物的容器、处理烹调食物的方法、追踪食物的方法、辨认植物与草药的知识等以女性为主导使用的工具、知识以及体现在女性活动中的行为。事实上，根据人类学家泰勒的研究，前历史时期女性采集与寻找食物的行为为早期人类的生存与进化提供了 60%—70% 的食物，是获取食物的主要手段。对技术史的研究应从只是强调狩猎及其工具的重要性转向采集、园艺及其工具的历史发展与影响，恢复女性在早期技术史上应有的地位。在近代，技术史同样过度关注战争武器、工业机器，而忽略治疗恢复、生育避孕、食物制作与保存以及与环境和谐相处的种种技术行为，对近代技术发展史的充分认识同样需要从这种偏见中走出来。

斯坦利指出，重新发现与肯定在技术发明史上的女性作用需要重新界定女性发明的归类，重新确认女性在技术发展中的作用。挖掘的树枝应该看作简单的机械，纺车的绽盘、旋转的石磨应该看作人类技术发展史上连续旋转运动的革命性突破，与食物相关的过程包括做饭都应该归入农业。当扩展了技术的含义，不只是把男人的行为以及他们所使用的工具称之为技术，同时还把女人的行为与其所使用的工具称之为技术，"女人的技术领域重新取得其应有的地位与意义，'匿名'不再属于女人，女人对技术的贡献比之前所想象的要更大。"②

---

① Autumn Stanley, "Woman Hold Up Two-Thirds of The Sky", *Sex/Machine*: *Readings in Culture, Gender, and Technology*, Bloomington and Indianapolis, Indiana University Press, 1998, pp. 17—18.

② Ibid.

前面已指出，芒福德提醒了，我们注意历史上"容器技术"所具有的意义，而斯坦利则扩展技术的含义，指出在历史上女性发明者的功绩不容忽视。不过，在历经历史发展后的今天，一个不容忽视的事实是女性往往被认为是公共技术的使用者，而从事技术设计、决定技术发展方向的所有关键性角色都由男性承担。我们称之为工程师的公共技术人员更多是男性，女性则在家庭领域从事做饭、清洗、护理等工作，即使我们把做饭、清洗与护理工作看作与机械设计、电脑编程同等重要的技术性工作，但是两种工作仍然分属于不同领域。然而，人们普遍认为男性所从事的诸如机械设计、电脑编程、工业制作等公共技术更具技术含量，或者说更适合称之为技术，女性所从事的家务劳动、护理工作、育儿工作等更少技术含量或不归之于技术领域。"容器技术"普遍流行于新石器时代，但正如芒福德所指出的，在距离新石器时代几万年后的现代社会，归于男性名下的"支配技术"、服从于机械与征服意识的"巨机器"全方位地主宰了人类活动。

从对技术史的关注回归到对现代技术领域的关注，历史问题转变为现实问题，现代工程技术领域或公共技术领域"为什么如此少的女性"？诸如工程技术、信息技术、高科技技术领域都是男性占据绝对优势，而女性不管是其从事工作的人数、从事岗位的重要性，还是对技术设计、技术发展方向所具有的影响力，都处于被边缘化的位置。女性主义科学哲学家桑德拉·哈丁提出女性主义科学研究应该从"科学中的女性问题"转向"女性主义中的科学问题"，前者把科学看作是价值中立的，认为科学研究中的性别问题是受到"坏科学"的影响，通过更科学、更规范的研究方法，科学中的性别偏见就会自然地消除。后者认为"科学从来就是这样"，女性主义需要质疑的不是归入"坏科学"的部分，而是科学本身。关注技术与性别问题的女性主义者温迪·弗尔克勒（Wendy Faulkner）同样指出，女性主义对技术问题的研究需要从关注"技术中的女性"转向

"女性主义中的技术问题"，需要质疑技术本身，并通过这种质疑重新认识性别与技术的关系。①

　　弗尔克勒在研究了工程技术领域中的性别问题之后发现，尽管从政治上来说，各国政府机构与工业机构都支持妇女进入工程领域，但是在大多数国家的工程领域中的女性就是与女性科学家相比都是微乎其微的。弗尔克勒认为，导致这一结果的原因并不是因为女性在工程领域有可能遇到歧视或打击，而是因为女性对机械制作或专业的工程技术更不感兴趣，因此主动放弃了对这一领域工作的选择。女性之所以不愿意选择工程技术类的工作，恰是因为工程技术在文化上被建构为具有男性气质特征的技术行为，男性对工程技术统治的建构与性别身份的建构是同一个过程。"小男孩只有拥有空闲时间才能去修修补补，在高技术公司工作的男性工程师只有拥有'自由'才能花更多的时间工作，因为他们并不被认为应该承担与他们的姐姐或妻子同样的家庭责任"。② 诸如"工程师与权力和控制的模糊关系"、工程技术认识与教育的发展、性别二元论结构、社会组织环境、公共领域与私人领域的划分，这种种因素都同样影响着置身于其中的作为工程师的社会身份与性别身份。正是这种男性气质与技术之间持续存在的符号联系使得工程技术领域无法轻易改变由男性占统治地位的形势，同时通过这种符号联系，"技术的文化想象与文化再现与普遍的男性气质和权力的想象汇合"。③ 正如 M. L. 本斯顿指

　　① Wendy Faulkner, "The Technology Question in Feminism: A View from Feminist Technology Studies", *Woman's Studies International Forum*, 2001, Vol. 24, No. 1, p. 79.

　　② Wendy Faulkner, "The Power and The Pleasure? A Research Agenda for 'Making Gender Stick' to Engineers", *Technology, and Human Values*, Winter, 2000, Vol, 25. No. 1, p. 110.

　　③ Wendy Faulkner, "The Technology Question in Feminism: A View from Feminist Technology Studies", *Woman's Studies International Forum*, 2001, Vol. 24, No. 1, p. 79.

出，技术既是男性权力的产物，也为加强男性的权力服务。每当男人在家中修理抽水马桶或缝纫机，而女人只能在旁边观看时，男人总是会在行为中、在语言中表现出某种高人一等的姿势，而权力正是在这种日常经验中不断得到复制。①

谢里·特尔克勒（Sherry Turkle）在关注女性与计算机关系的研究中得出与弗尔克勒相似的答案，指出女性之所以拒绝使用计算机是因为她们往往会把计算机与电脑"黑客"联系在一起，而"黑客"通常表现为喜欢冒险的、带有攻击性的暴力形象，这一形象在社会文化的定义中恰是与男性气质相近而与女性气质相背离，"计算机成为妇女之所不是的个人与文化的符号"。②

技术被社会地建构为与男性气质相关联，不断积累归于统治与控制的速度、效率与技巧，而不是属于女性气质的自然与关怀。当技术沿着男性气质的指向不断地向前发展，男性在技术中的地位也就不断地得到巩固与提高。布瑞恩斯·艾斯李（Brian Easlea）认为男性对具有控制与征服特征的技术的着迷源出于一种"子宫嫉妒"，③ 因为女人拥有子宫，与自然一体，具有天然的创造力，而男性却无法体会这种创造生命的行为所带来的快感。正是在这种"子宫嫉妒"情结的刺激下，男人转向科学与技术，试图通过科学技术行为控制自然甚至控制女人。例如，命名为"小男孩"的原子弹从实验室到投向广岛的诞生过程带给男性科学家的不是对死亡的破坏性的恐惧，而是对生的创造性的成功。第一颗爆炸成功的氢弹被命名为"迈克"，报告爆炸成功的电文

①　刘霓：《技术与男性气质：应予瓦解的等式》，《国外社会科学》2002 年第 4 期。

②　Sherry Turkle, "Computational Reticence: Why Woman Fear the Intimate Machine", Sex/Machine: Readings in Culture, Gender, and Technology, Bloomington and Indianapolis, Indiana University Press, 1998, p. 365.

③　Wendy Faulkner, "The Technology Question in Feminism: A View From Feminist Technology Studies", Women's Studies International Forum, 2001, Vol. 24, No. 1, p. 81.

上写着："是个男孩。"

　　然而，女性主义认为，相比于女人带来生命的自然的创造力，男性的技术统治行为是更低级、更不可取的创造性行为。现代技术发展带来的是战争、环境污染、核威胁等走近死亡的破坏性结果，正是男人控制与征服的行为造成的，他们必须为这些后果承担责任。

　　理安·艾斯勒（Riane Eisler）区分了"圣杯"的技术与"剑"的技术。女神手中的"圣杯"象征着爱好和平、尊尚和谐与生命的女性原则。"圣杯"的技术服从于以女性原则为主导的技术文化，以维持与改善生活为目的，强调伙伴关系与男女合作的模式。武士手中的"剑"象征着征服、统治与主宰的男性原则。"剑"的技术服从于以男性原则为主导的技术文化，以实施毁灭与统治的男性暴力为标记。技术的"统治者模式"坚持以暴力之"剑"征服与控制他者，坚持唯我独尊的技术原则。

　　根据来自考古学与神话传说描述的证据，布瑞恩斯·艾斯李猜测，在新石器时代，人类曾有过一段以女性原则为主导的黄金时期，那时候男女之间是相互合作的伙伴关系，人与自然和平相处，技术与文化以一种健康的方式向前发展。公元前6000多年前的克里特岛以"圣杯"的技术为主导，如果不是外族入侵，通过暴力征服用"剑"的文明取代了"圣杯"的文明，用统治的关系取代了相互合作的关系，克里特岛将仍然在和平与和谐的环境中获得稳步的发展。

　　"剑"的技术取代"圣杯"的技术是人类技术与文化史上第一次历史性的颠覆，随之出现了男性原则对技术的主导、男性对自然的控制以及男性对女性的统治。"现在的世界是这样一个世界，女神和人类一半的女性的一切权力已经为暴力所剥夺，男性神祇和男人占据了统治地位。正是在这个世界里，从今以后是剑而不是圣杯，才是至高无上的，正是在这个世界里，我们只能在久已湮灭了的神话和传说中发现和平与和谐。"① 当"剑"的技术取代了"圣杯"的技术，男性原则得到了弘扬，女性原则被压制。当技术在文化上被定义为与男性统治与主宰意识相关联，而女性被定义为是服从的、驯服的，是天生不具有统治意识的，则女性与技术就被认为分属于两个相互矛盾而无法融合的范畴。正如女性主义科学史家玛格丽特·罗西特指出，当科学家被假定为理性的、严密的、竞争的、非情感的，而女性被认为应具有相反的气质，女科学家这一概念本身在术语上就是一个矛盾。② 技术与性别也面临着相似的问题，女工程师似乎从概念上就是一个让人感觉奇怪的矛盾。

如何超越技术与女性在文化定义上的这种对立？艾斯勒认为有必要进行技术与文化史上的第二次革命，用"圣杯"的技术颠覆"剑"的技术。今天，当人类面临技术发展带来的诸多问题之时，逃脱毁灭的命运而走向希望的未来需要重新回归"圣杯"的技术，用伙伴关系取代统治关系，重新回归新石器时代以生活为中心、男女合作的技术发展模式，重新肯定女性价值与女性原则对技术发展的主导作用。

第二节　从建构主义到技术女性主义

第二浪潮女性主义从理论上区分了生理性别与社会性别，认为不管生理性别是如何由自然的生物性状决定，但社会性别是历史地建构的。社会性别的社会建构论者指出，女人之所以成为女人，是因为社会从小就要求女性应该具有符合自己身份的言谈、

① 理安·艾斯勒：《圣杯与剑——我们的历史，我们的未来》，程志民译，社会科学文献出版社1995年版，第79页。
② 吴小英：《科学、文化与性别：女性主义的诠释》，中国社会科学出版社2000年版，第57页。

举止、行为与习性。与此同时，20 世纪后期的技术建构论提出，技术与技术制品不但其使用而且其设计与内容都是社会地建构的，必须置于社会语境下分析。性别的社会建构论与技术的社会建构论从一开始在理论上就具有了某种默契与共通，因此当女性主义开始涉足技术领域中的性别问题时，技术建构论成为女性主义最为便捷的理论工具，它不仅为女性主义分析技术与性别问题提供了基本的概念框架，同时也为女性主义经验研究提供了微观研究的具体方法。"性别身份的建构，就像技术的建构，是在日常社会交互影响中达成的一个流动的关联过程。"① 女性主义指出，社会性别与技术事实上是同一个社会建构过程，是"相互构形"的关系。因此，"如果不考虑性别就不可能完全理解技术，不考虑技术也不可能完全理解性别"。②

技术建构理论是科学知识社会学向技术研究领域的衍生。布鲁诺、拉图尔、伍尔加等一批科学知识社会学理论家提出，科学知识的核心内容也必须接受社会学的检阅。布鲁诺提出科学知识社会学的四个强纲领：因果性、无偏见性、对称性与反身性。平奇与比耶克把科学社会学思想引入技术研究领域，发展了技术建构理论。在《事实与人造物的社会建构：或科学社会学与技术社会学如何相互受益》这篇文章中，平奇与比耶克发展了技术建构主义的主要理论框架，其中包括：其一，坚持解释的对称性原则，在技术研究领域中避免用是否"工作"来解释技术的成功或失败，相反，"机器'工作'是因为它们被有关社会群体接受"，因此，社会群体在技术讨论中占据重要位置。其二，引入解释的灵活性，一项技术所涉及的不同群体可能对技术及其技术的特征有极为不同的理解，不仅技术的使用，而且技术的设计都不止一

① Judy Wajcman, "Reflections on Gender and Technology Studies: In What State is the Art?", *Social Studies of Science*, June, 2000, p. 456.

② Maria Lohan, "Constructive Tension in Feminist Technology Studies", *Social Studies of Science*, December, 2000, p. 902.

种可行的或最好的方法。其三，如何获得技术的闭合与稳定，作为闭合机械的一项新技术的诞生其稳定在于相关的社会群体共享与技术制品相联系的意义，表现在与新技术相关的问题消失。问题的消失其关键之处在于有关的社会群体是否认为这些问题已解决，在这一过程中，在一个社会群体赋予技术制品一定意义时广告起到了很大的作用。[①]

克隆、拉图尔等后结构主义者发展起来的行动者网络理论可以被看作是科学技术建构理论的一个理论支流。行动者网络理论认为，技术的建构与社会的建构不是相互分离的领域，而是处于相互影响、相互建构的同一过程，技术与社会都处于联结人类与非人类的事物这一共享网络中。通过描述这一网络，行动者网络理论指出某些行动者是如何成为决定技术发展方向的决定者，而其他行动者则处于这一决定权力之外。在技术设计中，设计者以各种方式定义潜在的技术行为者与使用者，把自己的世界观"刻写"在技术制品上。就如卡隆所言："机器携带着那些发明、发展、完善与生产它们的人的话语……机器是一个代言人"。[②] 尽管是设计者设计了机器，并借机器传递了自己的思想与意图，但是使用者并不是完全外在于这一技术网络之外而全然服从于设计者的定义，因为由设计"刻写"的意义具有"解释的灵活性"，可以在使用者与技术制品相互影响的过程中重新解释或被改变。技术意义的改变又将反过来影响到技术的设计与发展方向，因此，虽然消费者处于技术使用的另一端，但是他也能够通过进入技术的行动者网络而成为技术发展过程中的一个部分。例如，电话既可以成为工作中的男性

---

① Trevor J. Pinch and Wiebe Bijker, "The Social Construction of Facts and Arti-facts: or How the Sociology of Science and the Sociology of Technology might Benefit Each Other", *Social Studies of Science*, 1984, Vol. 14, pp. 399 – 432.

② Judy Wajcman, "Reflections on Gender and Technology Studies: In What State is the Art?" *Social Studies of Science*, June, 2000, p. 451.

办公交流并提高工作效率的工具，同时也可以成为女性闲话家常并扩大社会交往的联系方式，而电话的发展从最初定位于商业中心到全世界最大范围的普及，这其中女性作为电话使用主要群体的定位转向显然起到了至关重要的作用。

虽然技术建构主义者强调社会群体及其相互关系在技术的社会建构中的核心作用，性别关系或许也是一种重要的社会关系，但是性别问题并不在技术建构理论的考虑之列。这个被建构主义抛弃的主题在女性主义技术研究中被捡起并得到推进，关注技术与性别问题的女性主义者问道，"性别能够进入建构主义，特别是技术的建构主义研究吗？"① 对于大多数"技术女性主义"者来说，答案是肯定的。

"技术女性主义"这个称呼由女性主义者魏克曼发展起来，用来指称那些运用科学技术的社会学方法来研究技术领域中性别问题的女性主义。早期女性主义在讨论技术与性别的问题时，往往把女性作为技术的消费者，强调技术的使用对女性及其性别文化形成的冲击，而这种冲击有时候被看作是妇女解放的外在动力。"技术女性主义"强调"女性主义中的技术问题"，试图探讨技术本身的性别问题，包括技术设计、技术使用以及技术文化中潜在的性别问题。

技术建构论者强调只有参与技术设计的行为才能对技术设计与技术发展构成权力和影响，但是他们却忽略了这一事实，有些群体在技术设计的过程与技术行动的网络中被排除，因而无法进入技术的权力中心。被忽略的最大群体当属女性。在劳动的性别分工中，女性被排除出科学、工程与管理领域，从而无法在技术设计中成为有影响的行为者。女性主义者指出，技术建构论者提及到的技术设计与技术发展中"有关的社会群体"主要包含的是

① Maria Lohan, "Constructive Tension in Feminist Technology Studies", *Social Studies of Science*, December, 2000, p. 900.

部分白种男性精英群体，排除了其他被边缘化的社会群体，"机器是一个代言人"，但也只可能是个男性的代言人。当能够影响到技术设计与技术发展的"有关社会群体"主要是男性，那么在男性做出决定之时，他们同时设定的技术标准也就是男性标准。在技术的发展中，这一男性标准被用来衡量女性以及女性的需要。

技术发明家与技术设计者往往被认为是"男性英雄"，他们决定了技术发展的主要方向。是否女性的行为与工作就没有对技术的发展施加任何影响？发明包括六个阶段：基本研究——应用研究——技术发展——生产发展——生产——使用。在这六个阶段中，前五个阶段起决定性作用的显然都是处于科学研究与科学管理较高位置的男性精英。但是，一旦将技术发明的过程放大到包括流水线操作、市场、销售、消费直至最后技术的使用，女性的工作立即进入眼帘。女性从事秘书工作、清洁工作以及部分销售工作，女性是家用技术与生育技术的主要使用者。同样作为技术的消费者与使用者，女性拥有对技术制品给出不同理解与不同解释的权力，这种权力使女性能够进入到技术的影响空间。当技术与社会在同一个社会建构过程中编织起一张"无缝之网"，种种事实都指出女性在以不同的方式进入技术社会这一"无缝之网"中。

玛丽亚·诺汉（Maria Lohan）总结性的分析认为，技术女性主义至少可以在四个方面与技术建构理论或科学技术社会学形成理论汇合：[1]

1. 研究的场所。科学技术建构主义主要在实验室中跟踪科学家与工程师的行为，同时，技术女性主义也需要从实验室开始研究技术的性别问题，虽然实验室中聚集的主要是男性。"只要妇

① Maria Lohan, "Constructive Tension in Feminist Technology Studies", *Social Studies of Science*, December, 2000, pp. 895 – 909.

女不表现为重要的行动者或相关的社会群体,性别就不是一个相关的范畴"。① 女性主义的一个研究策略就是针对聚集于有女性身影的研究领域或研究场所,研究女性之所在之处。但这一行为又悖论性地加强了这一看法,认为性别这一范畴只有用来研究女性领域的问题时才有效。诺汉指出,技术是一种文化产品,交织于语言与意义系统中,技术、语言与意义的社会化同时也是性别化的过程,性别之网与社会、技术交织的"无缝之网"镶嵌为一张网。为了能够发现性别问题,性别必须被操作为一个分析类别,必需意识到性别关系不仅存在于男性与女性之间,同样存在于男性与男性之间,当男性把女性的看法标记为"性别化的"或"他者"时,这本身就是男性霸权的表现,在科学技术实践中,这种霸权最经常的出现于由男性占据的实验室以及工程项目研究中。

2. 分析的透镜。女性主义技术研究从符号层面理解技术与性别的关系,从文化的层面分析技术的男性气质特征,如技术通过理性定义而与身体相分离,服务于统治与控制的目标,而非服务于生活的经验。把技术从性别化的偏见中释放出来,使技术的未来发展与女性主义政治目标的未来发展合二为一,这就要求把女性主义的实践目的融入技术建构发展的目的之中。

女性主义从技术建构主义研究中引入了三个关键的分析概念:

"解释的灵活性"(interpretative flexibility):指技术意义的边界并不是固定的,所有的人(不仅男人,而且女人)都可以在日常生活中重新解释技术的意义与功能。即使男性精英们在技术设计之初用他们自己的语言诠释了技术制品的意义,但是女性及其他非精英群体同样可以在技术传播与技术使用中用不同的语言赋予技术不同的意义。

---

① Maria Lohan, "Constructive Tension in Feminist Technology Studies", *Social Studies of Science*, December, 2000, p. 901.

"剧景/剧本"（scenario/script）：指篆刻在技术中成为技术物质的一个部分或技术符号层面的稳定性部分。"解释的灵活性"可以用来理解在技术建构过程中意义的改变，而"剧景/剧本"则用来理解技术意义的相对稳定，如当女性成为家用电话最大的使用群体及其意义的最大解释群体时，家用电话常被描述为"女性化的技术"。

"施动者"（actant）："施动者"不等于被动者，它具有被动者不具有的某种能动性。技术建构论把非人类的技术看为"施动者"，这意味着以非决定的方式理解"社会技术的全貌"，技术成为一种"有生命的对象"，它的功能与意义的改变会影响到日常生活经验的形成。诺汉指出，这一概念对技术女性主义研究尤其重要，因为"技术的"与"社会的"之间的边界常常也是"男性气质"与"女性气质"之间的边界，正是在作为"施动者"的意义上，技术从与"男性气质"相联系转向与"女性气质"相联系同时技术也"去技术化"。女性化往往意味着社会化，而社会化则意味着去技术化。比如，各种家用技术在从实验室进入女性的日常生活经验的这一过程同时也是去技术化的过程，技术的普及与社会化同时带来了"技术技能"的去技术化。

3. 权力关系。行动者网络理论对权力的理解受到福柯的影响，同样认为权力"不是行动的原因而是行动的结果"，阶级、国家以至实验室都应该被看作是一系列操作、策略与关系产生的结果，而不应该反过来用它们解释这一系列社会事件发生的原因。在此意义上，研究者的工作不是去发现这些事件之所以产生的终极原因，而是揭示出这是些什么样的行动方案并发现它们的暂时性。

女性主义对性别关系的理解同样受到后福柯主义的影响，倾向于"把性别看作一个动词"，看作是一种面向改变的、重新协调与多元的过程。女性主义指出，性别之间的权力关系并不是从一开始就是一种不可更改的决定性关系，这种关系需要重新置于多元的社会化语境中理解，父权制不是用来解释当前社会性别权力关系的原因，而是社会在经济、政治、文化等各领域中把男性与女性分别置于不同位置这一系列社会事件的结果。但是，权力是一系列策略关系的结果这并不意味着它不能用于达到某种目的。① 在父权制社会中，占据权力优势地位的男人们总是把这种权力关系自然化、永久化，以达到维护既得利益的目的，因此，权力又成为男性维护父权制统治的工具。

诺汉认为，在对权力关系的分析中，女性主义与科学技术社会学都持有一种方法论上的相对主义，而正是这种方法论上的相对主义能够为女性主义理解性别与技术之间流动的权力关系提供有希望的前景。相对于本体论上的相对主义，方法论的相对主义不是从本体论上把握性别、父权制、性别与技术的关系等概念，而是从一开始就把这类问题的结构性关系悬置。当然，并不是说对这些关系的结构化认识是错误的，而是说这些结构的性质必须进入分析讨论与经验研究的空间，它们不是如丢出去的骰子，从一开始就注定了有着什么样的结果。方法论的相对主义为女性主义理解性别与技术之间的多元关系提供了工具。因为性别与技术之间存在多元灵活的可变关系，而要意识到在不断改变的世界中持续存在的性别不对称，女性主义研究需要灵活的分析工具，建构论正好提供了能够达到这一理论目的的工具。

4. 反身性。女性主义与科学技术社会学第四个共有的理论特征就是"反身性"，这也是两者与坚持客观性的实证主义对知识理解的不同的地方。理论的说明模式应该同样可以用来说明理论自身，这就是科学知识社会学的反身性要求。

诺汉区分了朴素的反身性与有责任的反身性，朴素的反身性

---

① Judy Wajcman, "Reflections on Gender and Technology Studies: In What State is the Art?" *Social Studies of Science*, June, 2000, p. 452.

站在彻底抛弃寻求知识客观性的立场讲述知识的生产，认为知识是由某些人在某个地方生产出来的，当从这种客观性立场反思知识社会学理论自身，它显然也不能否认这些理论同样是某些知识社会学家在某个地方生产出来的，不能否认理论自身也只是一种无法辨别其真与假的相对认识。但是有责任的反身性在认识论上坚持"置身的认识"（situated knowing），不是无偏见地排除个人价值，无偏见地对待科学技术中的真与假，而是对研究者坚持的价值系统给出清楚的表达，并由此肯定认识者所获得的受限制的知识的合理性。建构主义所坚持的反身性是一种朴素的反身性，女性主义所坚持的是一种有责任的反身性，一种有责任的反身性对改变不平等的现实与追求更合理的未来更具有建设性，这正是两者之间的区别。

在社会关系的运行脉络中追踪知识权力的动作轨迹，技术建构主义在技术的微观分析中同样能够为技术女性主义提供方法论上的启示。法国的布鲁诺·拉图尔与英国的史蒂夫·伍尔加花了两年的时间对一个生物学实验室进行了田野式的跟踪调查研究，其作品《实验室生活：科学事实的建构过程》成为用社会人类学方法研究科学实践的典范。正如拉图尔、伍尔加在实验室中跟踪科学家与工程师的行为，技术女性主义者凯瑟琳·科伯恩（Cynthia Cockburn）与苏珊·奥姆罗德（Susan Ormrod）在技术产品的整个社会循环过程中跟踪了微波炉从发明到设计并最终经过技术变革成为一般家用电器的过程。微波炉最初是一些男性工程师与管理者的设计产物，其产品设计主要定位于一些喜欢高技术产品的男性购买者，潜在的顾客群体被设想为不从事家务的男性工作者，他们不喜欢外卖与快餐，但是有可能从家中自带妻子备好的、只需要加热的午餐，而微波炉正好可以满足食物加热的这一要求。但是微波炉的这一设计方案其销售并不成功，后来一群女性家庭经济学家把微波炉与传统的炉灶结合起来，形成一种新型的"多用炉"，微波炉成为一种以一般妇女为目标群体的用于一般厨房的家用电器。家庭中的妇女被预定为这种家用微波炉的主要消费群体，因此公司开始培训女性销售员掌握应有的使用微波炉的技能，大力推广微波炉的使用。事实证明，这些女性销售员能够很快地掌握应有的技术。

在微波炉的这一市场转型中，性别因素不仅影响而且重新形塑了微波炉的设计与市场投放，这一技术设计与定位的转型投射出一种性别关系。同时，当微波炉作为一种新技术产品投向市场时，微波炉的销售员、测试者以及消费者这些"技术上胜任的女性"表明，女性同样能够胜任技术领域的工作。不过值得进一步思考的是，尽管这一批女性家庭经济学家在微波炉的重新设计与市场运作中做出了显见的贡献，但是作为工程师，她们几乎没有什么地位，在生产设计领域也从未曾被认真对待过。并且，在微波炉作为一般家用电器已经被普及的今天，对于女性来说它是可以用来做饭的烹调用具，但是对于男性来说它仍然只是用来加热食物的用具。

第三节　现代身体：从自然走向人工

"一方是科学技术，另一方是产生了科学技术、但又被技术理论吞噬了的文化。"[1] 斯蒂格勒的这句话指出，在技术与文化之间存在一种离异。这种离异表现在更深层次上是技术与人类之间的离异：一方是科学技术，另一方是产生了科学技术、但又被科学技术吞噬了的人类。随着技术的发展，今天进入技术改造视野的不仅是自然，而且包括人类自身。利用技术改造世界的人类其身体作为自然的一部分同样在接受技术的改造，创造了技术文明的人类其生命同样进入实验室接受人工的分解与组合。

---

[1]　吴国盛：《技术哲学经典读本》，上海交通大学出版社2008年版，第444页。

中国古人云："身体发肤，授之父母，不敢毁之，孝之始也。"这句话是说，自然生成的身体，不应该人为的使其改变。古人提出"不敢毁之"的理由主要是伦理上的原因，因为身体是父母给的，有孝心的人当然就不应该毁坏父母赐予的东西。但是在现代技术文化中，当"美"的追求与对异性的"吸引力"取代了伦理上的"孝"之规定之时，"身体发肤"早以摆脱了"授之父母"的原形，成为技术与人工的产物。

在西方的文化传统中，男性等同于理性，而理性超越了身体的限制，因此男性这个性别既未曾受到身体的标记，也未曾受到性别的标记；女性等同于自然、身体，因此女性这个性别既被性别标记，又受制于身体，也更关注于自己的身体。如此看待女性，则当女性的身体受到技术的改造时，女性如何看待技术与其受制的身体之间的关系？技术对身体的改造行为又会对通过身体获得其定义的女性形成怎样的冲击？面临技术的改造，女性主义又将如何理解性别问题？

事实上，就如技术对人类影响的复杂性与"离异"，女性主义内部对这些问题的理解也存在极大的分歧。一方面，技术似乎给女性提供了越来越多的机会，让"女人变得更有女人味"。铺天盖地的美容整形广告在不断地告诉女性，什么是完美女人，如何才能够成为完美女人。在技术对身体的塑造下，女性气质与男性气质之间的差异变得更加分明可见，现代技术似乎在无声地维护着传统的性别二元结构。另一方面技术又给了不愿意成为"女性"或"男性"的人更多的选择，使她们或他们可以不受限于父母天赐身体的限制而随意愿地选择成为"女人"或"男人"。可以说正是当代医学的发展为威蒂格的"不但社会性别，生理性别同样是社会建构的"这一思想提供了技术操作上的根据。据此，现代技术又似乎在不断模糊男女性别的边界。

不管愿意还是不愿意，女性都置身于现代技术的文化语境中，不得不面对技术带来的一系列影响。但是，技术带给女性的是解放的福音还是让女性陷入技术主宰者更深层统治的噩运呢？一种相互对立的观点出现在凯斯瑞恩·泡利·摩根（Kathryn Pauly Morgan）与凯斯·戴维斯（Kathy Davis）关于整容技术的争论中。以点见面，摩根与戴维斯关于整容技术的争论反映出不同女性主义者对技术持有的不同立场。在两人的理论偏向中，摩根持有明显的激进女性主义观点，认为整容技术是维护异性恋文化的工具，而异性恋文化正是女性受压迫的根源；戴维斯在言谈中更倾向于一种自由主义女性主义的态度，她并不断然否定整容技术，而是希望激进女性主义者倾听妇女自己的声音。

整容技术于 20 世纪开始在社会上流行。有研究表明，自1997 年至 2003 年，美容整形手术需求数量大幅上增，处于青、中年龄阶段的女性有相当部分接受过或有意向接受整容手术。美国宾夕法尼亚大学有研究人员曾对 559 名 17—24 岁的女大学生作调查，其中有 5% 的调查参与者承认接受过整形手术，40% 的参与者考虑在不久的将来施行美容整形手术，几乎一半的参与者说会考虑在中年时接受整形手术。韩国一家婚介公司在 2004 年做了一次电话调查，在接受调查的 448 名 20—30 岁的未婚女性中，14.7% 的被调查者承认曾做过整容手术，70% 的被调查者有接受整形手术的意向。

整容技术不同于解除痛苦或恢复原貌的治疗性医学行为。人们可能因为各种意外事故而受到身体上的创伤，因此需要接受整容手术以恢复健康，或因天生的身体异常而希望通过手术以恢复正常。但是，鼻子的高与低、胸围的大与小以及眼睛的形状等差异就如同白人与黑人之间的肤色差异，是一种正常的形象，排除心理上的原因，所谓的"丑陋"远非需要利用手术治疗的身体异常。然而，越来越多的女性往往只是为了希望改变自己原有的外貌，或希望自己变得更漂亮，而自愿选择接受可以不承受的痛苦。如何理解女性的这种行为？

摩根把经过整容手术改造的女性称之为"斯德普福德的妻子"。斯德普福德是一部畅销小说中虚构的一个小镇，镇上的丈夫都希望拥有完美妻子，因此，都把自己的妻子残忍地变成美丽但没有意识的机器人。借此，摩根指出整容手术所追求制造的完美女性正是这样的机器女性，拥有男人们希望她们拥有的美丽外壳，但是没有自己的意识与主见。摩根的观点得到多数激进女性主义者的拥护。

摩根认为，整容手术并不是女性自愿的选择，而是她们非自愿地服从于父权制秩序的结果。借助于福柯在《规训与惩戒》中对规训权力的阐释方法，摩根同样强调在整容技术中女性的行为应该置于西方工业化文化权力的影响之下考察，这种权力通过技术化的"美的命令"起作用。正是在这种"美的命令"的作用下，所谓女性的"自愿选择行为"成为父权制社会中"被迫选择的自愿行为"，成为一种悖论性选择行为。摩根分析了女性"自愿选择行为"中的三个悖论。

悖论一：选择的一致。进行整容手术的女性总是有着极为相似的整容构想，非洲女孩想让自己的皮肤更亮丽，亚洲女孩希望获得泰勒式的眼睛或鼻子，女性希望通过整容手术塑造的新形象往往不是别的，而是"在一个种族的、反闪米特人语境中的，西方的、美国白种人的身体与面孔"。[①] 在异性恋的社会中，女性追求的美丽标准往往来自于男性，女性的理想形象就是男性欣赏与认同的具有女性气质的形象，如高挺的胸脯、性感的外形。女性追求成为完美女人。什么样的女人是完美女人既由文化定义，又由男性定义，这一定义成为外在于女性的、决定女性选择一致的最终影响力量。

---

① Kathryn Pauly Morgan, "Women and The Knife: Cosmetic Surgery and the Colonization of Women's Bodies", *Sex/Machine: Readings in Culture, Gender, and Technology*, Bloomington and Indianapolis, Indiana University Press, 1998, p. 269.

悖论二：走向殖民的自由。源自笛卡儿的机械论把身体比喻为机器，在殖民的文化中，女性的身体也成为可以任意改造的机器。殖民者以"发展"的名义剥削"原始材料和人类劳动"，同样，父权制以及父权制的代言人以传宗接代的名义剥削女性的生育，以"美"的名义剥削女性对身体的决定权。剥削的权力在女性规训的实践中得到传递与肯定。"妇女一天十二次的检查她的化妆，看是否粉底已经结块或睫毛膏是否擦掉，担心风或者雨弄乱了她的发型……就如同处于全景监狱，妇女已经成为一个自我管制的主体，服从于无情的自我监视。这一自我监视正是对父权制的服从形式。"① 整容技术中女性面临同样的规训权力，看似自由的选择，由自己做出决定的选择，其实是女人们"因为他人的眼睛、他人的手以及他人的肯定转变自己"。② 女人作为"他者"的选择行为总是受到男性至上的、种族的、异性恋的、阶级偏见的影响。

悖论三：被征服的自愿与技术的命令。整容手术看似是"可选择的行为"，但是在这"可选择的"后面隐藏着意识形态的推动力。这种推动力主要源出于两个方面：其一，"通过技术达到完美的压力"。在父权制社会系统中，完美的标准由男性定义，并且外表的完美往往与女性能够拥有的权力和社会地位相联系。"整容改变命运"，通过整容技术改变外貌并取得成功的事例经过媒体的大肆宣传与渲染，不断扩大对女性的征服，"技术正在强制性的为每一个有经济能力的妇女制作年轻的外表与'美丽'的身体"。③ 其二，"妇女身体的双重病理学"。在整容手术的技术性与大众性讨论中，之前被描述为正常的女性身体在整容技术倡

① Kathryn Pauly Morgan, "Women and The Knife: Cosmetic Surgery and the Colonization of Women's Bodies", *Sex/Machine*: *Readings in Culture*, *Gender*, *and Technology*, Bloomington and Indianapolis, Indiana University Press, 1998, p. 271.

② Ibid.

③ Ibid., p. 274.

导的文化中出现了各种各样的问题，诸如"体形缺憾"、"丑陋的突起"、"不丰满的胸部"。描述加强了女性对这些"缺憾"的厌恶与羞耻感。同时，当技术给出的允诺越年轻、越完美，更多的女性就会被标记为"丑陋"与"年老"，"可以说，自然的'特定'将逐渐被看作是技术上的'原始'；'平常'将被认为且被评价为'丑陋'"。① 在这种文化下，伪装在自由的"选择"之后的是女性在技术的"美的命令"以及"关于正常的病理学标准"征服下做出的被迫"选择"。

通过揭示女性"自愿选择行为"之后的悖论，摩根认为现代整容技术带给女性的就是对女性身体的殖民，隐藏在女性"自愿选择"假象之后的是父权制文化施加的规训权力，这种权力通过服从于意识形态的"自我监视"披上了虚伪的"自愿"的外衣。

对此，戴维斯持有不同的看法。她批评摩根不过是用自己激进女性主义的政治外衣加上女性主义的解释学理论重新解释了女性个人对整容技术的理解。就摩根把女性声称的"自愿选择行为"重新阐释为被父权制文化征服的行为，戴维斯的这一批评并非完全没有道理。在做出大量的经验调查研究之后，戴维斯提出了不同的观点，认为整容技术"使妇女有可能重新协商与身体的关系并且通过身体重新协商与周围世界的关系"，正是这种重新协商的可能使妇女在整容手术中成为"具化的主体而不是客观化的肉体"。② 戴维斯对上百个接受了各种整容手术的妇女进行了访谈，"来自女性的声音"表明她们的选择不是为了丈夫、家庭或美容专家的看法，而是为了自己，她们接受整容手术不是为了寻

① Kathryn Pauly Morgan, "Women and The Knife: Cosmetic Surgery and the Colonization of Women's Bodies", Sex/Machine: Readings in Culture, Gender, and Technology, Bloomington and Indianapolis, Indiana University Press, 1998, p. 274.

② Kathy Davis, "Facing The Dilemma", Sex/Machine: Readings in Culture, Gender, and Technology, Bloomington and Indianapolis, Indiana University Press, 1998, p. 287.

求美丽而是为了寻求成为"平凡"的女人。"整容技术不是相关
于美丽，而是相关于身份。"① 正是整容技术的发展提供了机会，
可以使女性超越肉体的限制，改变与身体的关系，从而改变女性
的原有身份。

摩根的分析是福柯权力思想在女性面对整容技术时的重新表
述，如苏珊·波尔多所言，"我们的身体受到训练、塑造，并铭
刻上历史上的各种流行形式，包括自我、欲望、男性气质、女性
气质等，这主要不是通过意识形态，而是通过我们日常生活中时
间、空间与运动的组织和调节来实现的。"② 在整容技术出现之
前，女性通过饮食、化妆、服装等规范自己的身体，当整容技术
出现后，女性用彻底的修正取代了渐进式的修改以获得"有用的
身体"。摩根的分析无疑正确地指出了文化意识形态对女性选择
行为不可漠视的影响。

戴维斯以更开放的态度对待女性的选择，虽然她对父权制持
同样批判的态度，抗议伤害女性身心健康的父权制体系下的美的
文化系统，但是她认为女性选择整容技术其目的不是受到"美"
的压迫，而是基于回归生活经验中的平凡。如果女性能够自主地
决定自己行为的目的（这种目的不受男性的影响），那么女性对
整容技术的选择也就是一种自由的选择，整容技术带给女性的就
不会是迫害，而是解脱的希望。

不管是把整容技术看作父权制压迫的工具，还是认为技术带
来了女性超越的希望，摩根与戴维斯都更倾向于持有技术工具论
的观点：有争论的不是技术本身，而是技术的使用，影响技术使
用的包括使用技术的人、技术使用的目的或技术为之服务的

---

① Kathy Davis, "Facing The Dilemma", *Sex/Machine*: *Readings in Culture*, *Gender*, *and Technology*, Bloomington and Indianapolis, Indiana University Press, 1998, p. 289.

② ［美］麦克拉肯、艾晓明等主编：《女权主义理论读本》，广西师范大学出版社 2007 年版，第 242 页。

对象。

在摩根与戴维斯争论的背后隐藏着三个问题：

其一，如何看待女性与身体的关系？摩根提出用"丑陋"的文化取代"美"的文化以向父权制意识形态抗议，但无论是"丑陋"还是"美丽"显然都是标记女性身体的一种形式。戴维斯认为，整容技术是女性追求平凡并借以通过这种追求超越身体限制的一种方式，但这种超越同样只是完成了肉体形式上的改变，无法实现真正的超越，过分关注于身体上的"平凡"或"正常"，这本身就是受限于身体的一种表现。因此，两人所持有的观点可以说都从另一个方面接受了"女性等同于身体"这一传统的、她们试图批判的观点。

其二，什么才是美？女性自愿接受的父权制社会中的美的标准算不算真正的美？如果不算，那么这个标准又应该由谁说了算？

其三，整容手术的接受者承认接受手术是一种自愿选择行为，我们如何看待女性的这种自愿？或如戴维森所言，我们应不应该听听"来自女性的声音"？女性应该对自己的选择行为负责还是父权制文化应该承担这种责任？这一问题事实上也涉及到如何看待自由意愿的问题。然而，戴维斯理论中值得肯定的一点是，她并不断然否认女性选择中隐藏的自由意愿，而这种自由意愿正是女性能够从压迫走向解放的前提。如果女性的行为如摩根所言完全由既定的意识形态决定，女性如何可能通过自身的努力获得解放？

第四节　生育技术：针对子宫的战争

"在人类生育领域内的性别与技术之间的关系比任何地方都更具争议性。妇女是承受者，同时在大多数社会也是婴儿主要的抚育者。这意味着生育技术对于她们来说具有特殊的意义。"①

　　因其生育与女性的关系，生育问题历来是女性主义关注的中心。但是，女性主义者对生育问题并没有形成统一的看法，她们或把生育看作女性依附于男性、成为他者、受压迫的根源，或把生育看成女性无可匹敌的创造力的来源，是母性、关怀、爱心等属于女性的优秀品质的源泉。我们是应该把生育当作一种"被压迫的生产行为"，还是把它当作一个"自然的"、"生理的"过程？威蒂格提醒我们不要忘记，"生育是有计划的"，"我们自己是按照程序生产孩子的。"② 也许，在前技术时代，生育可以理解为一种"自然的"、"生理的"过程，但是在生育技术高度发达的现代文明社会，忽视技术对生育行为的干涉，对于大多数女性主义者来说，这是一种不应该的"忘记"。

　　女性主义者对生育问题的不同理解对应着她们对生育技术的不同看法。那些把生育看成压迫根源的女性主义者，认为生育技术可以使女性摆脱成为生育机器的命运、把女性从承担种的繁衍这一自然职责下解放出来。费尔斯通认为，把女性置于从属地位的一个主要因素就是生物性因素，而科学技术的发展在历史上第一次使得改变女性的生物学基础成为可能，有效的避孕技术、脱离子宫怀孕的技术甚至是可能出现"男性妈妈"的人造子宫技术都将打破建立在生物基础上的生育生产的劳动分工，从而把女性从"生物再生产的暴政中解放出来"。然而，在大多数女性主义者看来，费尔斯通所展示的图景不过是一种理想的乌托邦，与现实的距离太过遥远。

　　在把生育看作女性创造力源泉的后者看来，生育技术恰是父权制压迫女性或男性向女性生育权力领域进攻的武器。摩根告诫

　　① Georgina Firth, "Re-negotiating Reproductive Technologies: The 'Public Foetus' Revisited", *Feminist Review*, 2009, Vol. 92, p. 55.
　　② ［美］麦克拉肯、艾晓明等主编：《女权主义理论读本》，广西师范大学出版社 2007 年版，第 191 页。

人们，生殖技术带来的正是父权制权力或男性对女性身体的殖民。① 女性之所以无法摆脱生殖技术的殖民，是因为父权制文化系统的压力：其一，以优生学为标志的通过技术达到完美的理想。优生学家污辱潜在的、有缺憾的婴儿、小孩与成人。优生学家的压力是以生产完美小孩的名义迫使妇女服从于产前诊断与胚胎监控。当越来越多的生殖技术与测试手段被发明，伴侣、父母、家庭、产科学家及其他专家们以"最大化的选择"与"母亲的责任"的名义迫使妇女服从于这些技术的控制。其二，女性身体的"双重病理学"。西方科学与医学实践总是假设或"证明"女性身体是低级的、畸形的、不完美的、幼稚的。子宫是"黑暗的监狱"，女性的身体是胚胎生存高度危险的环境，因为胚胎的发展不能通过持续的操作与控制以保证有"最好的产出。"当新的生育技术产生，什么是标准的妇女的生育行为与母职功能就通过技术重新获得其定义。

"在一个更大的选定的、必然的、母爱的文化语境中，越来越多的女性根据技术的、强迫性的先验概念'选择行为'。"② 如何看待这种选择行为中的自由意愿与文化服从之间的关系，这是一个有待进一步探讨的问题。然而女性主义越来越意识到，技术不但从物质层面为女性提供了不同的选择，而且从意识层面改变了女性对怀孕、胚胎与生育行为本身的观念。德国身体历史学家芭芭拉·杜登（Barbara Duden）研究了现代可视化技术的发展对女性怀孕行为以及怀孕知识的影响，并提醒我们注意，超声波技术的发展使得胚胎图像在社会、文化与政治等公共领域逐步普遍化，使得原来属于个人与家庭事务的怀孕现在转变为公共与政治事件，把与母亲关系最私密的、在传统意义上理解为属于家庭的

---

① Kathryn Pauly Morgan, "Women and The Knife: Cosmetic Surgery and the Colonization of Women's Bodies", *Sex/Machine: Readings in Culture, Gender, and Technology*, Bloomington and Indianapolis, Indiana University Press, 1998, p. 273.

② Ibid., pp. 272 – 273.

胚胎转变为"公共胚胎"。

杜登用"公共胚胎"成这一术语来形容公共领域向私人领域的不断渗透，这或许也可作为激进女性主义者"个人的即政治的"这一宣言的最好明证。胚胎从个人领域走向公共领域伴伴随着胚胎从不可见到可见的过程，同时也是可视技术发展及其不断运用于女性生育的过程。1965 年瑞典摄影师莱纳特·尼尔森（Lennart Nilsson）首次在医学刊物上发表胚胎的超声波图片，用以讲述人体子宫内胎儿发育的故事，其文章标题为"生命出生之前的戏剧"。不过具有反讽意味的是，尽管这一图片用来表现活的胎儿的发育过程，但是拍摄的却是妇女流产后留下的死胎。随之，这些胚胎图片大量地涌现于各报纸新闻、电视报道与网络媒体中。

在杜登看来，"公共胚胎"一方面带来的是对女性权力与地位的彻底否定，女性从作为胚胎母亲的主体地位沦落为盛装胚胎的容器。在可视技术出现之前，胚胎与母亲融为一体，两者在视觉上无法分离。利用超声波图像，原来不可见的胚胎出现在公众面前，胚胎恰如各类名人一样在媒体中具有了公众形象。然而，当胚胎成为演出的主角，子宫成为演出的剧场，母亲则变成可以忽略的人物而消失在幕后。"公共胚胎"中消失的不仅是作为胚胎承载者的母亲的形象，同时消失的还有母亲决定胚胎命运的权力。在反堕胎运动中，运动的支持者认为胚胎是独立于孕妇的生命，具有平等的生的权利，因此孕妇没有权力把胎儿私自逐出她的子宫。在人口过多而实行生育控制的国家，国家代表公共权力宣称，为着人类可持续发展的未来，妇女没有权力私自挽留"不合法"的胚胎。超声波图像显示，母亲对于胚胎而言所需要的就是子宫这个容器而已，作为容器，对所装盛的东西当然是不具有任何权力的。

在另一个方面，杜登指出，与超声波成像技术一起出现的是关于生育知识中认知方法的转变与认知权力的转移。在现代生育技术出现以前，医生主要是通过倾听孕妇对自己感觉与症状的描述来了解孕妇的怀孕情况，主要通过"耳"获知妇女所讲述的各种现象，并对这些现象从医学上做出判断。妇女们向医生描述自己经期的回落、突然的恶心行为以及胎儿的触动等，这种种行为都只能通过妇女对个人感觉的描述而为他人得知。杜登称历史上的此种怀孕为"无法渗透的女性行为"（impenetrable female intimacy），这种行为只有通过女性个人内在体验的"加速"（quicking）获知，并由妇女本人告之于他人，从而为公众所知。在妇女个人无法感觉或没有表现出相应症状之前，在没有告之他人之前，妇女并不被认为是一个孕妇。与此种逐渐的感觉意识相对应的是现代技术下的妇女怀孕行为，确定妇女是否怀孕不是通过妇女的自我体验，而是依赖于现代技术的认知能力。首先是化学试纸检测，然后通过超声波扫描以及胚胎图片确认，这些技术可以比妇女本人更准确的判断妇女是否怀孕。然而，借助现代技术手段对怀孕意会知识的干涉在对生命祛魅的同时也约简了许多对生命的美好期待，"在历史上由不可见呈现出来的希望现在消失在随意愿的期望中，这些期望能社会学地、依科学规律地由公众裁决组织。"①

哈拉维把超声波技术看作人类视觉知识战胜触觉知识的结果。传统科学认识中存在视觉知识与触觉知识的二元对立逻辑，现代科学沿着视觉知识的方向发展而越来越不相信触觉知识的可靠性，知识如果最终不能与视觉联系起来，就被认为是不够完整的。物理学中的光谱图、医学上的心电图或脑电图、数学中的统计图表，各种各样的视觉效果都为加强科学的客观性服务。正是因为对视觉知识的强调，而边缘化触觉知识，生育技术中的可视化技术得到快速的发展并获得广泛的运用，而不管妇女是否愿意

① Georgina Firth, "Re-negotiating Reproductive Technologies: The 'Public Foetus' Revisited", *Feminist Review*, 2009, Vol. 92, p. 57.

接受这些冰冷的器具的窥探。①

超声波技术是否增加了妇女与专家们关于胚胎的知识？或只是把知识的权利从妇女手中转移到专家手中？某些女性主义人类学家讨论了这一问题。苏特南（Saetnan）认为超声波技术确实给予妇女自身体验之外的知识，并且当妇女发现两种知识存在冲突时，她们会尝试在两者之间寻找一种融合。② 瑞普（Rapp）对羊膜刺穿术的研究显示，超声波技术给孕妇提供的视觉图像会改变妇女怀孕的意会知识，在技术时代，怀孕者对自己内在状态的了解更多地依赖于技术手段的重新描述。③ 根据杜登的统计数据表明，绝大多数妇女在怀孕期间都曾有过超声波检测的经验，即使有的妇女因为某种原因没有进行超声波检测，也倾向于向医生要求进行这类检测。

在生育的前技术时代，怀孕者的自我体验成为获取孕妇与胚胎知识的一个不可或缺的根据，然而在技术时代，孕妇由知识经验根据的提供者变成了知识的接受者。随着技术发展，超声波检测可以提供越来越清晰的胚胎图像，但是这些图片只有经过专业培训的医学专家才能读懂并给出解释。在门诊中，医生根据胚胎的超声波图片向孕妇解释胚胎的具体情况，孕妇根据医生的提示观看图片并看到医生所解释的现象。杜登把这种妇女遵从医生的命令对超声波图像的观察称之为"服从命令的视觉"（vision on demmand）。④ 后现代流行的视觉文化是一种"被动的看"，也是一种"服从命令的视觉"，在一个技术权威与科学权威的语境中，观察者不是根据经验对图像给出自己的理解与解释，而是只能看到被告知的东西。通过超声波图像以及对这些图片的科学分析，

① Donna J. Haraway, "The Virtual Speculum in the New World Order", *Feminist Review*, Spring 1997, No. 55.

② Georgina Firth, "Re-negotiating Reproductive Technologies: The 'Public Foetus' Revisited", *Feminist Review*, 2009, Vol. 92, p. 57.

③ Ibid.

④ Ibid., p. 60.

医学专家们能够判定胚胎发育的大小、阶段以及确定任何内在的异常，一般认为这些知识不能通过妇女的自我体验获得。与模糊的自我体验相比，医生借助于超声波等生育技术手段给出的医学判断被认为是更真实、更权威的知识。正如女性主义者泰勒（Taylor）注意到，因为妇科学能够根据超声波图像决定怀孕周期，医生甚至都不再问及妇女最后一次生理周期的终止时间，而认为根据超声波图像获取的信息将比妇女的记忆更为准确。医学权威的确立使得越来越多的妇女依赖于现代技术了解自己的怀孕情况，依赖于医学专家借助超声波图像对胚胎的描述。

根据激进女性主义的观点，母职是妇女身份的基础，也是女性权力的源泉，然而现代生育技术对女性生育行为的干涉与控制无疑重置了女性在这一权力关系中的位置。医学技术与生育技术的发展把生育行为的认知权力从怀孕者的手中转移到医学与妇科专家手中，而当这些专家大部分都是男人时，这种权力事实上也就从女性手中转移到了男性手中。因此，在激进女性主义者看来，生育技术的发展恰是父权制向女性权力领域的扩张，是男性对女性生育与身体剥削的进一步强化，是男性试图征服子宫的战争。对于超声波之类的生育技术的发展，杜登与激进女性主义者持有同样的态度，认为这种技术的改变导致了妇女权力与重要性的丧失。"与历史上的妇女相比，现代妇女缺少定义自身社会位置的可比较的权力，而这种权力在历史上可以通过妇女对其身体的陈述获得。在我们所处的社会中，只有当被专家确定后，我们才被认为是生病的、健康的或怀孕的。而在历史上，妇女有权力表明一种经验，这种经验不但是个人的、而且从根本上来说是不能共享的。"①

在一篇安妮·凯莉（Anne Kelly）探讨生育自由的文章中有

---

① Georgina Firth, "Re-negotiating Reproductive Technologies: The 'Public Foetus' Revisited", *Feminist Review*, 2009, Vol. 92, p. 63.

这样一幅漫画（参见图四），一个裸体女人躺在床上，左手触摸电脑键盘，屏幕上是一幅胚胎图片。哈拉维把这幅漫画命名为"虚拟内窥镜"，因为在她看来，正是超声波技术与现代信息技术一道构成了能够让人类窥探生命秘密的"虚拟内窥镜"。[①]

图四　虚拟内窥镜

面对这一幅漫画，我们可以进一步地想象，这是一个怀孕的妇女，她正在看着自己子宫中胚胎的扫描图片。借助于现代技术手段，她获得了以前无法获得的视觉经验，借助于键盘与屏幕的中介，她能够通过眼睛与腹中的胚胎进行情感交流，这种情感交流显然不同于凭感觉形成的情感交流。我们还可以想象，母亲敲打键盘，利用网络向父亲描述子宫中婴儿长得怎么样，是否健康，或直接把图片传输给父亲，父亲在这种描述与观察中同样建立起与之前不同的对怀孕的领会知识。借助于现代可视技术的这一"内窥镜"，不但女性重构了个人对怀孕的意识知识，而且男性作为父亲也获得了完全不同的对新生命的体验。当可视技术在制造了公共胚胎的同时，它也为女性提供了一条与传统不同的获得怀孕新体验的途径。

相比于杜登，帕切斯基（Petchesky）对生育技术持有更温和、更乐观的态度，她认同杜登所提出的现象是不容轻视的，但认为妇女并不必然是技术的牺牲品，她们往往能有效的利用某些

---

① Donna J. Haraway, "The Virtual Speculum in the New World Order", *Feminist Review*, Spring 1997, No. 55, p. 24.

生育技术，如避孕技术，同时也有理由相信她们能以更符合自身
利益的形式利用可视化生育技术，比如拒绝接受容器的假设而要
求在胚胎图片中呈现出作为母亲的整体形象，通过此类途径重新
把女性置于生育政治的中心位置。帕切斯基相信，女性所需要的
既不是回到前技术时代（这在事实上也不可能），也不是屈从于
父权制中男性权力的幻象，而是重新创造政治与文化的条件，在
这一条件下，新的生育技术能够用来根据女性的定义重构怀孕的
经验。就如持同样观点的乔尔吉娜·福斯（Georgina Firth）所
言："我们不可能拒绝'公众胚胎'的这一主导定义，这定义由
杜登如此形象地刻画出来，但是这并不意味着我们不得不接受此
形象。"①

　　杜登与帕切斯基对可视化技术的不同态度可以看作女性主义
对整容技术争论的回音，问题的中心似乎又回到了起点，父权制
语境中诞生的技术是不可避免地带有父权制的原罪还是说技术的
发展同样可以带来女性解放与自由的福音？不论从哪一个角度审
视技术，但有一点帕切斯基的观点比大多数反对技术的乌托邦者
更为现实——我们终究无法回到前技术时代，正是从这一基本的
原点出发，历史的发展与可期望的未来要求我们不是被动地接受
技术与文化带来的宿命，而是需要重新审视技术、重新理解技
术、重新定义技术以及重新定义技术与人之间的关系。

第五节　虚拟性别与性别麻烦

　　虚拟实在常常被认为是"满足了后工业与后现代超越的要
求……在其中身体（被适当的去物质化）无法与它的理想化的伪

---

　　①　Georgina Firth, "Re-negotiating Reproductive Technologies: The 'Public Foe-
tus' Revisited", *Feminist Review*, 2009, Vol. 92, p. 69.

装区分开来"。① 或许正如此看法所暗示，以一种反本质主义与后实在论面目出现的后现代主义能够流行于后工业社会或信息社会的语境中，并不是没有道理的。

后现代女性主义的代表人物巴特勒把性别身份看作是一种操演，"以身体的表面政治的框架重新描述心灵内的过程，意味着对社会性别也作相应的重新描述：社会性别是通过在身体表面的在场与不在场的动作，对幻想的形象所作的一种性生产；它通过一系列的排除和否定、一些有意指作用的不在场之物来建构性别化的身体。"② 巴特勒用性别表演这一概念解构了传统对生理性别与社会性别二元对立的理解，指出性别身份是一种"被生产的或被生成的结果"，从而彻底颠覆了传统思想对身体、性别以及两者关系的定义。当把这种颠覆置于信息语境下来理解，置于赛博空间中虚拟主体如何通过符号的表演获得属于自己的赛博性别这一语境下来理解，虚拟性别与身体的离异、两性之间身体差异的离异，以及虚拟性别在整个虚拟空间的建构过程，都可以被看作是如巴特勒所言的一种彻底的性别表演。

"一个转换性别的心理学家"是发生在信息社会中的真实故事。

信息技术为现代人提供了一种与实时实空交流不同的交流方式，那就是非时空的实时网上交流，网上聊天就是这样一种交流方式。一台连接网络的电脑，选择某个在线聊天服务系统，选定一个个性化的网名，填入某些个性化的基本资料，如性别、年龄、职业（这些基本资料可以是真实的，也可以是非真实的），你就可以获得一个聊天账号，并通过这个账号进入聊天室，与处于世界各地的聊友进行在线交流。

---

① Thomas Foster, "The Rhetoric of Cyberspace: Ideology or Utopia?" *Contemporary Literature*, 1999, p. 146.

② ［美］朱迪斯·巴特勒:《性别麻烦》，宋素凤译，上海三联书店 2009 年版，第 177 页。

勒文是一个四十多岁的男性心理医生，最初以"Doctor"为名注册了一个聊天账号。一次偶然的机会，当一位妇女与他聊天时误把"Doctor"看作女性，勒文由此发现当以女性的身份在网上与女性交流，更容易倾听到女性的心声，这对于他来说是一种完全不同的体验。后来，勒文用"朱丽"作为用户名又申请了一个账号，并编造了关于"朱丽"的整个故事。相对于"Doctor"这一名字在性别暗示上的中性化，"朱丽"是一个更女性化的名字。朱丽是一位纽约的神经心理学家，因为一次交通事故，脑部与脊椎受到伤害而不能说话，面容被毁，不愿意外出与人交流，这种种遭遇都使她对生活丧失了信心，并多次准备自杀，直到一位朋友送给她一台电脑，进入网上聊天室，在那里她找到了自己的位置与自信。勒文以"朱丽"的名义利用自己的心理学知识在网上为许许多多的女性提供心理帮助，"她"使多位准备自杀的妇女重新找到了生活的希望，使吸毒的妇女树立戒毒的信心，鼓励年长的妇女追求自己的事业，在这一过程中，朱丽这个角色得到网友们的肯定，获得越来越多网友们的信任。

当"朱丽"在网上的影响越来越大时，多个网友提出要与"朱丽"会面，但被"朱丽"拒绝了。有人开始调查"朱丽"的真实身份，这时勒文意识到游戏已经失去控制，他决定让"朱丽"死去，于是编造了"朱丽"伤重住院的消息。网友寄来捐款、鲜花，并费尽周折找到所言的医院去探望。网友的关心与热情使得"朱丽"无法无所顾忌的死去，勒文陷入矛盾之中，最终让"朱丽"康复出院。接着，"朱丽"又以引见的方式把真实的桑弗德·勒文介绍给网友，但网友仍然只是接受"朱丽"，而对桑弗德反应冷淡。网友们在"朱丽"与桑弗德两人之间作比较，认为"朱丽"是无拘无束的、活泼的，而桑弗德是拘谨的、害羞的；"朱丽"是无神论者，而桑弗德是虔诚的犹太教信奉者。桑弗德·勒文的桑弗德角色被他的"朱丽"这个角色打败了。最终，当事实的真相揭示出来，"朱丽"并不是一个女性，而是一位四十多岁的男性心理医生，网友们都感到了莫大的悲伤，对于她们来说，遭遇诸多不幸仍笑着面对生活的"朱丽"是一个转换了性别的男人，这一结果比"朱丽"的逝去更难接受。就如其中一位女性所言："我觉得我被强奸了。我觉的我最深处的秘密被玷污了……"朱丽"的这些好事都是通过观念做的。"①

大多数网友承认，在她们与"朱丽"交流时，恰是因为"朱丽"所表现出的女性身份使她们更容易把她当作一个有共同感受的倾诉者。"朱丽"的虚拟性别显然在"朱丽"的身份认同中起到了重要的作用，虚拟空间中的交流依然会受到虚拟性别的影响。当桑弗德·勒文以"朱丽"与桑弗德的名义同时出现并与网友们交流时，网友们更愿意接受"朱丽"而拒绝桑德拉，这一现象让我们反思：是因为勒文在网上的行为方式改变了吗？或是因为人们通过性别的透镜看到了一个在虚拟空间中不同的桑弗德与"朱丽"？对这些问题的反思可以让我们进一步深思：虚拟性别只是"虚拟的"吗？"朱丽"只是虚拟空间中的一个虚拟的角色吗？网络建构的"朱丽"能够得到网友们的承认与爱戴，这种成功远远高于"朱丽"背后的桑德拉所能取得的成功。或许正如其中一个网友所言："我们自愿相信她。因为她的努力，我们给她所能给予的最大支持，每一个人都竭尽全力鼓励、支持、关照这个残废的人，当她结婚，当她做所有她谈到的事情，我们都是如此的欢欣鼓舞。"② 或许有如一种观点认为的那样，物理世界中社会规则并不必然越过虚拟世界的界面并与其一一对应，网络本身就预示着对社会习惯的一种激进改变，"朱丽"只是一种网络虚构，并不是一个代表真实身份的真正名字，虚拟角色只是某种潜在身份的面具。

究竟应该把"朱丽"看作是一个游戏中的网络虚构还是某种

① Allucquere Rosanne Stone, "In Novel Conditions: The Cross-Dressing Psychiatrist", Sex/Machine: Reading in Culture, Gender, and Technology, Indiana University Press, p. 426.

② Ibid.

与桑德拉平行的虚拟实在，这代表着两种不同的对信息虚拟的认识论态度。信息实在论者认为，从意义的层面来理解，信息是比意义的物质载体更实在的东西，比如我们可以用各种不同的物件取代象棋中的卒子，重要的是我们仍然赋予这一物件以卒子的意义，这一东西所占据的位置仍然传达了作为卒子这一"占位符"所应传达的信息。我们把实在定义为不依赖于人的主观意识的存在，什么是信息什么不是信息总是针对于人的意识与概念而言，因而另一种持有信息非实在论的立场认为，信息是一种主观的东西，与意识领域相关，是非实在的。当搁置了本体论上的实在性，就可以认为信息"具有认识论意义上的实在性"。① 在认识论的意义上，"实在的"往往与"真实的"、"可确认的"、"可合理的相信"等概念相关，而当我们说某个事件是"实在的"，其意义表示某个事件确实发生过，如"朱丽"通过网络与她人的情感交流和情感互动就可以看作这种真实发生过的事件。"网络中可以任意虚构事件，但虚构的事件又能实际地影响现实生活，实在和非实在之间存在着一种'网际转化'，尤其是当'我'视其为真实时，网络事件就在我身上发生真实的效应，对人产生了实在的身心影响。"② 从"功能的实在性"这一层面来理解，"朱丽"拥有完整的个性与人格，她的性别与个性得到他人的认同，她的遭遇得到他人的同情，她的自信与坚强给了他人克服困难的勇气与信心，因此，"朱丽"在一种实在的"认识状态"中成为一个实在的"认知对象"。当然，这个拥有"实在的"属性的"朱丽"其性别是女性。当认识到"朱丽"的虚拟性别与她的虚拟身份一样都已经渗透现实生活，形成了"网际转化"，对她人产生了真实可辨的影响与后果后，在这一意义上，朱丽的虚拟性别就如同其虚拟身份，同样是"实在的"。

---

① 肖峰：《信息主义：从世界观到社会观》，中国社会科学出版社 2010 年版，第 312 页。

② 同上书，第 323 页。

麦克卢汉指出"任何媒介（即人的任何延伸）对个人和社会的任何影响，都是由于新的尺度产生的；我们的任何一种延伸（或曰任何一种新的技术），都要在我们的事务中引进一种新的尺度。"[①] 面对信息技术与网络技术带给人类与社会的冲击，女性主义同样需要引入一种新的尺度，以理解在真实世界中用身体、行为、神态传递的社会性别与在虚拟空间中用文字表达、语言风格等方式传递的虚拟性别之间的区别与关系。类似"转换性别的心理学家"这样的事例在网络空间中并不是少见的行为，曾有数千万网络用户是虚拟的"易装者"或有过成为虚拟"易装者"的经历。对于一个希望偶尔体会女性感觉的男性来说，虚拟性别提供了一个经历此种心理体验的机会。在大街上扮演女性，男性需要身体外貌各个部分的改变，需要化妆、假发、裙子、高跟鞋等外形的装饰，需要声音、走路的方式、举手投足之间的行为模式等改变。但是在虚拟空间中，你所需要的只是在性别一栏标记女性。正是这种不费吹灰之力就能成为"他者"的诱惑使得不少人选择成为虚拟"易装者"。虚拟性别在多大程度上能够理解为建立在以社会性别为基础的性别结构上？虚拟关系与现实关系有着怎样的边界？当与一个虚拟的"易装者"发生虚拟的性关系，这算不算同性恋？当女性主义遭遇信息技术时，这些问题进入女性主义的视野，而对所有这些问题的思考，都需要引入一种"新的尺度"。

技术女性主义者谢利·图尔克利（Sherry Turkle）探讨了MUD（一种类似聊天室的网上多用户服务系统）系统中虚拟性别转换行为与社会性别和性别意识之间的关系，认为虚拟的"易装行为"并不就是提交一个性别选择这么简单，事实上，这种行为不仅带来技术上的挑战，而且也是一种复杂的心理历程。图尔克

---

① 吴国盛：《技术哲学经典读本》，上海交通大学出版社 2008 年版，第 522 页。

利指出，扮演一个虚拟角色意味着进入一种持续的关系之中，在这一过程中，你有可能发现处于某种新关系中的、以前未曾发现的新自我，你也会发现他人将对这一"新自我"做出不同的反应。性别转换让我们有机会体会由生物性别产生的矛盾，反思性别期望的思维方式；虚拟角色中采用的"对象思维"也让我们反思性别的社会建构。图尔克利认为，MUD 事实上可以被看作是对性别问题的一种意识上升。在现实生活中，诸如谁提供帮助、谁为午餐埋单、谁冲咖啡等种种性别预期已经如此深入人心，以至人们根本不再注意到这些细节，但是在 MUD 中，这些被忽略的性别预期在可见的语境行为中被表达出来，并得到公开的讨论。比如，当一个扮演女性的男人主动在网上向他人提供帮助时，这种骑士风度意味着他并不胜任扮演女性这一角色，当一个扮演男性的女人认识到不应该再理所当然地获取他人的帮助时，她们开始意识到，没有男人的帮助，事情也并没有想象中的那么糟。

　　图尔克利指出，在过去十五年间，人们谈论电子情人的方式在不断改变。19 世纪 80 年代早期，当男人装扮成女人的事件初次发生时，大多数人为此感到不安；20 世纪 90 年代许多人抱怨"朱丽"在网上的女同性恋行为；而今天更让人震惊的是现实生活与虚拟生活混同在一起，虚拟世界中的规则渗透进现实生活之中。在这一谈论方式转变的过程中，人们对在线性别转换的认识与评价也在逐渐改变。事实上，虚拟空间提供了一种新的生活方式，对这种新的生活方式的理解需要有新的语言。并且，进入虚拟世界的这种不同的实践经验产生了关于人类自身与社会的许多基本问题，这些问题包括：关系的本质是什么？责任的限制是什么？我是谁？物理的身体与虚拟的身体有什么关系？这一身体在不同的赛博空间是不同的吗？社会关系的本质是什么？我们怎样解释现实生活中的行为与虚拟空间中的行为？在界面内外产生着怎样的社会？图尔克利认为，面对现代社会中的这些复杂的问题，在线生活正好提供了新的透镜，使我们能够有效地分析这种复杂性。

　　"除非我们充分利用这一新透镜的优势，仔细地分析我们的位置，否则我们将把未来拱手让给那些相信简单定位就能解决复杂问题的人。"①

　　技术、意识、社会与文化的发展史往往是相互纠结在一起的同一个过程，新的技术的出现伴随着新的认识观念、新的社会问题、新的文化语境的出现。在时间隧道中，现在是历史与未来的联结点，关注现在不但意味着面向未来，同时也意味着传承过去。因此，可以说，要充分理解信息技术在当代发展提出的新问题，不但需要一种新的观念、新的语言，而且需要我们回溯信息技术与社会认识、传统文化之间互动的历史过程，通过这种回溯，我们将会发现，所谓的性别麻烦在其本质上不过是人类从概念上给自己制造的麻烦。

第六节　赛博格：哈拉维的后性别神话

　　20 世纪，人类进入信息时代，这个时代的一个主要特征就是信息技术彻底影响了人们生活的各个领域，影响了人们对世界、对社会甚至是对自身的看法。赛博成为信息时代的一个核心关键词。随着赛博技术的兴起，赛博空间、赛博文化、虚拟社区等新兴起的事物正在越来越受到普遍的关注。

　　当女性主义交汇赛博技术与网络文化，就形成了赛博女性主义。有如后现代女性主义费斯·威尔丁（Faith Wilding）所言，"把赛博这个术语与女性主义这个术语连接起来就在女性主义历史与电子媒体的历史上产生了一个重要的新的组成物。这个术语

---

　　① Sherry Turkle, "Tinyseh and Gender Trouble", *Sex/Machine*: *Readings in Culture*, *Gender*, *and Technology*, Bloomington and Indianapolis, Indiana University Press, 1998, p. 415.

的每一个部分都必然改变其组成部分的含义。"① 赛博是信息技术的替代名词,女性主义主要指一种以妇女解放为目标的政治运动,赛博女性主义从其最简单的意义上可以被理解为一种与赛博技术或信息技术相关的女性主义。

后现代女性主义者唐娜·哈拉维被认为是赛博女性主义的代表人物,她应《社会主义评论》编辑邀请发表的《赛博宣言》成为赛博女性主义理论的开山之作,对赛博女性主义的兴起与发展有非常大的影响。凯瑞·霍尔(Kira Hall)描述了两种不同的赛博女性主义:激进赛博女性主义与自由赛博女性主义。② 前者认为在虚拟世界中依然渗透着传统的性别关系,因此女性的解放战争不但存在于现实世界,同样存在于虚拟世界,她们主张在网络中为妇女开辟专用的网站与公告牌,这些属于女性统治的领域完全排除男性,避免男性骚扰;后者认为妇女的解放最终必需借助于技术发展的力量,她们相信存在一个平等自由的、性别无涉的乌托邦,而技术的发展,包括信息技术的发展正是为实现这一乌托邦的理想做出准备。根据霍尔的区分,哈拉维应归入自由赛博女性主义流派,因为她相信赛博技术的出现同时预示着一种后性别时代的到来。

哈拉维把信息技术看作是对人类意识的第四次"伤害"。弗洛伊德归结出在人类以自我为中心的认识历史中,人类作为认识的主体地位受到了三次毁灭性的打击:第一次是哥白尼革命,它把地球从宇宙的中心"贬谪"至太阳的一颗卫星,从此,人类从宇宙的中心下降到浩瀚宇宙中的一颗微尘;第二次是达尔文的进化论,其理论指出人并不是上帝制造的完美之物,而是自然界物种进化中的一环,其祖先并不比动物园中的黑猩猩具有更高贵的血统,人类究其生物性的本性尚无法完全摆脱动物性的一面;第

---

① Anna Everett, "On Cyberfeminism and Cyberwomanism: High-Tech Mediations of Feminism's Discontents", *Signs*, 2004, Vol. 30, No. 1, p. 1279.

② 刘霓:《信息新技术与性别问题初探》,《国外社会科学》2001 年第 5 期。

三次是弗洛伊德的精神分析理论。弗洛伊德指出，在潜意识与意识的关系中，自以为拥有自由意识、能够成为自己主人的人类，其实质不过是潜意识的奴隶，所有的行为都受到欲望的驱使。在此基础上，哈拉维提出信息技术或赛博技术的出现给人类带来了第四次"伤害"，它们"展开了有机体与技术的身体，融合了两者之间伟大的区分（Great Divide）"。① 在哈拉维看来，每一次"伤害"都意味着从认识上颠覆人类从概念上给自身设定的界限。哥白尼革命颠覆了人类与宇宙之间的界限，达尔文的进化论颠覆了人与动物之间的界限，弗洛伊德精神分析理论颠覆了理性与非理性之间的界限，而信息技术颠覆了人与机器之间的界限。

在《赛博宣言》中，哈拉维首次借用了控制论中一个新的理论术语——赛博格，用来指跨越边界而存在的"持存物"。她宣称"我们都是赛博格"、"赛博格是我们的本体"、"宁愿成为赛博格而不是女神"。什么是赛博格？Cyber 在拉丁文中原意指舵手，控制论的创始人维纳采用了这一词描述人机通过电子信号进行交流与控制的过程。Cyborg 由 cybernetic 与 organization 两个词合成，英文原意为电子人，曼弗雷德·克林斯（Manfred Clynes）和内森·克兰（NathanS. Kline）首次使用这一词指他们所设计的"自我调节的人机系统"。世界上第一只赛博格是一只实验室小白鼠，科学家在小白鼠的皮肤里注入一个泵，并通过向泵里注射化学药剂控制其生理状态，泵与有机体之间通过反馈控制交流电路作用在一起。赛博格是实验室中诞生的一个新物种。

"赛博格是一种受控有机体，一种机器和有机体的杂合体，一种社会实在的造物和一种虚构物。"② 赛博格是技术的产物与时

---

① Donna Haraway, *When Species Meet*, University of Minnespta Press, 2007, p. 12.

② Donna Haraway, "A Cyborg Manifesto: Science, Technology, and Socialist-Feminism in the Late 20th Century", *Simians, Cyborgs, and Women: The Reinvention of Nature*, Routledge, 1991, p. 117.

代的产物，作为技术制造物来理解就是融合了有机组织与机器的人机联合体，但是在超越了技术制造物的意义上，赛博格更重要的在于其作为象征物。赛博格不属于无机界，也不属于有机界，而是处于有机界与无机界的相交地带，它标志着一种突破了传统概念框架而超越边界的存在，正是这种特殊的位置使它具有了超越技术与物质内涵的哲学上的象征意义。

作为传统边界的挑衅者，透过赛博格这一新的持存物，我们可以看到边界概念的历史暂时性。回顾科学技术进步的历史，哈拉维指出人类文化史上存在三类边界的突破：其一，人类与动物边界的突破。生物进化论从起源上打破了人与动物的区分，动物权利保护运动要求重新界定人类与动物之间的权力与责任，人与动物接触所带来的快乐也表明人类与动物之间并不需要不可逾越的边界；现代基因技术模糊了物种内部的边界，番茄移植深海鲽鱼的基因形成跨越动物与植物边界的新的物种，预示着我们原来划分动物与植物，鱼与水果的标准完全失效。其二，动物—人类（有机体）与机器边界的突破。20世纪的技术发展完全模糊了技术决定论者所坚持的二元论，完全模糊了有机体与机器之间的边界，人体内可以置入芯片，心脏可以安装起搏器，自然与人工、心灵与身体、自我发展与外在设计不再属于两个不同的领域，"我们的机器令人不安的栩栩如生，而我们自己则令人恐慌的了无生气"。① 其三，物质与非物质边界的突破。量子理论中的非决定性原则、到处存在而又不可见的微电子设备、使用太阳能源的现代机器不仅是物质的，而且是政治；基因工程把人类身体编码为一系列的基因符号，身体成为"物质—符号的结点"；虚拟设备需要星球上最多的投资，而如何获得这些投资都成为政治商议的任务。

---

① Donna Haraway, "A Cyborg Manifesto: Science, Technology, and Socialist-Feminism in the Late 20th Century", *Simians, Cyborgs, and Women: The Reinvention of Nature*, Routledge, 1991, p. 120.

"剥开洋葱的表层，其中心没有任何东西。"① 借助于"赛博格"这一跨越边界存在的持存物，哈拉维揭示出人与动物、人与机器、物理与非物理之间由文化界定的边界概念只是具有历史的暂时性。当边界这一概念本身就是历史的产物，是文化的建构时，区分男性与女性的性别边界也就同样逃不出其历史与文化建构的最终宿命，在此意义上，赛博格这一象征同时预示着男性与女性之概念边界的崩溃。"在20世纪晚期，我们的时代，一个神话的时代，我们全都是喀迈拉，是理论化的和拼凑而成的机器和有机体的混血儿。简而言之，我们是赛博格。赛博格是我们的本体。"哈拉维指出，今天的科学是旧科学与技术的杂合体，是技术科学（technoscience），在这种技术科学的实验室与文化中诞生了携带巨蚕丝蛾基因的土豆、移植了深海蝶鱼基因的番茄以及植入癌细胞的致癌鼠、女性男人等等，她们既是真实的经验，又是理论的虚构，她们都是赛博格。

赛博格时代同时也是后性别时代，信息技术的发展同时也允诺了一个后性别时代的到来。新技术革命带来了性别劳动分工的重新布局，资本变得更灵活，跨国劳动分工与新集体出现，亲密群体削弱，彼此影响相互交织，重新安排男性与女性在技术经济秩序与劳动秩序中的位置；"家庭工业经济"产生，工作被重新定义为"自由的"，"女性的"或"女性化的"；男性面临更大的失业风险而变得比女性更脆弱，女性承担着家庭与工作的双重压力而变得更坚强。信息技术的普及导致了社会结构的重新调整，在这一转变中社会呈现女性化的趋势，传统划分男性、女性的标准逐渐变得模糊。

哈拉维从分类学上批判了对边界概念的本质主义理解，指出人与动物、有机体与机器、男性与女性等等二元论的划分

---

① Constance Penley and Andrew Ross, "Cyborgs at Large: Interview with Donna Haraway", *Social Text*, 1990, No. 25—26, p. 8.

界限都是"置身的"历史文化实践的产物。然而，从另一方面，哈拉维又为她所确立的"新本体"——"赛博格"建构起一道"没有边界的边界"。为了免于陷入所批判的本质主义的迷雾，对于何为赛博格哈拉维没有给出清楚的定义，她只是指出赛博格是没有起源的、没有历史的、无法用传统分类概念理解的、跨越边界的融合物，正是这一开放的定义为赛博格划定了一条"没有边界的边界"。为了避免陷入"愤世嫉俗的相对主义"，为了能够采取某种更具建设性的政治学的观点，最直接的方法就是坚持边界与分类的"暂时性"，因此，这一"没有边界的边界"与其"大历史"叙事中所坚持的边界概念一样，也是暂时的。

我们描述世界、把握世界的语言与概念既随着世界本身的变化而变动，同时，又受到历史与传统的限制。马克思指出人从一出生就总是生活在受一定社会生产力制约的历史条件下，在认识论的意义上，这种历史的先在性同样存在。哈拉维指出，历史的人总是生活在一定的社会、文化的语境中，他们"就像一个背负着外壳的寄居蟹"。[①] 我们所捡起的所有概念外壳都有着它本身的历史，通过获知我们是如何记住所背负的这些外壳，人们彼此之间可以相互解释这些外壳。即便无法脱去我们的外壳，但是随着我们的成长可以打开或关上这个外壳。而正是共享一个共同世界的可能性——可以相互解释的可能性、可以进入历史的外壳的可能性，就开启了进入政治学讨论的可能。

借助于赛博格的设想，哈拉维主要在于表达两个关键的论点：首先，批判普遍性概念或整体化理论错失了最大的现实性；其次，拒绝反科学的形而上学，拒绝技术神圣说，承担起科学和技术的社会关系的责任，接受重构日常生活边界的

---

① Constance Penley and Andrew Ross, "Cyborgs at Large: Interview with Donna Haraway", *Social Text*, 1990, No. 25 - 26, p. 10.

技术任务。[①] 哈拉维发展了"信息学统治"这一概念用来形容当代"白种资本帝国主义父权制"之后的统治形式，即用发展信息时代的"新的惊人的网络"取代工业社会的等级制统治。在"信息学统治"的秩序中，我们需要重新思考种族、性别、阶级、国家等分类范畴。但是旧的秩序并不会一下子消失，我们必定会经历一个新秩序与旧秩序共同存在的时代，"性别的新形式——与旧形式一样——在我们之中存在"。

哈拉维列举了三十一组形容词用以对比描述"信息学的统治"与资本主义等级制之间的差异与不同，包括：

描写	模拟、
资产阶级小说，实在论	科学虚构，后现代主义
生物体	生物组件
深度，整体	表面，边界
热量	噪音
临床实践的生物学	刻写的生物学
心理学	传播工程
小群体	子系统
完美	乐观
优生学	人口控制
颓废，神奇的高山	过时，未来的震惊
保健学	压力管理
微生物，结核	免疫学，艾滋
劳动的有机划分	劳动的人类工程学/控制论
再生产	复制
生物性角色的特殊化	乐观的基因策略
生物决定论	进化的惯性，限制

[①] Donna Haraway, "A Cyborg Manifesto: Science, Technology, and Socialist-Feminism in the Late 20th Century", *Simians, Cyborgs, and Women: The Reinvention of Nature*, Routledge, 1991, p. 147.

社区生态	生态系统
存在的种族链	新经验主义，联合国的人道主义
家庭/工厂中的科技管理	全球工厂/电子村舍
家庭/市场/工厂	集中回路中的妇女
家庭薪酬	可比较的价值
公共/私人	赛博市民
自然/文化	差异的领域
合作	传播提升
弗洛伊德	拉康
生理性别	基因工程
劳动	机器操作技术
意识	人工智能
第二次世界大战	星际战争
白人资本主义父权制	统治的信息学

通过信息技术的普及，"信息学统治"代表着一种真正的、交叉的全球化与普遍化。哈拉维以一种素描的手法描画出信息时代的社会是一种什么样的社会，但是这种描画必须置于她的整体的理论文本背景中才能看清其轮廓。"信息学统治"代表着一种肯定多元与差异，同时又实现了自由与平等的乌托邦。这种理想中的乌托邦可以从政治上、从认识上引导我们的行为。"高技术设置的社会关系中种族、性别与阶级的某些重新调整使得社会主义女性主义能够更接近于有效的、进步的政治。"[1]

从一定意义上来说，哈拉维对技术的态度具有可取的合理性。激进主义的技术乌托邦拒绝所有的技术，梦想回到前技术时代或农耕社会，坠入不切实际的幻想之中；而相信随着技术的发展，女性的解放、人类的解放就会自然而然的来到，这显然也已

---

① Donna Haraway, "A Cyborg Manifesto: Science, Technology, and Socialist-Feminism in the Late 20th Century", *Simians, Cyborgs, and Women: The Reinvention of Nature*, Routledge, 1991, p. 132.

经由实践证明是一种不切实际的幻想。我们所应该采取的合理态度不是彻底的放弃技术也不是任由机器统治人类、任由文本破坏政治的意义，不是陷入技术决定论的陷阱中，而是基于"幸存的问题"，置身于人类幸存与女性幸存的位置，探讨如何引导技术科学实现未来的"乌托邦"理想。"赛博格主要的麻烦就是它是军国主义与父权制资本主义的非法后裔，而没有言及国家社会主义。但非法后裔也常常极不信任她们的起源。无论如何，她们的父亲都是非本质的。"① 正如哈拉维在这一段论述中所持有的态度，父权制名下的技术发展并不必然带来属于父权制的"合法繁殖"，它同样可能诞生"非法的后裔"，而这一非法后裔有可能成为女性主义者颠覆其父亲权威的主导力量。从某种程度上来说，赛博格就是技术超越的见证者。

---

① Donna Haraway, "A Cyborg Manifesto: Science, Technology, and Socialist-Feminism in the Late 20th Century", *Simians, Cyborgs, and Women: The Reinvention of Nature*, Routledge, 1991, p. 119.

第 六 章

不同的声音

> 然而，妇女无法适应现有的人类发展模式或许表明
> 了描述方面的问题，对人们状况认识上的局限性以及对
> 某些生活真理的忽略。
>
> ——卡罗尔·吉利根

"不同的声音"这一术语可以被看作是对女性主义伦理学思想的一个形象概括。批判传统普适伦理原则中包含的性别偏见，女性主义发出了不同的声音；强调女性主义关怀伦理相对于男性公正伦理的合法性，女性主义发出了不同的声音；要求把罗尔斯的"正义"原则引申至包含女性的家庭与私人领域，女性主义也发出了不同的声音。

女性主义伦理学在标明其自身理论与主流理论差异的同时反思伦理学中的性别问题，重构符合女性主义政治目标的伦理原则。马克思主义认为，伦理学是统治阶级的社会意识形态，是统治阶级实施社会控制的工具，如其所言，父权制社会的伦理学也就必将带上男性统治女性的社会烙印。因此，在一定程度上，女性主义伦理学"必定是一场争取人心的斗争，争夺她们道德意识的斗争。"① 也就是说，在伦理学领域，"妇女真正需要的是能使

---

① 邱仁宗主编：《女性主义哲学与公共政策》，中国社会科学出版社 2004 年版，第 30 页。

我们对道德进行重新定义的政治权力"。①

第一节　公正伦理的非公正

"妇女的从属在道德上是错误的，"从这一认识的原点出发，贾格尔确定出女性主义实践伦理学的三个目标：其一、从道德上批判那些使妇女的从属永恒化的行动和实践；其二、规定以道德上可辩护的、合理的方式反抗这些行动与实践；其三、设想可促进妇女解放的道德上合意的可选择办法。在理论层面，女性主义伦理学需要探讨内在道德哲学的观念、概念与理论中的性别偏见，同时寻求对消除性别偏见的、尊重妇女道德经验的伦理理论的重构。② 无论是在实践层面还是在理论层面，女性主义伦理学寻求的都是一个从批判到辩护到设计的重新建构与发展的过程，在可设计的未来，只有当人的性别如同人的眼睛的颜色或指甲的长度一样在社会生活与文化领域中成为无关紧要的因素，女性主义伦理学乃至女性主义事业才得以完成其历史的使命。

在西方哲学历史中，包括亚里士多德、阿奎那、卢梭、康德、黑格尔、萨特等大哲学家都曾有对女性不屑的言论，他们认为妇女不但在理性思维上低男性一等，而且在道德自主性方面也是不完整的人，女性的价值终究在于实践那些属于"女性"的德性，如服从、安静、温柔与忠诚。面对这些思想家与哲学家们对女性的蔑视与贬低，从理论上批判传统伦理思想中蕴涵的不公正与性别偏见就成为女性主义伦理学的一个任务。

贾格尔指出，自欧洲文艺复兴以来自由主义的男性偏见影响了道德判断的整个思维传统，这些偏见表现在如下六个方面：

---

① 邱仁宗主编：《女性主义哲学与公共政策》，中国社会科学出版社 2004 年版，第 30 页。

② 同上书，第 31 页。

1. 表面上似乎是普遍的，但事实上反映了某一特殊社会类别的道德主体意识——西方上层的或中产阶级的白人男性家长的意识。尽管有经验证据表明许多人拥有不同的动机并采用不同的理性思维方式，但是这一特定道德主体的理性动机与思维方式仍被推广到整个理性的道德主体。

2. 当这些社会类别被当作道德的楷模，任何偏离于他们的思想与行为都被看作是缺少德性的表现，这种伪装为权威的思维模式使得所有妇女的思维模式以及处于从属地位的男性成员的思维模式成为无效的道德思维模式。

3. 人为地从道德上限制对亲密关系与家庭关系的思考，因为这样的思考被认为是女性化的，与道德主体的男性身份相背离。

4. 在观念上没留下批判压迫妇女行为的空间，许多有关妇女生活的问题在道德上成为不可决定的。

5. 主流的道德判断从概念源头上否认了妇女以及受压迫的男性群体用她们或他们自己的语言表达道德观点的可能。

6. 尽管传统道德判断的概念肯定公正与普遍性，事实上这些观点都是自我维护与循环论证的，因为哲学家们对这些观点的理性化本身求助于这些观点自身，同时让所有持异议者缄默不语。①

如何评价人的实践行为的对与错？什么样的行为是被允许的？什么样的行为是不被允许的？应根据行为的结果还是根据行为背后的动机评价行为的善恶？围绕对这些问题的解答，传统伦理学分为功利主义与道义论两大派别，前者以边沁、密尔为代表，强调行为的结果；后者主要以康德为代表，注重行为的动机。其中，功利主义伦理以追求自然的快乐与幸福定义道德价值与善，以此规范人的道德行为，其理论模式成为现代伦理学的主流，有如罗尔斯所言："在现代道德哲学的许多理论中，占优势

---

① Alison Jaggar, "Feminism In Ethics: Moral Justification", *Feminism in Philosophy*, Cambridge University Press, 2000, p. 234.

的一直是某种形式的功利主义。"①

在 20 世纪西方伦理学的发展中，摩尔的《伦理学原理》走的是语言分析的进路，追求清楚明白的伦理学概念与伦理语言的表达；罗尔斯的《正义论》回到对社会公正、社会正义与社会秩序的规范伦理学的讨论轨道；哈贝马斯提出建立在交往行为理性之上的协商伦理；麦金泰尔返回到亚里士多德对内在德性的追求，主张用美德伦理代替规范伦理。有如贾格尔所批判的，无论是摩尔的元伦理学、罗尔斯的正义论或是哈贝马斯的协商伦理，追求的都是一种普遍适用的伦理学标准与一种普遍接受的道德观点，而这种普遍性在女性主义看来不过是把建立在男性经验基础之上的、反映了男性思维模式与行为标准的伦理规范与道德标准推介至所有人。女性主义伦理学的第一个任务正是批判主流伦理学中隐藏的性别偏见。

分析伦理学的传统始于摩尔，"善"是他探讨的一个中心概念。什么是"善"？摩尔认为"善"独立于其他任何的东西，其意义不是源自于经验。"善"的非自然的属性，即什么是"善"，不能通过经验观察确认，只能通过内在的深思与道德的直觉发现。运用这种直觉主义的方法，摩尔认为，只有人际关系、美与知识从本质上才是善的。

女性主义者伊丽莎白·安德森（Elizabeth Anderson）批判了摩尔直觉主义方法中所隐含的性别、种族偏见。她指出，摩尔所谓的"我们的"道德直觉所反映的不过是包括他本人在内的大多数的权力阶层与精英团体的信念，"什么是善的"由他个人过于狭窄的直觉决定，然而在这一决定过程中却忽略了许多其他人的直觉，这些其他人有可能把除人际关系、美与知识之外的，诸如有意义的工作、强健的体魄、公正与自由，也看作是善的。安德

---

① ［美］约翰·罗尔斯：《正义论》，何怀宏、何包钢、廖申白译，中国社会科学出版社 1988 年版，第 1 页。

森认为这种有偏见的认识并不是偶然的，而是反映了一种个人直觉主义的团体趋势。当价值判断被建构为没有中介的自明的观念，不受任何理性论证的怀疑，那么就不存在客观判断与主观偏好的公共基础。在这种条件下，伦理判断或者无法决定，或者是接受那些最具有社会权威的直觉判断的选择。因此，在一个等级制社会的语境中，摩尔的直觉主义的方面不仅具有把维护传统的道德信念理性化的趋势，而且本身就在为权力的道德信念辩护，从而无法摆脱种族、性别与阶级的印记。

里查德·哈瑞（Richard Hare）把摩尔的伦理学思想推进了一步，认为伦理术语既不是某种自然的东西，也不是某种非自然的或精神的东西，其意义必需追溯至引导行为的功能方面理解。哈瑞指出，要实现道德价值的功能，我们就需要一种理性，经过这种理性的论证，具体的行为论述才可能具有道德上的普遍性，而普遍性是伦理理性的一个标准。如何达成客观公正的伦理普遍性呢？这既不能求助于天启，也不能求助于某个无所不能、无所不知的上帝，因为，从经验上来说，人类的理性是不完美的，人类的知识是有限的。哈瑞认为，这可以通过获知他人处身的处境、行为、言语等信息，通过把这些信息与我们自己进行比较，从而理解他人的意识状态、他人的经验与道德意识，换位为他人思考问题而达到这种普遍性。

里恩·S. 阿尔纳特（Lynne S Arnault）指出，哈瑞的普遍主义的描述方法假定所有个人从本质上都是相似的，这一抽象的个人形象正是古典的自由主义的抽象个人的形象，都是理性的、自利的、独立的个人，在社会关系中与他人的合作也只是为了追求自己的利益。但是，是否每一个人都可以还原为这种抽象的个人却很值得怀疑。事实上，一个人的社会身份并非与他的道德思考无关，个人之间社会身份的差异不仅构成不同个体之间的不同需要与不同价值，同时也影响到彼此对处身环境的理解与解释，在这种情况下，采用他人的立场做出道德判断从实践与原则两方面来看都是不可能的。哈瑞建立在个体主义理性原则基础上的伦理学方法追求普遍的伦理理性，这潜在地把所有联系与依赖关系的道德概念都归入非理性的范围，因此，阿尔纳特批评哈瑞的理论没有为妇女、劣势群体与边缘群体提供表达道德经验的途径。

　　另一个接受女性主义审查的是罗尔斯。罗尔斯把霍布斯在政治学领域中发展起来的契约论引入伦理学，复兴了功利主义的规范伦理学。对应于契约论中国家之起源状态，罗尔斯假定道德上的起源状态，即各个群体都是自由的、平等的、同时也是理性的，根据经济原则，各团体相互之间都希望能达成最有效、最有意义的协议，因此，为了获得来自他人的保证，他们愿意放弃自己的部分自由而签订了永久性遵从的道德条约，这些条约构成彼此服从的社会的基本道德结构。为了达到一种全体一致的契约，罗尔斯假定在起源状态各方都处在一种"无知之幕"之后进行选择，彼此不知道自己的社会地位、阶级出身、天赋和气质，不知道"善"的观念的具体内容以及自己的心理倾向，不知道他们所处时代的、所处社会的经济、政治状况和文明水平。尽管罗尔斯在正义原则的选择中隐去了选择行为者的各种社会身份与社会意识，但是他的理论的一致性要求契约签订者仍然必须保留两个主要的社会标记：家长的身份，为了保证契约关系能在代际之间传承下来；"最小受惠的代议者"，意味着始终从最小受惠者的立场出发考虑问题，以此保证在"无知之幕"后的契约关系中最小受惠者的最大利益。

　　女性主义者批判罗尔斯建立在正义论基础上的伦理学方法对女性存有偏见，其中一个明显的问题就是，罗尔斯所假定的代议者的家长身份排除了讨论家庭内成员间正义问题的可能性。罗尔斯认为，当存在个人因为自身的原因而不能合理地追求到善的理想之时——诸如心智尚未成熟的儿童、头脑受伤或精神紊乱的人——各方就可能采取一种原则，"这种原则规定什么时候其他人有权代表他们行动，而且必要的话，什么时候可以不理睬他们当时的愿望。"① 家长制的原则就是这样的原则，"在原初状态中，各方会接受这种原则以保护自己在社会中免受自己的理智和意志力的软弱动摇之害。这样，他人就被授权，有时是被要求代表我们来行动，做假如我们是理智的话就会为我们自己做的事情……当所说的这个人发展或恢复了他的理智力时，他将接受我们代表他所做的决定，承认我们为他做了最好的事情。"② 在父权制社会，在妇女被认为经常根据感情而非理性做出选择与判断之时，她们也就被认为不具有行使理性选择的完全能力，而她们的父亲或丈夫代表她们行使这种权力也就被认为是符合正义的基本原则。至此，当男性家长代表家庭其他成员的意见被认为符合正义的要求时，家庭也就不会成为不正义之所或不存在所谓的家庭正义问题。

苏珊·奥金（Susan Okin）指出，家庭问题也应纳入正义讨论的范畴。事实上，传统家庭总是指派妇女承担许多不公正的重负，包括承担更多的家务工作、更多看护孩子的工作、更少的决定权、更容易面对家庭暴力等问题。当妇女必须承担更多的家务工作时，就剥夺了她们在公正领域获得平等的经济、政治权力的机会，所以属于公共领域的正义论必将不属于女性。正义并不是男人独有的概念，"正义"和"权力"也不是男权主义思考道德的独有方式。来自女性主义的批判指出，如果关于正义的最佳理论建构不能平等地对待男性与女性以及她们的观点，或者不能轻易地改进以包括这些观点，那么这种正义论就是非正义的。

奥金从两个方面修改了罗尔斯对起源立场的假设：首先，生理性别应该被明确地界定为是隐藏在"无知之幕"之后的道德主体拥有的一个重要特征；其次，在正义的领域内重新认识性别的

① ［美］约翰·罗尔斯：《正义论》，何怀宏、何包钢、廖申白译，中国社会科学出版社 1988 年版，第 239 页。

② 同上书，第 240 页。

社会组织，特别是家庭。当把正义的领域从公共领域扩展到家庭领域，"最小受惠的代议女性"将取代最小受惠的代议男性而作为正义原则的新标尺出现，通过保证"最小受惠的代议妇女"的利益，女性可以通过"反思的平衡"获得道德上的正义。

奥金从女性主义视角发展了罗尔斯的正义论思维，将女性与性别关系引入正义论探讨的论域，但并不反对罗尔斯的道德契约主义的假设。相反，贾格尔恰是批判罗尔斯（包括奥金）道德理论中的契约论思想，认为这种假定的契约关系并不足以让我们做出道德判断，因为它必需求助于一种对人的需要、利益与理性选择的普遍的抽象，方能在无穷的解释之间即时做出决定，然而人类的需要、利益与理性原则并不是抽象与一致的。贾格尔指出，求助于假定的认同就是一种伪装的精英主义，因为它要求建构起精致的哲学论证，而这对于大多数人来说既没有这种倾向与时间，也没有受过这方面的训练。因此，这种大多数人未必会用的契约论方法赋予了少数专家道德权威，在西方社会，这些少数专家就是中产阶级的白种男性。

批判的目的在于理论的重构。女性主义伦理学的规范建构包括对道德主体的重新思考、扩展道德的问题论域、重新思考女性的价值、构建从女性视角出发的伦理学等各个方面。[①] 女性主义者指出，道德主体并不是超越现实的普遍化的抽象个人，而是置身于一定社会情境，以性别、阶级与种族集体定义的"具化的主体"，她们的知识是有限的，她们的认识受到所处环境的制约。正因为如此，这些处于不同集体由不同社会群体定义的主体有着不同的道德观与理性思维方式，而这种不同又使得人们不能用唯一正确的道德理性模型评价所有的道德判断。这一主题在女性主义关怀伦理思想中得以继续。

---

① 邱仁宗主编：《女性主义哲学与公共政策》，中国社会科学出版社 2004 年版，第 35—44 页。

第二节　不同的声音:女性主义关怀伦理学

1985 年吉利根发表《不同的声音》一书，标志着女性主义伦理学进入了一个新的阶段。卡罗尔·吉利根（Carol Gilligan）对多名处于道德困境中的女性进行了深度访谈，在经过一系列的道德实验与跟踪调查之后得出结论，两性在做出道德判断与行为选择时遵循不同的道德思维模式，女性更多地注重关系与关怀，而男性更多地强调公正与责任。自吉利根有说服力的经验研究之后，关怀伦理学在女性主义中引起了很大的反响，对于某些坚持性别差异的女性主义者而言，吉利根的研究就是为两性差异辩护的最好证据。同样，在某些坚持差异伦理学原则的女性主义者看来，只有关怀伦理学才可以合理地被标记为女性主义伦理学。

"吾爱吾师，吾更爱真理。"亚里士多德的这一句名言用来形容吉利根也不为过。吉利根是哈佛大学的一位心理学教授，曾经担任过科尔伯格的助手，其研究正是始于对老师所提出的道德模型的怀疑。

科尔伯格设计了一个理论模型，用以测量不同群体的道德发展水平。他把道德发展分为六个不同的阶段，不同的阶段对应着不同的分值。这六个阶段又可划分为三个水平层次的道德发展:第一、二阶段，对公正的理解建立在个人需要的基础上，此时道德主体以自我为中心;第三、四个阶段，道德主体开始接受一种社会共同造成的公正概念;第五、六个阶段，道德主体达到对公正的一种原则性的理解，开始根据普遍的、正义的伦理原则解决道德的两难问题。根据科尔伯格这一理论模型的测量，女子的得分普遍低于男性，潜在的结果表明女性道德推理能力的发展与男性相比处于更低的层次。

　　究竟是"女性的道德发展不足"，还是我们的评价方式出现了问题？对于这个问题的思考让吉利根开始研究女性道德的心理。

　　重新走过科尔伯格所走的道路，我们却看到了不同的东西。吉利根重新研究了科尔伯格为了衡量青春期发展而设计的一系列道德困境实验，但对研究中出现的同样的现象给出了不同的解释。其中一个案例如下：一名叫海因茨的男子，因贫困而买不起药来给自己的妻子治病，且药剂师拒绝低价出售药品或赊销药品，在这种情况下，他是否应该去药店偷药以挽救自己妻子的性命？同样年龄、处于同一学习阶段的男孩杰克与女孩艾米被要求处理这一道德困境。杰米的态度非常明确，海因茨应该去偷药，因为生命比金钱更重要，金钱失去了可以再赚到，而生命失去了却不可能再获得，因此，即使事后，法官也会同情海因茨的选择。吉利根指出，这一逻辑思路正好符合传统的道德推理模式，是根据普遍的公正原则推导出具体的结论。但是女孩艾米却犹豫地回答海因茨不应该偷药，其理由是他也许会因为偷药而进监狱，致使他妻子的病更严重，或许他应该采用除了偷药之外更好的办法，诸如借款、与药剂师进行更进一步的协商。艾米同样认为让妻子去死是不正当的，但并不是基于生命比财产更可贵，而是因为她的死有可能会伤害到她周围的亲人。女孩的回答更多地从相互关系出发理解道德行为的选择，更多地表现为怎样在具体的情境下做出相应的选择。

　　吉利根通过一系列的经验研究得出结论：存在两种不同的道德思维方式，男性倾向于依据公正的原则和个人的权利做出道德判断，而女性更多地关注具体社会情境下的关怀与责任。也就是说，男性与女性遵从两种不同的道德评判系统——公正伦理与关怀伦理。然而现行主流伦理学强调公正伦理而忽视关怀伦理，当以唯一的公正伦理的标准评价所有人的道德行为，当然就会得出女性道德比男性低下的结论。"公正伦理依据平等——当以每个人都应该得到同样对待的前提来发展时，关怀伦理也依据非暴力的前提——没有人应当被伤害来发展。在成熟的表现上，两种视角都集中于这样的认识，就如同不平等对于不平等的关系双方都产生不利影响一样，暴力对所涉及到的每一个人都具有破坏性。"① 公正伦理与关怀伦理之间，只有两种不同的视角而不存在何种更高何者更低的问题，消除之前认识中所存在的偏见，不但对女性，而且对男性，都是有益处的。

通过对处于流产决定的道德困境中的妇女进行访谈，吉利根发现关怀在女性的道德判断中呈现为三个思考层次：第一个层次，"自我保存的倾向"，妇女主要表现为对自我的关怀，对道德行为的思考主要集中在确保自我的生存；第二个层次，"自我牺牲的善"，妇女开始置身于具体的社会关系中，以责任为中心重新理解自我与他人的关系。根据社会的准则与期望，"妇女的善"等同于对他人的关怀，妇女对善的追求使他人成为妇女关怀的合法接受者，而把妇女本人排除在外，这种"自我与他人之间的不合逻辑"造成了妇女在第二阶段中关系到思考中的失衡，她们需要重新思考自我与他人的关系，并逐渐消除关怀在自我牺牲与女性美德之间存在的紧张关系；第三个层次，"非暴力的道德"。妇女通过重新思考自我与他人之间的关怀，重新理解了自私与责任之间的紧张关系，关怀与非暴力成为一种普遍的命令与自我选择的判断原则。②

关怀伦理学是以女性主义视角建立起来的伦理学理论，自吉利根明确提出关怀伦理学的概念之后，这一理论得到越来越多女性主义者的积极关注与支持。美国著名的哲学家、教育家内尔·诺丁斯（Nel Noddings）对关怀伦理学进行了进一步的理论化与系统化。关怀伦理学的核心概念是关怀，诺丁斯从概念上探讨了

---

① ［美］卡罗尔·吉利根：《不同的声音：心理学理论与妇女发展》，肖巍译，中央编译出版社1999年版，第187页。

② 邱仁宗主编：《女性主义哲学与公共政策》，中国社会科学出版社2004年版，第276页。

什么是关怀这一问题。她借鉴海德格尔的观点把关怀看作人的本质，认为关怀他人与被他们关怀都是人的本能需要，当他人向我们求助时我们会自然地产生一种"我必需"做某事的意识。诺丁斯区分了两种不同的关怀：自然关怀与伦理关怀。自然关怀是一种原始的、最初的、自然而然的、爱的感觉，无需做出任何伦理的努力，在这种情况下，"欲望"与"应当"两者是一体的，诸如母亲对儿子的关怀、亲人之间的关怀，都是不需要做出任何努力而自然流露出的关怀行为，表达出了一种渴望与倾向，而不是对责任的认同。与此不同的是伦理关怀，需要求助于对责任的认同。有些时候我们虽然看到了他人的需要，但却并不会自然而然地想到牺牲自己或主动地去满足他人的这种需要，这时候我们就会回想起自己关怀他人或被关怀时的感觉，并努力对他人的痛苦做出"我应当"的回应。伦理关怀以自然关怀为基础，根源于对自然关怀的记忆，正是一系列关怀与被关怀的美好回忆构成了这种伦理理想，使伦理关怀得到加强。自然关怀是有限的，道德关怀应该通过发展伦理关怀扩大关怀的范围，最理想的状态就是伦理关怀也能如自然关怀一样，成为一种自然与本能的反应。

诺丁斯指出，关怀同时也是一种关系。关怀者与被关怀者之间必须形成良性的互动，这种关系才能维持下去。一方面，关系开始于被关怀者表现出某种需要，关怀者接受到这一信息，并做出相应的关怀反应；另一方面，被关怀者需要对关怀者的行为表示接受和认可，使关怀者得到鼓励与肯定，从而能使关怀行为持续下去。"被关怀方代表关怀方态度对关怀的知觉构成关怀的基本部分"，[1] 被关怀者对关怀行为提供反馈也是他的一种责任。

关怀是一种平等互惠的关系，关怀者与被关怀者都能在这

---

① 邱仁宗主编：《女性主义哲学与公共政策》，中国社会科学出版社 2004 年版，第 275 页。

种关系中体会到人与人之间美好的情感。诺丁斯认为，在关怀关系中关怀者具有两个方面的意识特征：其一为投入，关怀者需要"全身心的、开放的、无条件的关注被关怀者"；其二为动力的替代，关怀者有意识地把自己的力量转移到被关怀者及其关怀行为关系中，而接受关怀者的意识就是对此做出接受、认可与回应。

美国纽约大学约翰·川托（Joan Tronto）把关怀的过程分为四个阶段：关心、照顾、给予关怀和接受关怀。在关心阶段，关怀者意识到被关怀者的需要并对这种"应当得到满足"做出评价；照顾意味着对意识到的需要承担某种责任，并决定如何去满足它；给予关怀包括进行一些直接满足关怀需要的事物性工作；接受关怀指的是关怀对象接受和认可关怀者的关怀行为并对此做出反应。①

关怀作为女性特色的道德意识往往被认为源自妇女特有的哺育他人的经验或母亲的实践产生的独特道德视角，如吉利根就持有这一观点。有的关怀伦理学者认为，并不能排除妇女也有用公正进行思考的可能，男人也有用关怀进行思考的可能，女性对应关怀伦理、男性对应公正伦理，这种关系并不是本质上不变的。但是，当今社会表现关怀的社会实践活动，如抚养儿童、照顾老人、护理等工作主要以妇女为主，社会的性别分工把关怀建构成女性气质，把公正建构成男性气质，如弗尔德曼认为，关怀伦理学在符号或规范的意义上是女性的。这后一种观点得到越来越多的反本质主义的女性主义者的支持。

理论的思维总是在批判与辩护中得到发展，针对把关怀与女性"捆绑"在一起的观点，川托提出三点反对的理由：其一、性

① 邱仁宗主编：《女性主义哲学与公共政策》，中国社会科学出版社2004年版，第276页。

别差异与不同道德视角之间联系的证据并不充分，因为经验数据
可能具有多个版本的解释。事实上吉利根所展示的数据同样可以
用不同的理论进行解释，对于科尔伯格测量成年女子的道德得分
普遍低于成年男子的这一结果，其差异同样可以用受教育程度与
职业差异得到很好的解释，而不用求助于性别差异。其二、强调
道德上的性别差异在政治策略上也是危险的，因为在当前社会把
男性当作规范与标准的背景下，强调差异就有间接肯定现有性别
结构合理性的嫌疑，其中包括陷入被动接受用差异定义劣势的这
一趋向。其三、把关怀与妇女等同起来在哲学上也是荒谬的，因
为女性气质的关怀正是妇女在受压迫与服从的历史过程中形成
的，在这种境况下强调差异，就等于为道德领域的两分辩护，认
同公共领域中遵从男性的公正伦理而私人领域中遵从女性的关怀
伦理，如此一来，在男权制的社会中，妇女道德想要进入公共领
域的讨论空间就成为一种不现实的理想。

　　川托提出的这三点反对理由，其实质就是批判对关怀伦理作
本质主义理解的谬误。关怀与公正的对立作为一种社会现象而存
在，对此，我们不但要给予描述而且要做出批判，但本质主义的
关怀伦理显然无法为这种批判提供思想源泉，这正是部分女性主
义者反对吉利根关怀伦理学的一个主要理由，其中，贾格尔就是
一个这样的反对者。

　　根据其统一的政治目标，贾格尔把女性主义定义为"一种终
止妇女从属地位的社会运动"，并指出女性主义伦理学具有三个
目标，其中第三个目标即为"设想可促进妇女解放的道德上合意
的可供选择的方法"。① 贾格尔指出，一种适当的女性主义伦理
学，必须能够提供批判公共领域与私人领域中男权制统治的概念
资源。关怀伦理学作为一种女性主义伦理学是否有能力胜任这一

---

　　① 邱仁宗主编：《女性主义哲学与公共政策》，中国社会科学出版社 2004 年版，第 30 页。

任务？是否有助于实现结束妇女从属地位的政治目标？对此她颇感怀疑。"关怀伦理学在某些意义上是女性的，这一点当然并不是确定它就是一种女性主义的伦理学"，"因为女性主义对约定俗成的女性采取批判的态度"，而关怀伦理学显然只是强调应该肯定"约定俗成的"女性价值。[①] 贾格尔认为，关怀伦理学没有从理论上对女性的现有状况进行批判，而只是强调应该肯定女性的现有价值，在诺丁斯所强调的工具性意义上，关怀在其实质上就表现为一种"奴隶的道德"，就如同主教约翰·保罗二世在其使徒信《论女性的尊严》中为女性固有的母亲角色或者独身角色进行辩护，其理由就是认为女性具有天生的关爱她人的特有能力。再者，只限于对特定的个人做出反应与关怀，无法从体制上解决问题或无法通过社会变革预防问题的发生，无法在道德上为判断什么样的行为是合理的提供指导。无法提供批判的源泉，肯定女性的从属价值，这成为贾格尔反对把关怀伦理学作为女性主义伦理学的两个主要理由。

道德上的"实然"并不等于道德上的"应然"。妇女强调关怀与关系的取向正是受到妇女扮演传统的、全职的、异性恋的妻子与母亲这一社会角色的影响，与其说关怀道德是妇女自觉达成的一种美德，不如说是社会与历史在女性身上打下的印记，是妇女在长期受压迫的异性恋文化中依赖男性的、处于从属地位的以及他者身份的标记。关怀伦理学从某一方面反应了妇女承担传统角色的不同经验，描述了男女道德发展的差异，这一点绝大多数女性主义者都认同，但是我们应该如何评价这一经验？如何面对这一差异？一种描述经验事实的"实然"并不等同于价值上的"应然"，关怀伦理学反应了妇女的经验与立场这一事实并不能作为理由用以证明这种观点比其他观点更优越，也不能作为标明自

---

① 邱仁宗主编：《女性主义哲学与公共政策》，中国社会科学出版社 2004 年版，第 43 页。

身权力的根据。

然而，妇女能够从"沉默"上升至"发出自己的声音"，这其间的意义是非同小可的。吉利根的研究让许多哲学家意识到，历史传承的伦理学概念与方法是有性别偏见的。不同的性别采用不同的伦理视角也同样被当代许多女性主义者意识到，吉利根对此进一步提出了充分的、有说服力的经验证据。再者，吉利根提出关怀与公正的对立，在传统的功用主义伦理、康德伦理以及最近复兴的亚里士多德"美德伦理"之外增加了另外一种伦理学视角，这一视角关注人与人之间的关系、关注道德生活中的情感的作用、关注曾一度被忽视的私人领域中的道德问题，而这些研究都一度被功用主义、康德主义、亚里士多德主义等主流伦理学置于边缘位置。

不过，考虑到来自反对者的合理批判，在建立起对道德"现有存在"的合理认识之后，关怀伦理学的未来还应该有对"现有存在"的合理批判，提出道德"应然"的合理要求，有要求否定与超越"现有存在"的规定的理想。换而言之，我们不应该为现有的不合理辩护，而应该为未来的美好理想努力，这不仅是对实现这种美好理想的实践要求，同时也是对实现这种美好理想的理论要求。

第三节　家庭公正与性别平等

芭伊尔（Baier）认为，伦理学理论的区分不是通过理论所覆盖的使用域区分，而是根据理论在所能应用的道德领域内的组织类型区分。据此，她划分了两种不同的伦理学理论：一种从抽象层面寻找对伦理学的系统论述，用专业的术语、从一个基本的假设出发、试图发现适应于各个具体伦理学领域的普遍原则，如康德的德性论、罗尔斯的正义论；另一种寻求内在的、一致的、可理解的道德论述，包括道德是什么、在什么时候我们应该采取怎样的行为才是一种美德以及为什么这一行为会成为一种美德。①
在这一划分层次的意义上，女性主义伦理学应归于第二类范畴，
也就是说女性主义伦理学更多地关注于对具体问题情境中具体道
德问题的思考与讨论。

西方女性主义是欧洲启蒙运动的女儿，这成为许多女性主义
者的共识。最早的女性主义者沃斯通克拉夫特强调，理性是人的
本质，不论男人或女人都是理性的人，正是理性表明女人并不是
天生低男人一等，也正是理性表明通过教育、培训与引导，女性
不但在家庭，而且在公共领域都可成为与他们的丈夫平等的伙
伴。哈利亚特·泰勒与斯图亚特·穆勒指出了古典自由主义者在
他们的理论与行为的对立中存在的悖论，以自由、公平、正义为
口号的自由主义者却无法在社会实践中以自由、公平、正义的实
际行为对待妇女，他们指出女性在社会中所显示的从属地位正是
正义论应该质疑的部分。早期女性主义思想导源于文艺复兴时期
的启蒙思想，用理性主义与自由主义的前提和论证来推翻其理论
中明显的或隐含的对女性不平等的论述。

不过，欧洲启蒙运动的这一女儿同时也是一个叛逆的女儿，
对启蒙父亲把自由、正义、平等等概念局限于公共领域这一点充
满了批判与挑战意识。其中，女性主义对主流伦理学的一个主要
批判就是指出其理论局限于公共领域的伦理与政治问题，而无视
家庭领域与私人领域中的伦理与道德问题，诸如女性主义者对摩
尔、罗尔斯的批判，一个共同之处就是指出他们对女性道德主体
的忽视。女性主义者们强调，作为社会结构中的主要部分的家庭
如果被排除在正义的领域之外或作为人类另一半的女性如果不被
包括在其中，这样的正义至少不是完整的正义，不是普遍的、合
理的正义。

---

① Margaret Urban Walker, "Feminism, Ethics, and the Question of Theory", *Hypatia*, Summer, 1992, Vol. 7, No. 3, p. 27.

　　相比于公共领域，女性更多的属于私人领域，家庭是女性活动的主要场所，她们承担大部分家务工作，承担抚育婴儿与照顾丈夫的主要责任。男人们坚持公正伦理，强调公共领域中的道德问题，边缘化家庭生活与私人领域内的道德问题，这也就意味着他们把女性面临的许多道德难题排除在伦理思考的范围之外。然而，当考虑到女性是家庭领域的主要行动者，来自家庭生活的日常经验、对一般家庭事务的处理、各种家庭关系的形成与维持都与女性切身感受以及切身利益相关，女性的行动者身份同时又意味着她们作为认识者对私人领域内道德问题的探讨具有义不容辞的责任。

　　亚里士多德把家庭中的男女等级制视为理所当然，所谓的"家庭正义"就是男女相互之间能够遵从这一等级体制。亚氏的这一观点仍普遍流行于当前社会，如"男主外、女主内"、女性是天生的婴儿看护者与家务工作的承担者等观点仍为大多数人所坚持。一个遵从男女不平等组织的家庭可能是一个正义的家庭吗？如果男人们认为是正义的家庭的话，至少绝大多数女人们不会把这样的家庭看作是正义的家庭，而只得到人类一半承认的"家庭正义"会是真正的"家庭正义"吗？这不但不是一种家庭正义，相反，恰恰是一种家庭不正义。

　　奥金指出，家庭是道德意识形成的主要场所，是正义的第一课堂，如果要实现一个公正的社会，家庭就必须是公正的。然而，传统的家庭是不正义的，这可在女性的婚姻与家庭的性别劳动分工中表现出来。妻子仍然承担着绝大多数无偿的家庭工作，女性比男性更有可能因家庭责任而中止工作或从事兼职工作，女性更有可能因丈夫的工作需要和机会而放弃自己的工作机会，结果女性在职业发展与收入上都落后于她们的丈夫，从而造成她们在收入来源上的差距以及经济上对丈夫的依赖。有研究表明，在一般情况下，离异后的单亲母亲与她们的儿子生活水平急剧下降，而离异男性的经济状况却有所提高，这正是两性在职业发展上的不平衡所致。反过来，女性在经济上对男性的依赖性又使得女性更依赖于婚姻，从而在婚姻关系中更少主动性与选择自由。

家庭是道德形成的最早学校，是发展早期道德以及形塑个人待人接物基本态度的重要场所，是"正义的第一课堂"。然而，当父母都是带薪工作者，而母亲不得不同时干两倍于父亲的家务活，孩子们在公平方面将会学到什么呢？在一个有着传统的性别劳动分工的传统家庭中，当父亲利用挣钱养家者的事实凌驾于妻子之上或虐待妻子，孩子在关于养育的价值和家务工作的价值方面将会学到什么呢？在一个女性为了家庭而牺牲自己之后却需要供养她自己以及她的孩子的单亲家庭中，在关于对待他人的责任方面一个孩子将会学到什么呢？奥金的质疑指出，在一个正义的人并不是"像蘑菇一样从地里破土而出"的社会里，不首先实现家庭的正义，就不可能达到普遍的社会的正义，在一个对女性不正义的家庭文化下成长的个体不可能没有来由的获得对两性正义的公正认识。①

消除家庭的不平等，关键在于消除建立在公共领域与私人领域两分基础之上的不平等的性别劳动分工。提倡男性与女性平等地承担家务与育儿工作，提供平等的获取公共领域职业的机会，这其实也是自由主义女性主义所提倡的政治要求。奥金指出，法律对消除公共场所明显的性别歧视有一些作用，但并不能根本地消除事实上的性别不平等。对于如何结束性别的不平等，第一位地实现家庭中的正义，奥金建议增加得到资助的高质量日间托儿所，改进工作场所以适应父母的需求。但是她对这些变化将如何改变普遍流行的传统态度、由政府还是由政府强迫企业按要求进行改变、如何看待家庭、企业与政府三者间在这一问题上的利益

---

① Susan Moller Okin, *Justice, Gender, and the Family*, New York: Basic Books, 1989. p. 22.

与责任，都没有做进一步的思考。再者，中国的日间托儿所以及工作场所，相对而言都更符合奥金所提议的改进方向，但是在中国，社会潜在的性别不平等依然根深蒂固，人们又应如何看待这种现象呢？

詹姆斯·P. 斯特巴认为，家庭正义可以通过实现男女共享体（雌雄同体）的理想获得。这个理想要求："在社会中真正地可向往的和可分配的气质对女性和男性双方而言都是平等地可得到的，或者在涉及美德的情况下，是为女性和男性双方所平等地期望的。"[①] 理想的人"结合了通常赋予男性的特征以及通常赋予女性的特征"，在个人能力中，"养育能力和统治力、公开和客观性、同情和竞争性"同时并存。斯特巴指出，"美德"在常规的用法中几乎与"可欲气质"同名，男女共享体的理想不限制个人对可欲气质的选择，既不表达对所谓女性美德的反感，也不表达对所谓男性美德的褒扬，而是拒斥任何传统的与女性或者男性结合在一起的、支持对女性或男性的歧视与压迫的所谓美德或可欲气质，通过这种把美德从性别化的传统语境中移植出来，从而达到对美德与性别气质的自然主义的理解。斯特巴指出，要实现男女共享体理想，我们就需要对家庭进行重构，需要有两个基本的变化：其一，所有的孩子不论性别都必须被给予同样类型的、与他们的自然能力相一致的抚养；其二，母亲和父亲都必须获得与他们的自然能力相一致的教育机会与就业机会。与奥金一样，斯特巴同样强调增加儿童的日间看护设施与灵活工作进度以使男女进入公共领域的机会平等并由此改变传统家庭结构的重要性。

非正义的家庭提出变革传统家庭的要求，男女共享体的理想预示着传统家庭的瓦解。但是，女性是否认为婚姻与母亲是她们

---

① ［美］詹姆斯·P. 斯特巴：《实践中的道德》，李曦、蔡蓁等译，北京大学出版社 2006 年版，第 234 页。

受奴役的标志？女性是否愿意进入一个没有性别的、废除了法定婚姻的、由双亲同时喂养孩子的社会？萨默斯认为这很值得怀疑。女性或许会希望被一个男性邀请烛光晚餐，或许会无悔地选择成为一个母亲，或许会希望获得男性的带有侵遇到的略性的、激情的性的经验，或许会希望尝试《飘》中女主人公遇到的带有暴力的性经历，或许会"陶醉于看见白瑞德带着郝思佳走上楼梯，走向男女平等主义哲学所难以置信的命运"。① 萨默斯认为传统结构具有重要的道德分量，常识观点是道德真理的首要来源，普遍的观点都表明女性更倾向于选择传统家庭，选择从事传统的女性角色，然而男女平等主义正在瓦解这一家庭的道德基础，充满"对家庭道德的敌意"，助长了当前的离婚率与传统家庭的解体，这是一个正义的家庭所真正需要追求的吗？

　　萨默斯的反对论调受到了弗里德曼有力的回击，她指出，也许我们需要更进一步的深思：什么是女性期望的价值？什么是普遍的观点？什么是传统？首先，想要一个男人与一个传统的家庭并不就是女性期望的价值，不说同性恋者，事实上，有调查表明63%的女性表达了对非传统家庭的偏爱。"烛光晚餐不容易和孩子结合起来。勇敢的爱人（婚外的）对于一个婚姻会是灾难性的。"② 另外，强奸的真相被我们广泛宣传的小说与电影罗曼蒂克化了，真正的强奸不是在《飘》中所表白的令人愉快的幻想，而是一个噩梦。婚姻、家庭关系与非自愿的性关系在现实中的真实状态远离任何理想化的神话故事。而传统更是一个"轻浮的丈夫"，"他总是在变心"。一百五十年前女性不得在公众场合发表言论，八十年前妇女没有选举权，今天，伊斯兰女性仍然必须戴着面纱并远离公共生活，正统犹太教女性与正统天主教女性仍然不使用一切避孕措施，所以在面对传统这一花心的"丈夫"之

---

　　① ［美］詹姆斯·P. 斯特巴：《实践中的道德》，李曦、蔡蓁等译，北京大学出版社 2006 年版，第 253 页。

　　② 同上书，第 257 页。

时，"为什么要假设说任何一个我们在这个历史时刻、在这个特定的地理政治位置上拥有的可供选择的传统都具有特殊的价值？为什么要假设说任何我们当前的传统都比我们向其进化的传统更好、更值得我们的忠诚与拥护？而且，如果我们仍然被锁定在对一切我们今天碰巧拥有的传统的忠诚，我们究竟将怎样进化？"①

弗里德曼的反问让我们反思，传统在家庭伦理中究竟应该扮演怎样的角色。一方面如斯特巴所言"要建立一个更好的社会，我们必须从我们现在所处的地方开始"，在这个地方我们仍然沿用"女性的美德"与"男性的美德"等传统的语言描述人的德性，传统成为我们无法抛弃的起点，同时也是我们需要跨越的起点，但什么才是我们真正需要实现的目标？虽然我们需要进化，但是我们应该朝着什么样的目标进化？当斯特巴指出"美德"是"可欲求的气质"，勇敢或许可以算作"可欲求的气质"，但是莽撞呢？关怀或许也可以算作"可欲求的气质"，但是对一个草菅人命者的关怀呢？我们完全可以用一个抽象的概念"美德"装入任何我们愿意置入其中的东西，同时也可以把任何我们不愿意放置其中的东西排除在外，而所需要的只是提供某种例外，而在多元与复杂的现实生活中往往不乏这种例外。"美德"的问题被置于具体的社会语境中理解，我们面对的将是一个多元、复杂与流变的"美德"概念。

对女性伦理与家庭伦理问题的争论就如对性别平等与性别差异问题的争论，坚持男女共享体的斯特巴相信一个彻底的没有性别的、平等的社会是可实现的和可欲求的，而萨默斯潜在地认为道德的理想并不是彻底地消灭性别差别，相反，女性作为阴性与男性作为阳性其不同的道德欲求应该受到保护。有如哈贝马斯所言，辩论无疑是一种有效的交往行为方式，也是通达民主与真理

---

① ［美］詹姆斯·P. 斯特巴：《实践中的道德》，李曦、蔡蓁等译，北京大学出版社 2006 年版，第 259 页。

的一个主要途径，就此而言，持不同立场的女性主义者之间的辩
论有其合理的地方，但是相互之间这种过于纠缠不清的争论也表
明了"对女性主义道德思维缺乏一致的意见"，① 然而是否能够通
过理性的论辩最终达至一种一致还未到下结论的时候。

---

① 邱仁宗主编：《女性主义哲学与公共政策》，中国社会科学出版社 2004 年版，
第 48 页。

第 七 章

生态女性主义:从性别问题到生态问题

> 我们知道,当我们抵制对自然的强奸时,我们所反对的意识正是允许强奸妇女的同样的意识。
>
> ——朱迪斯·普兰特

从卡尔逊出版《寂静的春天》、罗马俱乐部发表研究报告《增长的极限》开始,生态问题就越来越受到社会的关注,而生态主义也作为一种关注生态问题的绿色政治,在全世界不断地扩大其影响。女性主义同样是 20 世纪后期出现的一股新思潮,特别是第二次世界大战以后的第二浪潮女性主义,从概念上区分了生理性别与社会性别,把女性主义理论与运动推向了一个新的高潮。而在一个把女性等同于自然的文化语境中,女性主义与生态主义的理论融合也就成为一种可理解的趋势。

1974 年法国女性主义者奥波尼首次提出生态女性主义这一概念,号召妇女起来领导一场新的生态革命,建立人与自然、男性与女性之间的新关系。在生态女性主义的理论关注中,生态问题与性别问题就是一种一体两面的关系。生态女性主义者吉姆·切里(Jim Cheney)把生态女性主义看作"一种敏感,一种暗示,女性主义的理论思考平行于且相关于对自然世界的思考,也许甚至就是对自然世界的思考中的一个部分,这一自然世界经受着女人所遭遇的同样的虐待与矛盾行为。"①　生态女性主义认为对妇女的统治与对自然的统治是紧密相关且相互强化的，因此女性主义理论与实践必须包含生态主义的视角，而要从根本上解决环境问题同样必须考虑女性主义的视角。

第一节　地球·母亲

生态女性主义者沃伦指出，女性与自然不是作为两个分立的领域而是作为相互关联的一个统一体落入生态女性主义理论的思考论域，女性与自然的关系就是生态女性主义关注的一个主题。根据传统的观点，在自然/文化、感性/理性、身体/精神等的二元对立关系中，前者往往被认为与女性或女性气质相联系，而后者则更接近于男性或男性气质。女性与自然之间这种建构的紧密关系经常出现于文化隐喻以及理论的隐喻性陈述中。

今天，"地球母亲"已经成为一个固定用语，地球的母亲形象也普及于大众文化中。在互联网上、街头广告、电视广告中，我们不时能看到或听到"救救母亲地球"、"热爱我们的地球母亲"、"保护我们的地球母亲"这样的呼吁环保的标语，在其中，地球总是以母亲———一位女性的形象出现。把地球比作母亲并不是现代人的创见，而是一种文化历史的传承。在古希腊时期，自然就被拟人化为女神，在柏拉图和新柏拉图主义的符号体系中，自然和物质都是女性化的；文艺复兴时期人们把自然比做宁静、善良的少女，在绘画中把春天描绘成一个生育力旺盛的女性，把自然描绘成母亲女神爱西斯；16世纪人们用女性天体与更高的男

---

①　Jim Cheney, "Eco-Feminism and Deep Ecology", *Environmental Ethics*, 1987, Vol. 9, p. 115.

性天体结婚与受孕来解释自然界的生物繁殖现象,认为露水与雨点是天体运动产生的精液,当女性地球接受了这些精液即孕育出万物生长。① 在文学作品、艺术与各种理论思想中,地球都被表现为一位女性,并且通过这些作品的流传,地球的女性形象在文化定义中得到更进一步的强化。

当我们把地球看作我们的母亲,这并非指地球就是真正生养意义上的母亲,而是在隐喻的意义上把地球理解为我们的母亲。隐喻不是一种定义而是一种相似的类比。地球与母亲的相似直观上地体现在母职功能上的相似,两者都具有神秘的生育能力,母亲的子宫孕育出新的生命,地球孕育出万物的生长。远古时代对生殖力的崇拜既是对地球繁育新生命的能力的崇拜,也是对母亲繁育后代能力的崇拜。我们对地球的依赖恰如子女对母亲的依赖,母亲赋予我们生命,在成长中无私地给予我们关怀与照顾;地球赋予我们维持生命存在所需的一切,给我们提供赖以生存的氧气、水、食物以及各种生存发展需要的原材料。

生态女性主义者麦茜特指出,当我们把地球看作母亲时,这位母亲在文化上事实上具有两副不同的面孔,一面是仁慈的、善良的、满足人类所需的养育者形象,另一面是常常形成风暴、干旱、地震等使用暴力的、非理性的施虐者形象,而这两种形象"均是女性性别的特征观念向外部世界的投影"。对自然的描述性陈述影响了人与自然的关系,把地球看作仁慈的养育者或是非理性的施虐者,不同的隐喻选择影响了我们对地球与自然的不同态度,影响了人类与自然相关的行为中所包含的不同道德意识与价值评判。

在《自然之死》一书中,麦茜特考察了16、17世纪对自然母亲的描述方式,以及这种描述方式如何在价值上与道德上影响

---

① 〔美〕卡洛琳·麦茜特:《自然之死》,吴国盛等译,吉林人民出版社2004年版,第6—49页。

了人们对待自然母亲的方式。16 世纪流行的有机论把地球当作一个活的有机体，地球作为养育者母亲的形象出现，地球母亲的这一形象"对人类行为具有一种文化强制作用"，就如印第安人在反对欧洲殖民者对地球资源的掠夺时所言：

"你要我开垦土地！难道我应该举起刀子，撕破我母亲的胸膛？那么当我死的时候，她就不会让我安息在她的怀抱。

你要我开采矿石！难道我应该在她的皮肤下，取出她的骨头？那么当我死的时候，我就不能进入她的身体获得再生。

你要我剪割草地，制成干草并将它出售，成为像白人一样富裕的人！但是我如何敢割去，我母亲的头发？"①

当地球以有生命、有感觉的形象出现时，以仁慈的、善良的、神圣不可侵犯的母亲形象出现时，一个人就不会愿意侵入她的体内挖掘黄金，不会愿意肢解她的身体寻找矿石，不会愿意有任何破坏地球母亲的行为，这种态度也会作为一种反对滥用地球与无节制开采地球的潜在准则而起作用。

母亲既作为给予人类生命的可尊敬的神圣形象存在，同时，母亲又是一位女性，被认为是被动的、服从的、无私的，这两种观点自亚里士多德以来就一直同时并存。亚氏的生育理论把男性看作是主动的、积极的、主导生育的行动者，女性是被动的服从者；男性提供决定后代本质的种子，女性提供种子生长的营养物质。承自亚里士多德传统的一种普遍观点，同样把女性与自然理解成被动的、从属的，其主要功能是"安抚、养育和为男性提供平安幸福"。

"社会一旦有技术上的需要，则这种需要就会比十所大学更能把科学推向前进。"② 恩格斯用这句话精准地概括了科学技术发

---

① ［美］卡洛琳·麦茜特：《自然之死》，吴国盛等译，吉林人民出版社 2004 年版，第 32 页。

② 恩格斯：《恩格斯致符·博尔吉乌斯》，《马克思恩格斯选集》第 4 卷，人民出版社 1972 年版，第 505 页。

展与社会需要之间的关系。然而,不仅科学技术发展受到社会需要的推动,价值规范和描述概念的变化同样也与社会需要之间具有此种关系。17世纪新的商业发展与技术变革导致了人类需求与社会需求的扩大,黄金的开采也助长了人类的腐败与贪婪,此时地球母亲开始以另一种形象出现,以满足人类需求的养育者形象取代了神圣不可侵犯的母亲形象。并且,当地球母亲被认为在本质上表现为亚氏所言的被动的、服从的与惰性的这些品质之时,这也暗示着地球母亲是可以被操纵的东西,人们可以对她加以利用与控制。"当有机境域随着商业资本主义的兴起而发生变化时,这种关于生物繁殖过程中男女的基本态度(其中女性和地球均为被动的接受者)很容易成为对地球的剥夺行为的认可。"① 地球作为养育者母亲的形象与人类的贪婪、欲望联系在一起,传统理解中仁慈的、圣洁的母亲就让位于"邪恶的继母"。当地球不是把她的矿产与财富主动地奉献给人类,而是将金属隐藏在她的子宫深处,禁止别人对它的开采时,地球母亲就被认为并非一个仁慈的母亲,而是一个"邪恶的继母"。"寻找珍贵宝石和金属如对自然或女性的性开发一样,对一个王国或一个男人是有益的,这种比较就形成一种道德许可,对人类的行为发挥着作用"。②

在"现代科学之父"弗兰西斯·培根所描述的新科学形象中,科学对自然的拷问与开发被类比为男人对女性(女巫)的拷问与审讯。培根既是一位哲学家,也是一位政治家,青年时学习法律并曾一度在詹姆士一世时代任大法官与维鲁兰男爵。培根作为律师与法官的经历显然影响了他的哲学与语言风格,他借用法庭的许多形象来描述新科学的目标与方法,如把自然当作用机械的发明来被加以折磨的妇女时,这种描述方式就反映出"在女巫案件中审问和用机械装置刑讯女巫的过程"。在培根的新科学中,

---

① 〔美〕卡洛琳·麦茜特:《自然之死》,吴国盛等译,吉林人民出版社2004年版,第17页。

② 同上书,第49页。

自然就是不会自愿吐露秘密的女巫、被动服从的女人、"低等的妓女"，只有运用实验的工具，通过"严刑拷打"，才会"出卖更多的秘密"。自然就是"羞涩地揭开自己的面纱，把自身袒露给科学的形象"，任何为了人类的善良与人类的利益而运用科学对自然实施的"强奸"都是被允许的。①

虽然，地球与母亲之间的象征意义在不同的历史语境中会有不同的诠释，但是，无论是在亚里士多德时代、培根时代，还是进入后资本主义社会的今天，一个共同的历史语境就是父权制的社会语境。20世纪的环境运动吸引了全球的注意力，到处充满着"热爱我们的地球母亲"之类的环保标语，或许，这是希望借助于我们对神圣母亲形象的想象而激起对地球母亲的热爱与保护。但是，在一个父权制的文化语境中，我们如何可能抵制对无私奉献的母亲形象的想象？在一个女性成为欲望的源泉的历史阶段，如何可能不激起对地球母亲的无止境的索求？

在《热爱你的母亲：妇女与自然的关系》一文中，罗奇指出，环境主义者把地球或自然类比为母亲，并希望借助于我们对母亲的爱的想象来实现环境保护的目的，然而在父权制社会，这种爱不可能达到环境保护者所欲求实现的目的。在对后代的抚养中，母亲总是以客体的身份出现在婴儿的意识中，有如波伏娃所言，女人是他者，无论是在文明的成长历史中还是在婴儿的成长意识中，她们从未作为自主的主体而存在过。当把地球比做此种意义上的母亲，地球也就只会作为客体出现在人类的意识中，成为人类行为的一个目标。

在父权制社会结构中，母亲从事的是不计报酬的劳动，是婴儿的主要抚养者，她们总是及时地把我们所需要的东西摆在我们面前，使不需要的东西从我们面前消失，总是不求回报地满足我

---

① ［美］卡洛琳·麦茜特：《自然之死》，吴国盛等译，吉林人民出版社2004年版，第210页。

们无止境的欲望与需求。当我们以同样的意识面对自然，在使用自然资源时，我们就不用考虑任何回报，似乎它们的存在就是为了我们的使用，似乎他们从不会减少，总是能一如既往地满足我们无止境的需要。对自然的此种心态正是对母亲的无止境的索求心态。"如果我们难以热爱我们的母亲，难以把她看作完整的人，那么期望我们的母亲热爱我们也是同样成问题的……没有'自然母亲'想抚养与照顾我们，也不存在热爱我们的'地球母亲'。"① 当父权制的母亲以此种形象出现，伊丽莎白·多德森·格莱伊告诉我们最好是看清楚地球就是地球，而不是我们所想象的母亲或女性。②

把地球类比为母亲的另一面是认为女性更接近于自然，而男性更接近于文化。女性的生育行为被归入一种被动的、自然的活动，比不上男性征服自然、超越自然的活动。因此，波伏娃认为，正是女性被低估的自然生育行为使得女性成为被文化放逐的"他者"。生态女性主义指出，认为女性更接近于自然，这事实上就假定了文化/自然的二元对立以及男性/女性的二元对立，认为男性属于文化的一极而女性更接近于自然的一极，这种思维模式是一种把文化与自然分离的二元论思维模式，其结果是鼓动人类随意使唤自然，任意破坏环境，而又不会受到心灵与道德的谴责。

妇女比男人更接近于自然吗？生态女性主义者对这一问题的观点分为三种：第一种"自然女性主义"的立场，相信妇女更接近于自然，但是并不认为妇女因此就处于价值系统的下层，并因此而被剥夺应有的权力，相反，我们应该赋予妇女与自然更高价值，扩大妇女与自然的这种关系以拯救人类的未来；第二种观点否认妇女与自然具有更亲密的关系，认为妇女与男人一样，都是一种被文化标记的存在，批评那种把妇女与自然归于本质上类同

---

① Catherine Roach, "Loving Your Mother: On the Woman-Nature Relation", *Hypatia*, Spring 1991, Vol. 6, No. 1, p. 49.

② Ibid., p. 49.

的观点是一种性的生物学还原论，是错误的；第三种立场拒绝在自然/文化、男性/女性之间做出二元对立的划分，开启一种对性别身份理解的多元可能性。第三种立场得到大多数生态女性主义者的拥护。

罗奇指出，只有进入后父权制社会，才有可能在地球母亲与人类之间建立起健康的关系，这正是生态女性主义追求的政治目标。后父权制社会不但意味着对男性/女性二元论的解构与性别身份的重构，同时也意味着对自然/文化二元对立的解构与人类和自然关系的重构。罗奇认为，在这一解构与重构的过程中，关于女性与自然的关系我们需要重新理解以下四个问题：

第一个问题，在后父权制社会，当性别身份与母职功能以一种与现在相比不同的方式定义，难道我们不可以以一种健康的方式谈论"地球母亲"这一类比吗？对此，罗奇的回答是肯定的。进入后父权制社会，地球有时候是母亲，有时候是父亲，有时候甚至是兄弟姐妹。妇女与男性同样地有时候作为生物的一种形式置身于自然之中，有时候作为观察者置身于地球环境之外并影响与改变着环境，这就如同格里芬所言，无论哪一个性别都是作为"自然观察自然……有着自然概念的自然……用自然的语言言说自然的自然。"①

第二个问题，我们需要进一步肯定"地球母亲"的正面形象。虽然女性的他者身份常常赋予"地球母亲"以负面形象，但是正如麦茜特所指出，在西方文化历史中，"地球母亲"曾一度是"积极主动的教师和双亲中的一员"，而非"没有心灵的、柔顺的身体"，② 在我们对人类与自然关系的重新思考中，前者这一没落的积极形象需要赋予更大的意义。

---

① Catherine Roach, "Loving Your Mother: On the Woman-Nature Relation", *Hypatia*, Spring 1991, Vol. 6, No. 1, p. 55.

② [美] 卡洛琳·麦茜特：《自然之死》，吴国盛等译，吉林人民出版社 2004 年版，第 210 页。

第三个问题,在考虑到人类与环境的关系时,我们需要反思"人类与其他物种之间没有任何不同吗?"罗奇指出,就人类对自然环境所能产生的影响与控制而言,这是其他物种不能比拟的,人类的这种能力赋予人类以责任,"更小心与更少破坏力的行动,以确保地球上包括我们自己在内的生物持续与健康的存在"。①

第四个问题,在当前语境中,放弃了地球与母亲之间的这一形象联系,我们是否可以获得有益于建立人类与自然新关系的替代描述?罗奇指出,把地球看作我们的邻居或许更有益于重新定义人类与自然的关系。对环保主义者而言,"这是我们的邻居,请保护它"这一标语与"热爱我们的地球母亲"这一标语相比,前者的意蕴更能切合于他们所欲想达到的目标。

第二节 统治的逻辑

当女性主义者试图反驳"女性更接近于自然"这一认识时,她们似乎面临着一个难以决策的两难处境:否认女性更接近于自然意味着放弃女性的自然本质,选择与自然彻底的决裂,从而进入男性的文化行列,如自由主义女性主义的策略,提出发展符合男性价值标准的理性与抽象性,而压制情感、关系与关怀等女性气质因素;或者接受那个受压迫的"地球母亲"的形象,成为文化之外的"不完整的人",即使如激进女性主义者采用与男性中心主义相同的策略,高扬女性的自然价值比男性的文化价值更合理、更可取,然而在一种先在的父权制社会中,这也不过呈现为一种具有政治激情的乌托邦理想。

----

① Catherine Roach, "Loving Your Mother: On the Woman-Nature Relation", *Hypatia*, Spring 1991, Vol. 6, No. 1, p. 56.

　　为什么女性主义必须面对这一两难选择呢？部分生态女性主义者指出，这是因为她们无法走出传统的二元论逻辑的陷阱。二元论逻辑假定了诸如男性/女性、人类/非人类、文化/自然、心智/身体、理性/感性、自由/必然等一系列二元结构的合法性，并认为前者的价值高于后者的价值，规定用前者的价值为中心评价后者。正是二元论的殖民逻辑为文化统治自然、男性统治女性、心智统治身体、主人统治奴隶这些等级统治提供了价值合理性的辩护，如果不彻底地批判这种等级制的二元论统治逻辑，女性主义就难以逃脱二者择其一的选择悖论。

　　亚里士多德在《政治学》中为奴隶制统治的辩护可以作为男性中心统治逻辑的典范，其论证如下："很显然，灵魂统治肉体，心灵和理智的因素统治情欲的部分是自然而且有益的。相反，两者平起平坐或者低劣者居上总是有害的，对于动物和人之间的关系也是如此；驯养的动物比野生动物具有更为驯良的本性，所有被驯养的动物由于在人的管理下变得更为驯良，这样它们便得以维持生存。此外，雄性更高贵，而雌性则低贱一些，一者统治，一者被统治，这一原则可以用于所有人类。在存在着诸如灵与肉、人与兽这种差别的地方（对于那些只会运用身体来做事，不运用身体就做不好事的人来说就是如此），那些较低贱的天生就是奴隶。做奴隶对于他们来说更好，就像对于所有低贱的人来说，他们就应当接受主人的统治。"① 在亚氏的论证中，灵魂与肉体、心灵与理智、雄性与雌性、主人与奴隶以二元结构的形式存在，前者比后者高贵，因此后者接受前者的统治，包括灵魂统治肉体、雄性统治雌性、主人统治奴隶、男人统治女人，都是天经地义的。

　　亚氏的论证遵循的正是主宰者的统治逻辑。生态女性主义哲

---

　　① 苗力田主编：《亚里士多德全集》第9卷，中国人民大学出版社1990年版，第11页。

学家凯伦·沃伦指出,对父权制社会中主宰者统治逻辑的批判必须置于生态主义原则的基础上来理解,这些原则包括:"所有的事物都与其他事物相互联系;生态系统的所有部分都有同等的价值;'没有免费的午餐';健康、平衡的生态系统必须维持多样性;存在多样性的联合体。"[①] 事物之间的普遍联系预示着在父权制的文化中,人类(更多时候是男性)对自然的压迫必须结合男性对女性的压迫来理解。也就是说,人类对自然的统治与男性对女性的统治遵循同一个主宰者的统治逻辑。因此,在这一意义上,女性主义理论应该关注生态问题,而生态问题的解决不容忽视女性主义的视角。

沃伦分析了主宰者统治逻辑的作用原理,指出其逻辑结构主要由三个部分组成:首先是二元论,事物被划分为相互对立的两个群体,如人与自然,男人与女人,主人与奴隶;其二是价值等级制的思维方式,从价值上赋予上层群体更高的地位;其三,认为下层群体为上层群体服务,上层群体统治下层群体在道德上是合理的。

在此基础上,人类对自然的统治逻辑分为五个步骤:

(A1)人类拥有有意识地改变他们所居住环境的能力,而植物与岩石不具有此种能力。(二元论)

(A2)拥有这种能力的事物要比没有这种能力的事物优先。(价值等级制思维)

(A3)因此,人类在道德上优先于植物与岩石。

(A4)对于任何 X 和 Y,如果 X 在道德上优先于 Y,则可以从道德上证明 X 支配 Y 是正确的。(统治逻辑)

(A5)因此,可以从道德上证明人类对植物与岩石的统治是正当的。

---

① Karen Warren, "Feminism and Ecology: Making Connections", *Environmental Ethics*, 1987, Vol. 12, p. 7.

在人类统治自然与男性统治女性之间存在平行结构，同样的统治逻辑可以被用来论证男人对女人的统治行为：

（B1）把妇女确认为自然，归于身体领域；把男性确认为"人类"，归入精神的领域。（二元论）

（B2）归于自然与身体领域的事物其价值要低于归入"人类"与精神领域的事物的价值。（价值等级制思维）

（B3）因此妇女比男人低一等。

（B4）对于任何 X 和 Y，如果 X 在道德上优先于 Y，则可以从道德上证明 X 支配 Y 是正确的。（统治逻辑）

（B5）因此，可以从道德上证明男人对女人的统治是正当的。

在 2300 年前，在亚里士多德为奴隶制与男性统治女性的辩护中，我们可以看到类似的论证过程。首先指出灵魂与肉体、心智与理性、动物与人、雄性与雌性的二元论结构，接着规定"雄性更高贵，而雌性更低贱一些"，"那些较低贱的天生就是奴隶"，因此，雄性统治雌性，奴隶接受主人的统治就都是天经地义的。同样的逻辑出现在 1993 年社会学家史蒂文·戈德堡的《男人统治之由：男性支配论》一文的论证中。戈德堡注意到在强调抽象思维的诸如物理学、哲学、数学领域少有女性天才，他认为这从事实上证明了男人比女人更善于理性思维。[①] 因为男人比女人更善于理性思维，所以由男人占据统治之位、由男人统治女人，这是一种自然的秩序。因此，遵循两千多年前亚里士多德所运用的统治的逻辑，戈德堡同样为父权制性别等级秩序的合理性给出了"有根据的证明"。

二元论是统治逻辑的中心。澳大利亚生态女性主义者薇尔·普鲁姆德注意到"二元化不只是二分法、差别或者非一致的关

---

① 为什么在物理学、哲学、数学领域少有女性天才？对于这一问题的回答，可见社会性别建构主义者的观点，她们指出了这种差异不是基于先天的生理原因，而是导源于社会与文化的原因。父权制文化中把男性联系于理性，把女性联系于感情，并把这种意识通过社会化作用影响两个性别形成不同的思维模式。

系，更不只是简单的等级关系。"① 二元论等级关系的这种复杂性
就在于它的系统性以及难以察觉。在二元关系的等级制中，与他
者相联系的特征、文化、价值被系统地贬低，以此构建起统治者
居于中心且占主导地位的社会价值，并进而把这种等级关系看作
是天经地义且不容改变的。一种社会系统性的统治关系总是不能
摆脱二元论的统治逻辑。普鲁姆德分析了二元论统治关系的五个
方面的特征。普鲁姆德对这些特征的分析可以看作是对黑格尔主
奴辩证法的继续推进，虽然她并没有明确提到黑格尔的思想是她
理论的起点。

1. 背景化和对依赖性的否定——一方面正是奴隶的身份确定
了主人的身份，是奴隶使主人成为主人；另一方面主人依靠奴隶
的劳动来满足自己的需要，但主人却害怕承认这种依赖关系，害
怕这种依赖关系影响到他对奴隶的权力，因此千方百计地用各种
压制手段否认这种关系。

2. 极端排斥与极度区分——主人通过排斥奴隶定义自身，通
过建立起"本质"的差别以证明自己高高在上的特权是合法的，
任何主人与奴隶的相似都被认为会损害到主人的合法特权，因此
主人往往会最大化地强调与奴隶的差异，"我绝不会与这个劣等
的他者相像"成为主宰者的座右铭。

3. 吸纳和关系性定义——奴隶通过与主人的关系获得其定
义，奴隶的身份依赖于主人的某些特征来界定。主人的价值被认
为是普遍的社会价值，同时也成为衡量奴隶的标准，奴隶的品质
则被看成是对某些主人所具有的核心道德的否定与缺乏。

4. 工具主义和对象化——主人把奴隶看作满足自己欲望的工
具，任意地把自己的目的强加在奴隶身上，而奴隶没有任何自己
的内在价值，其所有的价值就是作为主人的工具与对象来实现主

---

① ［澳大利亚］薇尔·普鲁姆德：《女性主义与对自然的主宰》，马天杰、李丽
丽译，重庆出版社 2007 年版，第 35 页。

人的价值。

5. 同质化和刻板化——相对于主人的需要而言，奴隶之间存在的差异无关紧要，奴隶作为一个无差别的群体就是处于边缘的劣等的人，可以用来满足需要的一个物件、一种资源，作为整体奴隶同质于这一刻板的印象。

二元论的这五个特征同样出现在男人对女人的统治、人类对自然的统治以及殖民者对被殖民者的统治中。比如，女性不计酬的家务劳动成为男性事业成功的陪衬，俗语云，一个成功的男人背后总有一个默默奉献的女人；女性的身份地位由丈夫的社会地位定义，在公共场合一个女人的社会身份就是"某某先生的女儿"或"某某先生的夫人"；女性常常不自觉地成为男性的性工具，她们为了愉悦男人、为了符合男人的审美标准而整形美容，为了吸引男人的注意力而不停地追逐时尚；男人们习惯性的认为女人都是天生的家庭主妇、护士、秘书，与看护有关的工作是女性最适合的工作，很少女人例外。

生态女性主义者指出二元论给我们的思维强加了一个两极化的等级制的概念框架，如何摆脱这种统治或被统治的噩运？在沃伦所分析的二元论统治逻辑的五个步骤中，问题的关键不是否认A1（人类拥有有意识地改变他们所居住环境的能力，而植物与岩石不具有此种能力），这种自然存在的差异也是不容否认的，问题的关键在于 A2（拥有这种能力的事物要比没有这种能力的事物优先），正是这一价值等级制思维使得 A4（统治的逻辑）可以发挥作用，从而为人类统治自然、男性统治女性提供合法性。普鲁姆德正确地指出："二元论却不应该被看成是在制造着本来并不存在的差异，它无非是在利用现有的差异为等级制度奠定基础。"[①] 因此，摆脱二元论等级制思维模式的关键之处不在于抹杀

---

① ［澳大利亚］薇尔·普鲁姆德：《女性主义与对自然的主宰》，马天杰、李丽丽译，重庆出版社 2007 年版，第 44 页。

差异，而在于重构差异之间的非等级制关系与非等级制身份。

相对于二元论统治模式所呈现的五个特征，普鲁姆德指出差异的非等级化也必须从五个方面着手：第一，倒转背景化与对依赖性的否定，彻底的转变思想，承认"被背景化的他者"所作出的贡献以及相互之间的依赖；第二，不是在有差异的存在之间做出断然的区分与排斥，而是以一种更为整合的方式重新认识自我与他者的关系，肯定延续性的存在、重叠的存在；第三，不是以某一优势群体或优势概念为标准定义与之相对应的劣势群体或劣势概念，而是重新考察二元关系中底层与上层的身份，重新发现一种适合于底层的语言与叙事，建立属于底层的积极的身份认同；第四，不是把"他者"作为实现主体价值的工具，而是把"他者"作为主体，尊重"他者"的需要与目的，肯定"他者"主体同样具有值得尊重的需求与价值；第五，克服对"他者"的刻板印象，承认"他者"身份的复杂性与多元性。

普鲁姆德指出，一方面是后现代主义者对女性身份的彻底否认，她们在"选择毁坏监狱"的同时也毁灭了女性主义政治斗争的合法性，另一方面是激进女性主义者在否定父权制女性特质的同时拒绝对女性身份进行重估，这明显是混淆了属于妇女的真正经验与父权制文化赋予妇女的"较低的地位和无权的状况"。普鲁姆德认为，在此之外的合理的第三条道路当属于批判性的肯定与重新评价女性特质。对父权制下的女性特质的肯定并不必然伴随着对父权制的肯定，因为"一些明显是'无辜'的品质蕴含着权力的重要模糊性"，[①] 比如抚育力与同情心，在平等的社会中意味着"对他者的肯定"，包括"接纳他们的需求，关心他们的成长和福祉，并且帮助增进他们的成长和福利"；[②] 然而，当置于父权制的权利话语之下理解就可能意味着"伺候有权力的他者，提

----

① ［澳大利亚］薇尔·普鲁姆德：《女性主义与对自然的主宰》，马天杰、李丽丽译，重庆出版社 2007 年版，第 59 页。

② 同上。

高其男性气概，安抚其自尊，培养奴隶对于主人需要和情绪的敏感性"。① 前者显然是生态女性主义者希望肯定的品质，而后者才是需要批判的品质。在普鲁姆德看来，要撼动父权制统治体系的理念基础，构建生态女性主义理想的未来，一方面需要从理论上"彻底揭开主宰身份的真面目"，另一方面需要批判性的肯定女性的价值，在此基础上重构两性之间、人类与自然之间、自然与文化之间的平等关系。

沃伦与普鲁姆德对二元论统治逻辑的分析同样地指出了人类对自然的统治与男人对女人的统治依从同样的统治逻辑，当然，这一统治逻辑同时可以延伸至阶级统治、种族统治、殖民统治乃至人类社会任何形式的不平等统治。纳斯特·金（Ynestra King）提到"妇女的压迫既不是完全历史的也不是完全生物学的，而是同时呈现为历史的与生物学的"，② 女性身份既可以被看作是一种被自然化的文化（展现某种在生理性别与社会性别之间的关系），同时也可以被看作是被文化定义的自然。也就是说妇女的解放既有历史或文化的维度也有生物学或自然的维度，从历史的角度来说，我们应该肯定女性的价值，而从生物学的角度或更广义的生态学的角度来说，我们应该肯定在物种之间建立普遍的联系，肯定彼此之间的依赖关系。尊重差异、赋予差异之间以平等、构建包含差异的联合统一体，这一理论进路也是 20 世纪后半期生态女性主义的主旋律。然而，呼吁"给女性价值赋权"还只是从政治上提出女性平等的要求，如何通过政治的手段真正实现"给女性价值赋权"的目标，这既是一个理论问题，也是一个实践问题，"哲学的目的不在于解释世界，而在于改造世界"，生态女性主义的最终目的也不在于解释世界，而在于改造世界，包括如何

① ［澳大利亚］薇尔·普鲁姆德：《女性主义与对自然的主宰》，马天杰、李丽丽译，重庆出版社 2007 年版，第 59 页。

② Ynestra King, "Feminism and The Revolt of Nature", *Heresies*, 1981, Vol. 13, p. 13.

用平等的逻辑和民主的逻辑来替代统治的逻辑。

第三节 生态女性主义：对自然的关爱

如何理解人与非人物种之间的关系，如何理解人与自然之间的关系，这是 20 世纪生态主义理论讨论的一个中心问题。摆脱人类中心主义，在人与非人世界之间建立平等、友好、和谐的新关系，这成为生态主义为之努力的政治目标。环境伦理学一方面批判建立在统治与工具基础上的传统道德观念与道德意识，另一方面希望通过批判重建人与非人世界之间的新的道德关系。但是，我们认为世界总是呈现出普遍联系的特点，认为妇女更接近自然（不管这种接近是文化的建构的或女性本质如此），认为对自然的压迫与对女性的压迫依存同样的统治逻辑，当我们接受了这些观点，那么，不考虑性别问题、不考虑女性视角的环境伦理能够真正达成人与自然关系的友好模式吗？

动物权利理论家提出的道德扩张论试图把人类的道德原则扩张至包括所有的动物与非人类物种，以通过道德的制约来摆脱人类对动物与其他物种的伤害。彼德·辛格（Peter Singer）就提出所有有痛苦与快乐感觉的、能够感知的存在物都应该成为道德共同体中的一员，都应该具有道德权利，这类存在物不止人类，还包括动物。在此基础上，他批评不把动物纳入考虑范围的道德立场是一种"物种主义"，是一种非公正的道德偏见。汤姆·瑞根（Tom Regan）则以动物与人类一样具有意识为理由，同样支持应该赋予动物道德权利。

动物权力论在很多时候与人类的生活常识相冲突，诸如人类的主要食物来源之一就是家禽家畜，如果为这些动物申请它们应有的道德权力，这是否意味着人类不得对其进行伤害，是否意味着人类不得不进化成为素食者呢？而且，动物权力论因其所持有的本质主义观点而受到批评，特别是来自生态女性主义的批评。生态女性主义指出，首先，动物权力论依赖于普遍原则设置的价值等级，以此为基础来区分谁拥有道德权利，谁不拥有道德权利；其次，道德共同体强调一种身份与共性，忽略共同体成员之间的唯一性与差异。设置普遍的判断标准以规定何者属于道德共同体应该考虑的对象，何者又不属于这一共同体应该考虑的对象，这显然是以传统的二元论逻辑思维为根据，制造二个按等级划分的价值对立领域，并规定彼此之间相互分离，互不干涉。本质主义的进路并不能最终解决人与自然之间的矛盾，一种二元论的思维模式也不可能真正超越人与自然之间的对立。

深层生态学从不同的视角开始解决人与自然的关系问题。相比于浅层生态学，深层生态学的主要特征在于他们对人类中心主义意识的批判，批判把某一个物种的价值置于整个生态圈之上的伦理思想，强调地球上其他非人类生命的存在与繁荣拥有它们自身的价值，这一价值独立于人类的使用目的，肯定生命形式的丰富性与多样性应受到尊重，人类没有权利为了满足自己无限膨胀的欲望破坏生物的多样性与丰富性。正是从坚信各种生命价值的平等与一致出发，深层生态学要求人类的行为应该从非人类中心主义的立场出发，超脱把自然与非人世界看作工具的人类中心意识。

批判传统的人类中心主义思维模式，强调差异与多样性的并存，在这两点上，生态女性主义与深层生态学站在同一个阵营。但是，深层生态学并不承认生态问题与性别问题有任何关系。比如沃威克·弗克斯（Warwick Fox），强调深层生态学对人类中心主义的批判并不涉及性别问题，也不带任何性别偏见，并批评生态女性主义只不过是一种狭隘的性别主义，而任何带有性别视角的观点都不可能对人类中心主义做出彻底的批判。① 相反，生态

① Warwick Fox, "The Deep Ecology-ecofeminism Debate and its Parallels", *Environmental Ethics*, 1989, Vol. 11, pp. 5-26.

女性主义者坚持分析各种统治形式之间的历史与逻辑关系（包括人类对自然的统治以及性别、种族、阶级之间的统治），指出环境问题的最终根源不是人类中心主义而是男性中心主义，并批评深层生态学家之所以看不到深层次的男性中心主义的根源，看不到性别压迫与自然压迫之间存在的必然联系，就是因为深层生态学本身就是男性偏见的产物。对于生态女性主义而言，"要充分理解对女性与对自然之间相似的统治关系，就需要女性主义理论与女性主义实践得到生态主义视角的启示，而环境主义同样需要得到女性主义视角的启示"。① 罗伯特·塞申斯（Robert Sessions）在分析了生态女性主义与生态主义理论的同与异之后指出，"生态女性主义者不仅理解人类中心主义的问题，同时增加了关键的历史维度——统治逻辑用于统治特定事物与系统的实际方法。生态女性主义思想的中心原则拒绝和/或的思维方式；因此一个好的生态女性主义者会说人类中心主义与男性中心主义都是成问题的。"② 深层生态学将生态问题的根源追溯至人类中心主义，生态女性主义指出这一根源应该进一步追溯至男性中心主义，就此而言，生态女性主义可以被看作是某种深层—深层生态学。

当生态女性主义把生态问题形成的根源追溯至男性中心主义，在生态问题与性别问题之间建立起联系，这就意味着生态解放与性别解放是同一个过程，都需要超越男性中心主义。如何超越男性中心主义原则并最终实现人与自然关系的重构？一种观点认为一个可行的方法就是肯定女性价值，倡导女性原则。吉利根提出发展女性主义的关怀伦理学，部分生态女性主义者同样从女性的经验立场出发，倡导"对自然的关怀"。她们认为，女性，因为其性别身份，更有生态意识与环保意识，更有可能成为一个

---

① Karen J. Warren and Jim Cheney, "Ecological Feminism and Ecosystem Ecology", *Hypatia*, 1991, Vol. 6, No. 1, p. 180.

② Robert Sessions, "Deep Ecology versus Ecofeminism: Healthy Differences or Incompatible Philosophies?" *Hypatia*, 1991, Vol. 6, No. 1, p. 100.

自然的生态女性主义者。这种认识依据三个方面的理由：首先，如果女性因其身体与生育行为而从本质上被定义为与自然更为接近，这就意味着她们不可能有伤害自然的行为，因为任何破坏自然的行为都会被认为是与她们的本质相背离的；其次，妇女承担生育职责，主要从事抚育与家务工作、护理工作等，这些工作一方面既需要有关怀意识与爱心的付出，另一方面又为培养女性的关怀品质提供了机会，因此，当女性以此种关怀意识面对自然时，也就自然流露出合乎本性的"对自然的关怀"；再者，妇女直接处理与人类吃、穿、住等基本生活需要相关的事物，这些日常生活行为与生态环境关系更为密切，因此也更能感觉到生态环境变化带来的影响。女性与自然之间的这种紧密关系意味着她们更有可能成为一位环保主义者，事实也证明，妇女在反战运动与反对破坏环境的社区运动中都是走在前列的积极参与者。

罗格·金（Roger J. H. King）提出，对于持关怀伦理的生态女性主义者来说，我们需要进一步从理论上思考什么是关怀、对什么样的自然进行关怀这两个基本问题。[①] 激进女性主义者与本质主义者把关怀理解为根植于女性生活经验的一种本质属性——这些生活经验包括女性不同的生育与生理体验，妇女的月经、怀孕里的母婴共生、生产时的痛苦、乳养婴儿的快乐——并认为从意义与价值上对这些女性经验的肯定能够为取代统治意识的替代意识提供源自于生活经验的社会基础。激进的生态女性主义者批评男性经验带来战争、毁灭与环境的破坏，而女性不同的生育经验带来生命、抚育与关怀，他们相信用具有建设性的女性原则取代男性原则，生态问题与性别问题就能同时迎刃而解。然而，强调妇女经验的、对环境关怀的本质主义理解仍然没能超越父权制的二元论思维模式，在描述环境的关怀伦理时求助于妇女的"生

---

① Roger J. H. King, "Caring about Nature: Feminist Ethics and the Environment", *Hypatia*, Spring 1991, Vol. 6, No. 1, p. 84.

活经验"就如同深层生态学求助于生态女性主义者不能接受的男性"生活经验"一样,都是把部分价值不经批判地设定为普遍可接受的标准,而不管这种设定行为是如何的武断、专横与狭隘。

当然,放弃本质主义的理解,我们同样可以获得对关怀意识的建构主义解释。金(指罗格·金)指出,自然是一种文化的建构,关怀也是一种文化的建构或文化建构的过程。在对自然的关怀中,我们决定什么是可关怀的这一过程同时也是一种解释自然的过程,一种理解自然的过程。关怀环境伦理所面临的问题不是人类能不能够关怀以及关怀什么样的自然的问题,而是存在多元的自然与多元的关怀形式的问题。因此,作为道德问询的起点,关怀以及作为关怀对象的自然不是先天假定的某一事物,而是必须在道德论辩中批判性的界定。

对自然与关怀的建构主义理解支持语境伦理。相对于寻求一种普遍性的、放之四海皆准的、抽象的伦理原则,语境伦理更多地把道德价值置于具体的社会条件与社会关系中理解。比如,沃伦就认为"生态女性主义就是语境伦理",① 它不是以某种适应于一切道德语境的抽象的权力、规范与原则等伦理概念为出发点,而是在具体的关系中理解道德主体,在具体的道德情境中把握关怀、爱、友谊、信任与相互依赖性的价值。

事实上什么是生态系统也是语境依赖的,如安德尔·布莱恩(Andrew Brennan)所言:"生态系统所显现的不仅仅是让我们做出不同行为的一个语境,相反,它表明我们是什么样的事物,个体的人是哪种事物,什么样的满足与自我实现是可能的,这些本身都是语境依赖的。"② 语境伦理,在一种切里所称之为"定义关系"的意义上理解伦理概念,在置于关系的网络中定义"我是

---

① Karen Warren, "The Power and The Promise of Ecological Feminism", *Environmental Ethics*, 1990, Vol. 12, p. 141.

② Karen J. Warren and Jim Cheney, "Ecological Feminism and Ecosystem Ecology", *Hypatia*, 1991, Vol. 6, No. 1, p. 185.

谁"。在具体的关系中，作为伦理主体的"我"具有多元的身份，他可能是某个人的父亲、某个人的儿子、某个国家的公民、某个公司的职员，这些关系也包括与非人类自然世界建立的"伦理意愿关系"，如某个农场的拥有者、某个动物的喂养者。

沃伦坚持一种建立在自我意识之上的语境伦理，强调个人体验对道德意识的影响，强调"伦理自传"的重要性。她采用第一人称述事的方法，描述了自己作为一个攀岩者的体验，并试图表明在具体情境中她的个人经验如何影响到她独特的环境关怀的视角："我闭上了我的眼睛，开始感觉手中的岩石……我无比感谢岩石所赐给我的———一个让我体会到自己与岩石之不同的机会……开始体会一种与自然环境建立关系的感觉。感觉上似乎岩石与我是一对在恒久存在的友谊中默然交流的伙伴。于是我认识到我开始关怀这一悬崖……我觉得我自己正在关怀这一岩石……"① 虽然一种建立在个人意识上的自我感觉是否能够成为伦理关怀的普遍意识尚不能确定，但是沃伦无疑正确地意识到了与自然的接触与感觉正是对自然关怀的起点。然而，"关怀这一岩石"究竟意味着什么？对自然的关怀不仅停留在与自然的交流和对自然的感觉上，它还有着超出此种感觉之外的更多的内容。

金提出了与沃伦不同的看法，她指出，生活经验既是个人的，也是文化的，作为第一人称的伦理述事，述事者可能是一位农场主、一位企业家、一位猎人、一位旅游者，不同的述事者对同一个事物可能有完全不同的感觉，诸如一位农场主与一位猎人对兔子的感觉就完全不一样。不同述事者的述事在观点上并不是彼此一致的，也不是都能维护自然世界的存在利益的，在这些不同的述事中我们应该选取听到哪一种述事？或者，对这一问题更可行的解决方法是，在道德律令的基础上，规定非人类自然必须

---

① Karen J. Warren, "The Power and the Promise of Ecological Feminism", *Environmental Ethics*, Vol. 12, pp. 134 – 135.

置于道德共同体的伦理领域内,或者人类必须在"爱大地、尊重大地、敬畏大地"的基础上建立与非人类世界之间的关系。同样,通过道德律令,我们可以拒绝在人类与非人类之间进行等级划分,我们最终能使人学会把非人类世界作为道德共同体和关怀对象中的一员来关爱。

这一观点也正是哈拉维所持有的观点。哈拉维强调当人类与动物相遇时,人类所需要的不是以一个旁观者的姿态对待我们的陪伴物种(这往往是"一个男性哲学家的立场"①),而是应该学会怎样以陪伴物种可以理解的方式与它们进行平等的沟通与交流,比如,以猫可以理解的方式对猫的反应做出回应,以狗可以理解的方式与狗一起合作工作,以猩猩可以理解的方式与猩猩进行交流与对话。当人类与动物相遇时,人类不仅要意识到人类自身在面对动物时的反应,而且要意识到动物在面对人类时做出的反应,并且人类有责任对动物的这种反应做出应有的回应,这才是人类对动物、对非人类自然应有的尊重。"有脸的不只是人类"②,这就是一条无言的道德律令。

人与自然、人与非人物种之间的关系不应该是一种统治与被统治的关系,生态女性主义与深层生态学在这一点上无疑能够达成共识。但是,我们生活在一个统治关系持续存在的世界,如何倒转这一统治关系,建立人与人之间、人与自然之间、人与非人物种之间可广为接受的新关系,是生态女性主义与生态主义的共同理论目标。从最深层的意义上来说,生态女性主义的未来也即女性主义的未来,这一未来指向"修正"以统治关系为基础的、带有破坏性的父权制社会秩序,重建一个自由、平等、和谐、美好的新秩序。

---

① Donna J. Haraway, *When Species Meet*, University of Minnesota Press, 2008, p. 20.

② Ibid. , p. 42.

参考文献

中文参考文献

荣维毅：《女性主义哲学如何可能》，载邱仁宗主编《女性主义哲学与公共政策》，中国社会科学出版社 2004 年版。

李银河：《女性主义》，山东人民出版社 2005 年版。

［奥地利］西格蒙德·弗洛伊德：《精神分析引论新篇》，高觉敷译，商务印书馆 1987 年版。

［美］彼德·S. 温茨：《现代环境伦理》，宋玉波，朱丹琼译，上海人民出版社 2007 年版。

［美］朱迪斯·巴特勒：《性别麻烦》，宋素凤译，上海三联书店 2009 年版。

［英］简·弗里德曼：《女权主义》，雷艳红译，吉林人民出版社 2007 年版。

［法］西蒙·波伏娃：《第二性》，李强选译，西苑出版社 2004 年版。

［美］卡罗尔·吉利根：《不同的声音：心理学理论与妇女发展》，肖巍译，中央编译出版社 1999 年版。

［美］麦克拉肯、艾晓明等主编：《女权主义理论读本》，广西师范大学出版社 2007 年版。

［法］西蒙·波伏娃：《第二性》，陶铁柱译，中国书籍出版社 1998 年版。

恩格斯：《家庭、私有制和国家的起源》，《马克思恩格斯选集》第 4 卷，人民出版社 1972 年版。

［美］罗斯玛丽·帕特兰·童：《女性主义思潮导论》，艾晓明译，华中师范大学出版社 2002 年版。

［法］拉康：《拉康选集》，诸孝泉译，上海三联书店 2001 年版。

方汉文：《后现代主义文化心理：拉康研究》，上海三联书店 2000 年版。

［美］贝尔·胡克斯：《女权主义理论：从边缘到中心》，晓征、平林译，江苏人民出版社 2001 年版。

［匈］卢卡奇：《历史与阶级意识》，杜章智、任立、燕宏远译，商务印书馆 1996 年版。

［美］凯特·米利特：《性的政治》，社会科学文献出版社 1999 年版。

李银河主编：《妇女：最漫长的革命》，中国妇女出版社 2007 年版。

［美］阿莉森·贾格尔：《女性主义政治与人的本质》，孟鑫译，高等教育出版社 2009 年版。

马克思：《德意志意识形态》，《马克思恩格斯选集》第 1 卷，人民出版社 1972 年版。

汪民安：《福柯的界线》，中国社会科学出版社 2002 年版。

米歇尔·福柯：《规训与惩罚》，刘北成、杨远婴译，生活·读书·新知三联书店 1999 年版。

［英］大卫·布鲁尔：《知识和社会意象》，艾彦译，东方出版社 2001 年版。

［美］卡罗尔·吉利根：《不同的声音》，肖巍译，中央编译出版社 1998 年版。

成素梅:《海伦·朗基诺的语境经验主义》, 载《自然辩证法研究》, 2009 年 8 月, 第 25 卷第 8 号。

[美] 托马斯·库恩:《科学革命的结构》, 金吾伦、胡新和译, 北京大学出版社 2002 年版。

[美] 桑德拉·哈丁:《科学的文化多元性: 后殖民主义、女性主义和认识论》, 夏侯炳、谭兆民译, 江西教育出版社 2002年版。

马克思:《"政治经济学批判"序言》,《马克思恩格斯选集》第 3 卷, 人民出版社 1972 年版。

章梅芳、刘兵:《性别与科学读本》, 上海交通大学出版社2007 年版。

吴小英:《科学、文化与性别: 女性主义的诠释》, 中国社会科学出版社 2000 年版。

冯俊、高宣扬等:《后现代主义哲学讲演录》, 陈喜贵等译, 商务印书馆 2003 年版。

赵敦华:《现代西方哲学新编》, 北京大学出版社 2001 年版。

章梅芳、刘兵:《性别与科学读本》, 上海交通大学出版社2007 年版。

[美] R. K. 默顿:《科学社会学》, 商务印书馆 2003 年版。

董美珍:《女性主义科学观探究》, 博士学位论文, 复旦大学, 2004 年版。

[美] 查理、罗蒂:《哲学和自然之镜》, 李幼燕译, 生活·读书·新知三联书店 2002 年版。

[美] 卡洛琳·麦茜特:《自然之死》, 吴国盛译, 吉林人民出版社 1999 年版。

郭贵春、成素梅:《当代科学哲学问题研究》, 科学出版社2008 年版。

章梅芳:《试论女性主义科学技术史的隐喻分析方法》,《科学技术与辩证法》2007 年第 6 期。

郭贵春：《科学隐喻的方法论意义》，《中国社会科学》2004年第 2 期。

［英］休谟：《人类理解研究》，关文运译，商务印书馆 1981年版。

［美］威拉德·蒯因：《从逻辑的观点》，江天骥、宋文淦等译，上海译文出版社 1987 年版。

［英］伊·拉卡托斯：《科学研究纲领方法论》，兰征译，上海译文出版社 1999 年版。

［美］伊芙琳·凯勒：《情有独钟》，赵台安，赵振尧译，生活·读书·新知三联书店 1987 年版。

程秋君：《技术的性别维度审视》，《东北大学学报》（社会科学版）2008 年第 4 期。

刘霓：《技术与男性气质：应予瓦解的等式》，《国外社会科学》2002 年第 4 期。

理安·艾斯勒：《圣杯与剑——我们的历史，我们的未来》，程志民译，社会科学文献出版社 1995 年版。

吴国盛：《技术哲学经典读本》，上海交通大学出版社 2008年版。

肖峰：《信息主义：从世界观到社会观》，中国社会科学出版社 2010 年版。

刘霓：《信息新技术与性别问题初探》，《国外社会科学》2001 年第 5 期。

邱仁宗主编：《女性主义哲学与公共政策》，中国社会科学出版社 2004 年版。

［美］约翰·罗尔斯：《正义论》，何怀宏、何包钢、廖申白译，中国社会科学出版社 1988 年版。

［美］詹姆斯·P. 斯特巴：《实践中的道德》，李曦、蔡蓁等译，北京大学出版社 2006 年版。

恩格斯：《恩格斯致符·博尔吉乌斯》，《马克思恩格斯选集》

第 4 卷，人民出版社 1972 年版。

苗力田主编：《亚里士多德全集》第 9 卷，中国人民大学出版社 1990 年版。

［澳大利亚］薇尔·普鲁姆德：《女性主义与对自然的主宰》，马天杰、李丽丽译，重庆出版社 2007 年版。

英文参考文献

Susan Wendell, "A (Qualified) Defense of Liberal Feminism", *Hypatia*, Summer 1987, Vol. 2, No. 2. p. 65.

Loretta Kensinger, "(In) Quest of Liberal Feminism", *Hypatia*, Fall 1997, Vol. 12, No. 4.

Nancy Tuana, "The Values of Science: Empiricism from A Feminist Perspective", *Synthese*, 1995, p. 442.

Davud Golumbia, "Rethinking Philosophy in the Third Wave of Feminism", *Hypatia*, Summer 1997, vol. 12, No. 3, p. 105.

Davud Golumbia, "Rethinking Philosophy in the Third Wave of Feminism", *Hypatia*, Summer 1997, vol. 12, No. 3, pp. 105 – 106.

Judith Van Herik, *in Freud on femininity and Faith*, Berkeley and Los Angeles: University of California Press, 1982, pp. 2 – 3.

Monique Wittig, "The Mark of Gender", *Feminist Issues*, Fall, 1985, pp. 3 – 12.

Lucy Irigray, "The Question of The Other", *Yale French Studies* 87, 1995, p. 8.

Ellie Ragland-Sullivan, "Jacques Lacan: Feminism and the Problem of Gender Identity", *Sub-Stance*, 1982, No. 36.

Lucy Irigray, "The Question of The Other", *Yale French Studies* 87, 1995, pp. 7 – 19.

Joan W Scott, "Deconstructing Equality-versus-Difference: or the Uses of Poststructuralist Theory for Feminism", *Feminism Studies*, Spring 1988, No. 1.

Michael Walzer, *Shere of Justice: a Defense of Pluralism and Equality*, New York, Basic Book, 1983, p. 202.

Joan W Scott, "Deconstructing Equality-versus-Difference: or the Uses of Poststructuralist Theory for Feminism", Feminism Studies, Spring 1988, No. 1, p. 47.

Lucy Irigray, "The Question of The Other", *Yale French Studies* 87, 1995, p. 10.

Veronica Beechey, "on Patriarchy", *Feminist Review*, 1979, No. 3, p. 66.

Veronica Beechey, "on Patriarchy", *Feminist Review*, 1979, No. 3, p. 74.

Carol Gould, *Private Right and Public Virtues: Woman, the Family and Democracy, Beyond Domination*, Totowa, Rowman and Allanheld, 1983, p. 18.

Susan Wendell, "a Qualified Defense of Liberal Feminism", *Hypatia*, Summer 1987, vol. 2, No. 2, p. 84.

Susan Wendell, "a Qualified Defense of Liberal Feminism", *Hypatia*, Summer 1987, Vol. 2, No. 2.

Lise Vogel, *Marxism and the Oppression of Women: Toward a Unitary Theory*, New Jersey: Rutgers University Press, 1983, p. 147.

Catherine Villanueva Gardner, *Historical Dictionary of Feminist Philosophy*, The Scarecrow Press, 2006, p. 186.

Rae Langton, "Feminism in Epistemology: Exclusion and Objectification", *Feminism in Philosophy*, Cambridge University Press, 2000, p. 131.

Rae Langton, "Feminism in Epistemology: Exclusion and Objectification", *Feminism in Philosophy*, Cambridge University Press, 2000, pp. 131 – 136.

Rae Langton, "Feminism in Epistemology: Exclusion and Objectification", *Feminism in Philosophy*, Cambridge University Press, 2000, p. 139.

Rae Langton, "Feminism in Epistemology: Exclusion and Objectification", *Feminism in Philosophy*, Cambridge University Press, 2000, p. 142.

D. W. Hamlyn, "History of Epistemology", *Encyclopedia of Philosophy*, New York Macmillan, Vol. 3, p. 8.

Jim D. Shelton, "The Failure of Feminist Epistemology", *Academic Questions*, Spring 2006, pp. 82 – 91.

Sandra Harding, "The Method Question", *Hypatia*, Fall 1987, Vol. 2, No. 3, p. 27.

Laur Ruetsche, "Virtue and Contingent History: Possibilities for Feminist Epistemology", *Hypatia*, Winter 2004, Vol. 19, No. 1, p. 81.

Helen E. Longino, "Feminist Epistemology as A Local Epistemology", *Proceedings of The Aristotelian Society*, Supplementary Volumes, 1997, Vol. 71.

Helen E. Longino, *Science as Social Knowledge*, Princeton University Press, 1990, p. 188.

Helen E. Longino, "Gender, Politics, and The Theoretical Virtues", *Synthese* 104: 383—397, 1995, p. 385.

http://plato. stanford. edu/archives/fall 1999/entries/ressell.

Elizabeth Anderson, "Feminist Epistemology, an Interpretation and a Defense", *Hypatia*, Summer 1995, Vol. 10, No. 3, p. 53.

Helen E. Longino, "Feminist Epistemology as A Local Epistemology", *Proceedings of The Aristotelian Society*, Supplementary Volumes, 1997, Vol. 71, p. 28.

Sandra Harding, "Comment on Hekman's 'Truth and Method: Feminist Standpoint Theory Revisited': Whose Standpoint Needs the Regimes of Truth and Reality?", *Signs*, Winter 1997, Vol. 22, No. 2, p. 389.

Sandra Harding, *The Science Question in Feminism*, Ithaca and London: Cornell University Press, 1986, p. 9.

Sandra Harding, "Comment on Hekman's 'Truth and Method: Feminist Standpoint Theory Revisited': Whose Standpoint Needs the Regimes of Truth and Reality?", *Signs*, Winter 1997, Vol. 22, No. 2, p. 384.

Diemut Bubeck, "Feminism in Political Philosophy: Women's Difference", *Feminism in Philosophy*, Cambridge University Press, 2000, pp. 185 – 201.

Hekman, "Truth and Method: Feminist Standpoint Theory Revisited", *Signs*, Winter 1997, Vol. 22, No. 2, p. 359.

Miranda Fricker, "Feminism in Epistemology: Pluralism without Postmodernism", *Feminism in Philosophy*, Cambridge University Press, 2000, p. 148.

Sandra Harding, *The Science Question in Feminism*, Ithaca and London: Cornell University Press, 1986, p. 28.

Miranda Fricker, "Feminism in Epistemology: Pluralism without Postmodernism", *Feminism in Philosophy*, Cambridge University Press, 2000, p. 149.

Kathrin Hoenig, "Relativism of Anti-Anti-Relativism?" *European Journal of Women's Studies*, 2005, pp. 407 – 416.

Phyllis Rooney, "Feminist-Pragmatist Revisionings of Reason, Knowledge, and Philosophy", *Hypatia*, Spring 1993, Vol. 8, No. 2.

Phyllis Rooney, "Feminist-Pragmatist Revisionings of Reason,

Knowledge, and Philosophy ", *Hypatia*, Spring 1993, Vol. 8, No. 2, p. 16.

Hilary Rose, "Hand, Brain, and Heart: A Feminist Epistemology for the Natural Sciences", *Signs*, 1983, Vol. 9, No. 1, pp. 73 - 90.

Elizabeth Potter、Moira Howes、Nancy McHugh、Sharyn Clough, "On The Very Idea of A Feminist Epistemology for Science", *Metascience*, 2006, p. 21.

Sharyn Clough, *Beyond Epistemology: A Pragmatist Approach to Feminist Science Studies*, Lanham MD, 2003.

Elizabeth Potter、Moira Howes、Nancy McHugh、Sharyn Clough, "On The Very Idea of A Feminist Epistemology for Science", *Metascience*, 2006, pp. 1 - 37.

Elizabeth Potter、Moira Howes、Nancy McHugh、Sharyn Clough, "On The Very Idea of A Feminist Epistemology for Science", *Metascience*, 2006, p. 34.

Elizabeth Potter、Moira Howes、Nancy McHugh、Sharyn Clough, "On The Very Idea of A Feminist Epistemology for Science", *Metascience*, 2006, p. 17.

Elizabeth Potter、Moira Howes、Nancy McHugh、Sharyn Clough, "On The Very Idea of A Feminist Epistemology for Science", *Metascience*, 2006, p. 32.

http: //it. sohu. com/20090924/n266976357. shtml.

Alison Wylie, "Feminism in Philosophy of Science: Making Sense of Contingency and Constraint", Cambridge University Press, 2000, pp. 166 - 180.

Evelyn Fox Keller, "Feminism and Science", *Signs*, 1982, Vol. 7, No 3, pp. 590 - 591.

Evelyn Fox Keller, "Feminist Perspectives on Science Studies",

Technologyand Human Values, 1988, Vol. 13, No. 3 and 4, p. 240.

Evelyn Fox Keller, "Feminism and Science", *Signs*, 1982, Vol. 7, No. 3, p. 592.

Tanesini Alessandra, *An Introduction of Feminist Epistemologies*, Blackwell Publishers, 1999, p. 163.

Elizabeth Potter, "Methodological Norms in Traditional and Feminist Philosophy of Science", *the Philosophy of Science Association*, 1994, Vol. 2, p. 103.

Evelyn Fox Keller, "Feminism and Science", *Signs*, 1982, Vol. 7, No. 3, p. 593.

Evelyn Fox Keller, "Feminism and Science", *Signs*, 1982, Vol. 7, No. 3, p. 594.

Nancy Tuana, "The Values of Science: Empiricism from A Feminist Perspective", *Synthese*, 1995, p. 442.

Sue Curry Jansen, "Is Science a Man? New Feminist Epistemologies and Reconstructions of Knowledge", *Theory and Society*, 1990, p. 235.

Richard Olson, "Historical Reflections on Feminist Critiques of Science: The Scientific Background to Modern Feminism", *History of Science*, June, 1990, p. 12.

Evelyn Fox Keller, "Women Scientists and Feminist Critics of Science", *Daedalus*, Vol. 116, No. 4, p. 79.

Richard Olson, "Historical Reflections on Feminist Critiques of Science: The Scientific Background to Modern Feminism", *History of Science*, June, 1990, p. 126.

Iddo Landau, "Feminist Criticisms of Metaphors in Bacon's Philosophy of Science", *Philosophy*, 1998, Vol. 73, p. 74.

Nancy Tuana, "The Values of Science: Empiricism from A Feminist Perspective", *Synthese*, 1995, p. 442.

Donna Haraway, "Animal Sociology and a Natural Economy of the Body Politic, Part Ⅱ: The Past Is the Contested Zone: Human Nature and Theories of Production and Reproduction in Primate Behavior Studies", *Signs*, 1978, Vol. 4, No. 1, p. 37.

Nancy Tuana, "The Values of Science: Empiricism from A Feminist Perspective", *Synthese*, 1995, p. 453.

Nancy Tuana, "The Values of Science: Empiricism from A Feminist Perspective", *Synthese*, 1995, p. 465.

Evelyn Fox Keller, "Feminism and Science", *Signs*, 1982, Vol. 7, No. 3, pp. 593 – 594.

Evelyn Fox Keller, "The Gender/Science System: or Is Sex To Gender As Nature Is To Science?", *Hypatia*, 1987, Vol. 2, No. 3, p. 42.

Autumn Stanley, "Woman Hold Up Two-Thirds of The Sky", *Sex/Machine: Readings in Culture, Gender, and Technology*, Bloomington and Indianapolis, Indiana University Press, 1998, pp. 17—18.

Wendy Faulkner, "The Technology Question in Feminism: A View from Feminist Technology Studies", *Woman's Studies International Forum*, 2001, Vol. 24, No. 1, p. 79.

Wendy Faulkner, "The Power and The Pleasure? A Research Agenda for 'Making Gender Stick' to Engineers", *Technology, and Human Values*, Winter, 2000, Vol, 25. No. 1, p. 110.

Sherry Turkle, "Comp utational Reticence: Why Woman Fear the Intimate Machine", *Sex/Machine: Readings in Culture, Gender, and Technology*, Bloomington and Indianap olis, Indiana University Press, 1998, p. 365.

Wendy Faulkner, "The Technology Question in Feminism: A View From Feminist Technology Studies", *Women's Studies International Forum*, 2001, Vol. 24, No. 1, p. 81.

Judy Wajcman, "Reflections on Gender and Technology Studies: In What State is the Art?", *Social Studies of Science*, June, 2000, p. 456.

Maria Lohan, "Constructive Tension in Feminist Technology Studies", *Social Studies of Science*, December, 2000, p. 902.

Trevor J. Pinch and Wiebe Bijker, "The Social Construction of Facts and Artifacts: or How the Sociology of Science and the Sociology of Technology might Benefit Each Other", *Social Studies of Science*, 1984, Vol. 14, pp. 399 – 432.

Judy Wajcman, "Reflections on Gender and Technology Studies: In What State is the Art?" *Social Studies of Science*, June, 2000, p. 451.

Maria Lohan, "Constructive Tension in Feminist Technology Studies", *Social Studies of Science*, December, 2000, p. 900.

Maria Lohan, "Constructive Tension in Feminist Technology Studies", *Social Studies of Science*, December, 2000, pp. 895 – 909.

Maria Lohan, "Constructive Tension in Feminist Technology Studies", *Social Studies of Science*, December, 2000, p. 901.

Judy Wajcman, "Reflections on Gender and Technology Studies: In What State is the Art?" *Social Studies of Science*, June, 2000, p. 452.

Kathryn Pauly Morgan, "Women and The Knife: Cosmetic Surgery and the Colonization of Women's Bodies", *Sex/Machine: Readings in Culture, Gender, and Technology*, Bloomington and Indianapolis, Indiana University Press, 1998, p. 269.

Kathryn Pauly Morgan, "Women and The Knife: Cosmetic Surgery and the Colonization of Women's Bodies", *Sex/Machine: Readings in Culture, Gender, and Technology*, Bloomington and Indianapolis, Indiana University Press, 1998, p. 271.

Kathryn Pauly Morgan, "Women and The Knife: Cosmetic Surgery and the Colonization of Women's Bodies", *Sex/Machine: Readings in Culture, Gender, and Technology*, Bloomington and Indianapolis, Indiana University Press, 1998, p. 274.

Kathy Davis, "Facing The Dilemma", *Sex/Machine: Readings in Culture, Gender, and Technology*, Bloomington and Indianapolis, Indiana University Press, 1998, p. 287.

Kathy Davis, "Facing The Dilemma", *Sex/Machine: Readings in Culture, Gender, and Technology*, Bloomington and Indianapolis, Indiana University Press, 1998, p. 289.

Georgina Firth, "Re-negotiating Reproductive Technologies: The 'Public Foetus' Revisited", *Feminist Review*, 2009, Vol. 92, p. 55.

Kathryn Pauly Morgan, "Women and The Knife: Cosmetic Surgery and the Colonization of Women's Bodies", *Sex/Machine: Readings in Culture, Gender, and Technology*, Bloomington and Indianapolis, Indiana University Press, 1998, p. 273.

Georgina Firth, "Re-negotiating Reproductive Technologies: The 'Public Foetus' Revisited", *Feminist Review*, 2009, Vol. 92, p. 57.

Donna J. Haraway, "The Virtual Sp eculum in the New World Order", *Feminist Review*, Spring 1997, No. 55.

Georgina Firth, "Re-negotiating Rep roductive Technologies: The 'Public Foetus' Revisited", *Feminist Review*, 2009, Vol. 92, p. 57.

Georgina Firth, "Re-negotiating Reproductive Technologies: The 'Public Foetus' Revisited", *Feminist Review*, 2009, Vol. 92, p. 63.

Donna J. Haraway, "The Virtual Speculum in the New World Order", *Feminist Review*, Spring 1997, No. 55, p. 24.

Georgina Firth, "Re-negotiating Reproductive Technologies: The 'Public Foetus' Revisited", *Feminist Review*, 2009, Vol. 92, p. 69.

Thomas Foster, "The Rhetoric of Cyberspace: Ideology or Utopi-

a?" Contemporary Literature, 1999, p. 146.

Allucquere Rosanne Stone, "In Novel Conditions: The Cross-Dressing Psychiatrist", *Sex/Machine: Reading in Culture, Gender, and Technology*, Indiana University Press, p. 426.

Sherry Turkle, "Tinyseh and Gender Trouble", *Sex/Machine: Readings in Culture, Gender, and Technology*, Bloomington and Indianapolis, Indiana University Press, 1998, p. 415.

Anna Everett, "On Cyberfeminism and Cyberwomanism: High-Tech Mediations of Feminism's Discontents", *Signs*, 2004, Vol. 30, No. 1, p. 1279.

Donna Haraway, *When Species Meet*, University of Minnespta Press, 2007, p. 12.

Donna Haraway, "A Cyborg Manifesto: Science, Technology, and Socialist-Feminism in the Late 20th Century", *Simians, Cyborgs, and Women: The Reinvention of Nature*, Routledge, 1991, p. 117.

Anna Everett, "On Cyberfeminism and Cyberwomanism: High-Tech Mediations of Feminism's Discontents", Signs, 2004, Vol. 30, No. 1, p. 1279.

Donna Haraway, "A Cyborg Manifesto: Science, Technology, and Socialist-Feminism in the Late 20th Century", *Simians, Cyborgs, and Women: The Reinvention of Nature*, Routledge, 1991, p. 120.

Constance Penley and Andrew Ross, "Cyborgs at Large: Interview with Donna Haraway", *Social Text*, 1990, No. 25—26, p. 8.

Constance Penley and Andrew Ross, "Cyborgs at Large: Interview with Donna Haraway", *Social Text*, 1990, No. 25 - 26, p. 10.

Donna Haraway, "A Cyborg Manifesto: Science, Technology, and Socialist-Feminism in the Late 20th Century", *Simians, Cyborgs, and Women: The Reinvention of Nature*, Routledge, 1991, p. 147.

Donna Haraway, "A Cyborg Manifesto: Science, Technology,

and Socialist-Feminism in the Late 20th Century", *Simians*, *Cyborgs*, *and Women: The Reinvention of Nature*, Routledge, 1991, p. 132.

Donna Haraway, "A Cyborg Manifesto: Science, Technology, and Socialist-Feminism in the Late 20th Century", *Simians*, *Cyborgs*, *and Women: The Reinvention of Nature*, Routledge, 1991, p. 119.

Alison Jaggar, "Feminism In Ethics: Moral Justification", *Feminism in Philosophy*, Cambridge University Press, 2000, p. 234.

Margaret Urban Walker, "Feminism, Ethics, and the Question of Theory", *Hypatia*, Summer, 1992, Vol. 7, No. 3, p. 27.

Susan Moller Okin, *Justice, Gender, and the Femily*, New York: Basic Books, 1989. p. 22.

Jim Cheney, "Eco-Feminism and Deep Ecology", *Environmental Ethics*, 1987, Vol. 9, p. 115.

Catherine Roach, "Loving Your Mother: On the Woman-Nature Relation", *Hypatia*, Spring 1991, Vol. 6, No. 1, p. 49.

Catherine Roach, "Loving Your Mother: On the Woman-Nature Relation", *Hypatia*, Spring 1991, Vol. 6, No. 1, p. 55.

Catherine Roach, "Loving Your Mother: On the Woman-Nature Relation", *Hypatia*, Spring 1991, Vol. 6, No. 1, p. 56.

Karen Warren, "Feminism and Ecology: Making Connections", *Environmental Ethics*, 1987, Vol. 12, p. 7.

Ynestra King, "Feminism and The Revolt of Nature", *Heresies*, 1981, Vol. 13, p. 13.

Warwick Fox, "The Deep Ecology-ecofeminism Debate and its Parallels", *Environmental Ethics*, 1989, Vol. 11, pp. 5 – 26.

Karen J. Warren and Jim Cheney, "Ecological Feminism and Eco-system Ecology", *Hypatia*, 1991, Vol. 6, No. 1, p. 180.

Robert Sessions, "Deep Ecology versus Ecofeminism: Healthy Differences or Incompatible Philosophies?" *Hypatia*, 1991, Vol. 6,

No. 1, p. 100.

Roger J. H. King, "Caring about Nature: Feminist Ethics and the Environment", *Hypatia*, Spring 1991, Vol. 6, No. 1, p. 84.

Karen Warren, "The Power and The Promise of Ecological Feminism", *Environmental Ethics*, 1990, Vol. 12, p. 141.

Karen J. Warren and Jim Cheney, "Ecological Feminism and Ecosystem Ecology", *Hypatia*, 1991, Vol. 6, No. 1, p. 185.

Karen J. Warren, "The Power and the Promise of Ecological Feminism", *Environmental Ethics*, Vol. 12, pp. 134 – 135.

Donna J. Haraway, *When Species Meet*, University of Minnesota Press, 2008, p. 20.

后 记

　　一年前，我的导师肖峰教授推荐我撰写"当代新哲学丛书"系列之"女性主义哲学的兴起"。作为当代哲学中的一支新思潮，女性主义哲学在西方正在经历"从边缘到中心"的努力，其影响不断扩大，其反思性别的哲学著作与论述也颇多。相对来说，女性主义这一概念在国内更多地出现于文学与社会学的研究与译介中，而从哲学层面对女性主义的研究与介绍相对比较少。可以说，女性主义哲学在中国，特别是中国化的女性主义哲学，尚处于起始阶段。

　　本书写作自去年开始构思，至今年七月完稿，历时半年有余。其中，书稿第六章、第七章由湖南商学院陈新辉老师撰写，非常感谢。

　　本书稿能够顺利完成，感谢我的导师肖峰老师，他不断地鼓励与支持给了我肯定自己的信心，他的悉心指导与修改得以使书稿顺利成形，他严谨的治学风范为我确立了学术的坐标；同时，感谢华南理工大学思想政治学院的老师们与博士班的同学们，感谢博士班老师吴国林老师、李怡老师、刘社欣老师、霍福广老师、莫岳云老师，是他们给了我许多的支持、帮助与启迪；最后，感谢我的丈夫与我的家人在身后对我的默默支持，是他们承担了家中所有的事务，是他们让我从传统的女性责任中摆脱出来，心无旁骛地安心阅读与写作。最后，还要衷心感谢中国社会科学出版社的赵剑英总编辑和责任编辑郭鹏老师，是他们对书稿的审阅和精细加工，才使本书得以面世，从而为我提供了一个向同行学习和研讨的新机会。

陈英

2010 年 7 月 22 日于华南理工大学